은산제2수필집

강강술래

천 병 국

강강술래

|책을 내면서|

아름다움이 이 세상을 구원할 것이라는 거대한 담론은 접어두고 아름다운 꽃을 보고 기분 나쁜 사람이 어디 있을까. 세상의 모든 일은 자기가 믿는 대로 경험된다는데, 나의 문학에 대한 소박한 꿈은 늘 아름다웠지만 그것을 문자로 형상화하지 못해 불만이었던 세월이 반세기를 넘었다. 그간 시조집 「귀로 맡는 향기」와 「북간도의 민들레」, 그리고 수필집 「홍소/哄笑」를 발간해 놓고 7~8년이 넘도록 작품집 한 권을 내지 못했다. 글쓰기가 이렇게 어려운가! 쓰면 쓸수록 자신이 없고 부끄럼마저 들 때는 원고지를 밀어놓고 읽기로 위로를 받았다. 이것이 숙습이 되어 문학 서적은 물론 역사나 철학 등 인문학을 광범위하게 섭렵했다. 두보의 남아수독오거서(男兒須讀五車書)에 매료되어 광기를 부린 것이다. 이 때문에 주위에서는 나를 글 나부랭이나 쓰는 사람보다는 책에 미친 간서치(看書痴) 정도로 생각하는 터다.

글쓰기가 이렇게도 어려울까! 글쓰기를 심혼의 작업이라 한다면 내가 글을 못 쓰는 것은 필경 내 심혼이 부실하고 성숙하지 못한 소이임에 틀림없다. 몸부림을 치면서 한 편을 써 놓고 보면 이것은 건강한 옥동자의 탄생이 아니라 나약하기 그지없는 푼수의 양산이다. 부모의 입장에서는 옥동자도 사랑스럽지만 병신 자식에게 더 안쓰러운 사랑이 가는 것처럼 비록 졸문이지만 버리지 못하고 한 권의 책으로 엮기로 했다. 여기 실릴 작품은 6~7년 간의 것을 모았기 때문에 어떤 것은 현실과 괴리감을 느낄 수도 있고, 한물간 느낌도 가질 것이다.

제1부는 주로 지역 신문에 발표한 칼럼이나 수상의 형태로 쓴 것을 모았다. 딴에는 현상보다 가치를 중시하되 소유적 가치보다는 존재적 가치에 방점을 찍으려고 노력했다. 제2부는 산문적인 우리의 일상이나 아름다운 자연에 관심을 모아 봤고 제3부는 주로 기행문 형태로 지난 역사를 현대적 감각으로 조명했으며 끝으로 반세기에 걸친 내 문학 활동의 편린을 주마간산격으로 서술해 보았다.

때는 바야흐로 결실과 수확의 계절이다. 눈 앞에는 풍요가 천지에 미만(彌滿)하지만 심혼에는 글을 쓰지 못하는 한기와 기근이 충만하다. 어느 때의 심혼이 한기와 기근을 털어버릴 날이 올까? 독자 여러분의 많은 질정(叱正)을 늘 바란다.

2012년 9월

천 병 국

책을 내면서

1부 5월! 가정의 달을 보내며

3부 강강술래

제 1 부

5월! 가정의 달을 보내며

가정이 건강해야

5월은 가정의 달이다. 5일은 어린이날, 8일은 어버이날, 15일은 스승의 날, 그리고 21일은 성년의 날이다. 그래서 5월은 계절적인 요인 외에도 축복 받은 달인지 모른다.

그런데 여러 언론들의 사회면에 비치는 담론들은 5월의 하늘처럼 그렇게 밝지만도 못하다.

그 중에서도 가장 심각한 문제가 이혼율의 증가다. 보도에 의하면, 우리나라의 지난 30년 간 이혼율은 10배가 증가했고, 작년만 하더라도 12만 쌍이 이혼했다하니 이는 선진국인 일본이나 독일, 프랑스를 앞지른 충격적인 사실이 아닐 수 없다.

우리가 잘 아는 바와 같이, 가정은 어떠한 명분이나 이유로도 해체되어서는 아니 될 1차적인 원초 집단이다. 그래서 가정의 해체는 만사의 해체인 것이다. 사회적 · 도덕적 · 경제적 폐해는 차치하고 교육적인 면에서만 볼 때, 가정의 해체는 곧 교육의 붕괴라는 사실이다.

우리 사회가 농경 사회에서 산업 사회, 정보화 사회로 이행하면서 많은 뜻있는 분들이 교육의 붕괴나 청소년의 탈선을 염려하고 있지만, 필자는 그 이전에 가정의 건강성을 우려하고 있다.

우리가 교육(敎育)이라고 할 때 교(敎)는 「설문주해」에 의하면 상소시하소효야(上所施下所效也)다. 즉 윗사람이 모범을 베풀어 아랫사람이 이를 본받는다는 말이다. 여기서 윗사람은 부모요, 아랫사람은 자식들이다. 육(育)은 파자로 풀면 子(아들자)와 肉(고기육)의 합성으로 되어 있으며, 「설문」에서는 양자사작선야(養子使作善也)라 하였으니 자녀를 길러서 선을 행하게 함을 뜻한다.

즉 어린이를 낳아서 키우고, 어린이를 어머니의 따뜻한 젖가슴에 안음의 의미이다. 다시 말하면 미성인들의 자발적인 행동을 통하여 선을 행하도록 함을 뜻한다. 그런데 이 삶의 요람인 가정이 흔들리면 어디서 교육의 둥지를 찾는다는 말인가? 가정은 지상의 낙원이요, 가족 구성원 모두의 의지처다. 만일 우리 사회 제도에 가정이라는 하나의 울타리가 없었다면 인간은 모두가 다 남의 세상을 살다가 죽었을 것이요, 단 하루라도 인간적인 삶을 영위하지 못했을 것이다.

세계의 모든 나라 사람들이 애창하는 '홈 · 스위트 · 홈'의 작자 존 하워드 펜은 한번도 가정을 가져 본 일이 없었는데, 그가 얼마나 가정을 그리워했으면 그런 명곡을 창작했는지 미루어 짐작할 수 있다. 경제가 어렵고 도덕이 타락하고, 사회가 부패되더라도 가정만은 건강해야 한다. 그래야 청소년들이 부르는 노래는 그들이 아무리 슬퍼도 사랑의 노래가 되고, 그들이 꾸는 꿈은 그들이 아무리 고달파도 희망의 꿈이 될 것이다.

가장 좋은 학교, 가장 좋은 스승

자녀 교육에 대한 부모의 열의는 우리 민족의 전통적 미덕이다. 우리는 지난 60~70년대 우리도 한번 잘살아 보려고 소를 팔고 땅을 팔아 자녀들을 교육시킨 결과 80~90년대에 산업화와 민주화를 함께 이룩하고 더 큰 선진 대한민국 건설의 벅찬 꿈에 부풀었다.

미국 최초의 흑인 대통령 오바마는 흑인의 운명을 바꾸기 위해서 필요한 것을 교육이라 전제하고, 인권 복지 후생을 도와주는 것이 교육이라 단언하면서 한국의 교육을 그 예로 들었다. "한국은 60년 전에 아무것도 없었지만 지금은 세계적인 부국이 되었다. 그것은 바로 한국 교육의 힘이었기 때문에 우리는 한국의 교육을 부러워한다."고 여러 번 언급하였다. 남아공의 만델라 전 대통령도 "아프리카의 희망은 외국의 원조가 아니라 교육에 있다."고 하면서 우리의 교육을 부러워했다고 한다.

그러한 자랑스런 우리 교육이 어쩌다가 폭력의 장으로 전락되어 급기야 지난 2월 6일 국무총리의 '학교폭력근절 종합대책발표'에 이르렀다. 당일 발표된 여러 가지 대책들은 대체로 국민들의 공감을 얻었지만 지금까지 대책이 없어서 이 지경이 된 것은 아니다. 대책은 있었지만 그것을 시행하는 과정에서 시행자들의 안일무사가 실효성을 희석시켰다는 것이 중평이다.

필자는 당일 발표에 누락된 가정교육의 중요성을 지적하고 그 실천방안을 제시한다. 가정은 가장 기본적인 교육의 장이요 가장 좋은 학교다. 부모나 조부모는 가장 좋은, 경사(經師)가 아닌 인사(人師)요, 참 스승이란 점을 강조한다. 옛날에는 조석으로 마주앉는 밥상머리는 대인접물이나 예절교육의 장이 되었다.

우리가 잘 알고 있는 소학동자 조광조나 송시열, 윤선도, 정약용이 그러한 분으로 스스로 자녀들의 동일시(同一視)의 대상이 되어 어려서부터 자녀들의 양습관 형성에 심혈을 쏟았다. 그래서 세 살 적 버릇이 여든까지 가게 했다.

흔히 인간의 발달(D)은 유전(H)과 환경(E)과의 상적승(D=F(H · E))으로 보거나, 행동(B)은 사람(P)과 환경(E)과의 함수(F) 관계(B=F(P · E))의 방정식으로 설명하거나, 가정이라는 환경의 중요성은 아무리 강조해도 다함이 없는 것이다. 일본인의 친절성도 그것이 가정의 밥상에서 우러난 것이며, 이스라엘의 애국심도 잠 잘 때 이부자리 속에서 우러난 것이다.

지금은 대가족이 아닌 핵가족에다 맞벌이하느라고 자녀 교육의 시간도 없고 다문화 가정이나 이혼으로 인한 결손가정의 아이들은 더욱 어려움이 많겠지만 자녀교육의 궁극적 책임은 부모에게 있는 것이다. 어린이들에게 성적지상의 일등주의만 강요하지 말고, 그들에게 동요를 부르고 미적 정서와 창의력을 발휘할 수 있는 틈새를 주어야 한다.

청소년은 우리의 꿈이요 희망이다. 그들이 희망과 꿈의 탐스런 꽃을 피우도록 우리 사회 구성원 모두의 관심이 필요한 때다. 동네의 아이 하나는 온 동네가 키운다는 아프리카 격언처럼 말이다.

가정의 5대 기능

5월의 달력을 보면, 5일은 어린이날, 8일은 어버이날, 11일은 입양의 날, 15일은 스승의 날, 21일은 성년의 날 · 부부의 날 등 가정사에 관련된 기념일이 이 달에 집중되었기 때문에 5월을 '가정의 달' 이라고 한다. 우리가 사는 집단은 3가지가 있다. 가정과 같이 혈연(혈통)관계로 이루어지는 1차 집단과, 학교나 관공서처럼 어떤 목적으로 이루어지는 2차 집단, 그리고 터미널과 같이 불특정 다수가 모이는 3차 집단이 그것인데, 2차 집단과 3차 집단은 해체나 소멸이 가능하지만, 1차 집단인 가정은 해체나 소멸을 거부하고 영구적 존속을 그 본질로 하기 때문에 가정은 사회의 가장 기초적인 단위가 되는 것이며, 이것이 모여서 사회가 되고 국가가 되는 것이다.

가정은 가족이 함께 융합 · 생활하는 곳이고, 조건없는 사랑을 수수하는 보금자리로서의 기본 의미가 있으며, 사회의 가장 기초 단위로서의 사회적 의미가 있다. 사람은 태어나면서부터 가정에 속하며 이를 자의나 타의에 의해서 마음대로 바꿀 수 없는 관계적 의미가 있다. 최근 미국의 여론조사 갤럽이 세계 155개국 국민들이 느끼는 행복의 정도를 발표했는데, 한국은 56위이고 OECD 34회원국 중에서는 25위였다고 하는데 이것은 가정과 밀접한 상관성을 가지고 있다 한다.

어떤 연구에 의하면 생후 3~6개월밖에 안 되는 유아도 부모가 언성만 높여도 심장 박동수가 굉장히 빨라지고, 혈압이 올라가며 소변 속에 스트레스 호르몬이 나온다고 한다. 또 요즘 사회적 문제가 되고 있는 자살, 거친 언어, 각종 폭력, 살인 사건 등도 그 원인이 가정이나 가족에게서 시발한다고 하니 이는 단순히 가정이나 가족의 문제를 넘어 사회적 문제가 된다는 점에 문제의 심각성이 있는 것이다.

몽테뉴의 「수상록」의 '왕국을 통치하는 것보다 가정을 다스리기가 더 어렵다', 또 중국 「격언집」의 '가정을 다스리는 것보다 왕국을 통치하는 쪽이 오히려 쉽다'는 말을 되새기면서 가정의 달에 가정의 기능을 확인해 보는 것도 자못 의의 있으리라 생각한다.

러셀은 가정의 기능을 ① 아이들에게 애정을 경험시키는 곳 ② 자기 역할을 깨닫는 협동체로서의 공동체 ③ 인간 관계의 경험을 체득시키는 공간 ④ 성인으로서의 삶을 준비하는 실습장으로 정의했으나, 통설에 따르면 가정은 ① 출산을 통하여 사회의 구성원을 생산하는 출산의 기능 ② 생산과 소비를 하는 경제적 기능 ③ 아이가 독립할 때까지 기르고 사회화시키는 양육의 기능 ④ 기본적 인격 형성과 가치관을 기르는 교육의 기능 ⑤ 정신적인 안정과 휴식을 담당하는 휴식과 오락의 기능 등인데 이것은 하나하나 독립된 요소가 아니라 상호 연관된 것이다.

자녀는 부모의 의지나 야망에 의해서 디자인되거나 선택되는 것이 아니라, 신의 선물로 주어진다는 종래의 윤리관이 유전공학의 발전에 따른 강화로 위협받고 있는 이 때 근심엽영(根深葉榮)이란 성어가 생각 난다. 여기서 뿌리는 조상이나 부모요, 잎사귀는 자식이나 손자다. 뿌리가 깊은 나무는 이파리 무성한 것처럼 부모의 사랑이나 배려가 깊어야 자식들의 기본적 자질이나 품성도 심화되는 것이다.

교육의 적지는 가정

교육계의 어떤 원로가 "프로 야구와 교육은 전문가가 너무나 많기 때문에 말하기가 어렵다."고 술회한 바가 있지만 40여 년을 교단에 서고도 교육에 대한 이렇다 할 자신감이 붙지 않는 것은 필자의 능력도 문제이려니와 그만큼 교육이 어렵다는 반증인지도 모른다. 단순 기능공은 3년만 업무에 정진하면 눈을 감고도 기계를 척척 조직하게 되지만 교육은 그렇지 못한 것이 분명하다. 특히 가속적인 변화의 대전환기에 있어서 '교육의 부재' 니 '교육의 실종' 이니 하는 사회 일각의 우려스런 목소리를 들을 때마다 교육의 역할 분담을 실감케 한다.

가장 소박한 교육의 삼위일체론에 따라서 사회 교육과 학교 교육은 다음 기회로 미루고 본란에서는 교육에서 가장 중요한, 비형식적 교육의 표본인 가정 교육의 소홀했던 점에 대해서 몇 가지 짚어 보고자 한다.

북청 물장수나 종로 팥죽장사를 거례할 필요도 없이 우리의 교육열은 전래의 미덕으로 찬양되어 왔다. 오늘날 북구 여러 나라들이 그들의 완벽한 사회 보장제도 때문에 고급 인력이 배출되지 못한 현상이나, 검은 황금을 축적한 아라비아의 여러 나라에서 교사들이 등교하지 않고 빌빌 노는 학생들을 학교에 잡아들이는 데 진땀을 흘린다는 상황을 감안하면 우리는 얼마나 다행인가?

그러나 우리의 교육열도 한꺼풀 포장을 벗겨 보면 많은 문제점이 발견되는 바 다음 몇 가지 사항을 숙고해 봄이 좋을 것 같다.

먼저 어린이나 청소년들은 동적 에너지로 충만된 존재임을 알아야 한다. 그들은 그들 자신의 존엄한 인격을 갖고 자신의 삶을 살아가는 존재라는 데 인식을 새로이 해야 한다. 결코 부모의 한 부속품이 된다거나 허황된 기대 수준에 좌우될 존재가 아니라는 자녀관으로부터 가정 교육은 출발해야 할 것이다.

둘째로, 부모가 교육의 목적과 기본 원리를 숙지하는 일이다. 교육의 목적은 잠재된 가능성을 계발하여 자아를 실현함으로써 개인적으로 행복하고 국가적으로 사회 발전에 기여하는 것이며, 그 원리는 자주, 자유, 자발성을 돕는 것이다. 특히 발달 과정에 있는 어린이나 청소년에 있어서 자유가 억압당하면 불안 심리가 싹트고, 여기서 도피하기 위하여 각종 탈선, 퇴행이 동심원적으로 누가됨을 간과해서는 안될 것이다.

셋째로, 사람은 비슷한 능력을 가지고 태어나지만 그 능력의 종류는 각기 다르다는 것이다. 어느 중학교에 제 성명도 제대로 못 쓰고 단위의 가감산도 못하는 저능아가 있었는데, 붕어나 미꾸라지를 잡는 일에는 특출한 기능을 갖고 있었다. 이런 아이는 고기잡이로 키우는 것이 오도되지 않는 교육이다. 아이들의 능력이나 적성의 고려없이 학원이나 과외 등에 사교육비를 투자한다면 이것은 자녀들에게 그만큼 죄악을 범하는 결과가 된다.

끝으로 교육의 적지는 가정이요, 최상의 교사는 어머니라는 점에 유의해야 할 것이다. 무엇보다도 부모의 깨끗한 도덕성이 가정 교육의 질을 좌우한다. 모든 남자 아이들은 자기자신 안에 자기 아버지를 갖고 있으며, 모든 여자 아이들은 자기자신 안에 자기 어머니를 갖고 부모를 동일시한다. 부모의 건전한 가치관과 성실한 생활태도가 그대로 가정 교육이 된다.

'표정영직(表正影直)' 이란 말처럼 실체가 바로 서야 그림자가 바르게 나타난다.

우리의 가정교육

구태여 북청 물장수의 이야기가 아니더라도 교육을 조상 전래의 미풍으로 여겨온 것이 일반적인 우리의 국민정서일 것이다. 게다가 소득수준의 향상으로 교육은 날이 갈수록 치열한 전쟁 양상으로 치닫지만 교육의 병리나 구조적인 모순 현상은 교육부재라는 우려의 목소리를 낳고 있다.

K. Lewin은 '인간의 행동(Behavior)은 사람(Personality)과 환경(Environment)과의 함수(Function)관계' 란 점을 'B=F(P.E)의 행동방정식' 으로 표현한 바 있거니와, 환경은 곧 가정과 사회와 학교로 대별해도 좋을 것이다. 사회와 학교의 병리적 모순현상이나 문제점은 다음 기회로 미루고 오늘은 새학년도를 맞이하여 학부모님들과 함께 현대 가정교육의 문제점을 진단해 보고 그 처방을 모색해보기로 한다.

'세상에서 가장 훌륭한 학교는 가정이고 제일 위대한 교사는 어머니다' 라는 교육적 명언이 오늘날에는 교육적 속언으로 전락했다면 이는 필자의 지나친 편견일까?

제3의 물결이 도도히 일기 시작한 급격한 사회 변화와, 고도 산업사회가 이루어 놓은 물질의 풍요와, 전도된 가치관이 상호 작용하여 가정교육의 문제점들을 낳고 있다. 그 중에서도 모범적인 부모상의 부재와 부모의 과보호, 과잉기대 그리고 대화의 부족이 가정교육의 큰 병폐가 아닐 수 없다.

오늘날 모든 부모가 과연 자녀들이 지향하는 이상적인 부모상을 정립하고 있는지 반성해 볼 일이다.

다음으로 자녀에 대한 지나친 보호나 기대를 지양하는 방법으로 유태인의 가정교육 지혜를 배워야 할 것이다. 아이들을 부모의 지식의 테두리에 가두어서는 안 된다고 랍비들은 말했거니와 자녀는 부모의 애완물이 아닌 독립된 인격체이다. 무조건 무엇을 하라, 무엇이 되라 하기보다는 잠재력과 창의력을 계발해야 한다. 왜 유태인에게 노벨상 수상자가 많은가? 유태인은 자기 자녀를 유태민족이라는 커다란 가족으로부터 자기들이 맡아 키우고 있다고 생각한다. 부모들은 아이들을 보다 나은 가치 지향의 세계로 나아가도록 뚜렷한 세계관을 가지고 교육이라 일컫는 오케스트라의 지휘자 노릇을 했기 때문이다.

대화는 굽은 것을 바로 펴고 막힌 곳을 뚫는 기능이 있다. 사랑과 신뢰도 대화로 시작되며, 가정 문화의 조성도 부모 · 자녀의 상호이해도 대화로 시작된다. 여기에 부성과 모성 상보의 교육이 이루어져야 한다. 부성은 이성적이고 공정한 판단자로서 사리를 밝히며 선악의 구별 및 정의 실현을 꾀한 반면, 모성은 표현적이고 감정적인 역할로써 아이들을 포섭하는 가정교육은 결국 부모의 공동 작업이다.

어린이날의 낙수(落穗)

1년 열두 달, 어느 달이 좋고 나쁜 달이 있으랴만, 그래도 5월이 가장 좋은 달인 것 같다.

푸른 하늘만 보아도 가슴이 울렁거리고, 갈매빛으로 성장한 신록의 속삭임이 분수 같은 푸른 혈류가 되어 우리의 혈관을 분류한다. 가열하게 자라나는 대지의 초원은 원초의 생명력이다. 그래서 '5월에 부르는 노래는 그것이 아무리 슬픈 노래라 할지라도 사랑의 노래와 희망의 노래가 아니어서는 안 되며, 5월에 꾸는 꿈은 그것이 아무리 고달픈 꿈이라 하더라도 사랑의 꿈이 아니어서는 안 된다' 고 어느 작가는 술회했지만, 5월이야말로 애인에게도 양보하기 싫은 계절의 여왕이요 녹음방초 승화시(綠陰芳草 勝花時)가 분명하다.

이러한 사랑과 희망, 그리고 성장이라는 은유를 인간의 발달과정에 끌어대어 5월에다가 어린이날을 설정한 것이리라 생각한다.

어린이날을 제정한 목적도 '어린이들이 올바르고 슬기로우며 씩씩하게 자라도록 하고, 어린이에 대한 사랑을 앙양하기 위한 것' 이다. 1957년에 제정된 대한민국 어린이 헌장도 이 어린이날의 참뜻을 바탕으로 하여 '모든 어린이가 차별 없이 인간으로서의 존엄성을 지니고, 나라의 앞날을 이어갈 사람으로 존중되며, 바르고 아름답고 씩씩하게 자라도록 함' 을 목적으로 하고 있으니 이상의 두 가지를 한말로 표현하면 '사랑과 교육' 이 아닐까 한다.

그런데 TV화면에 비친 제79회 어린이날 행사는 각종 볼거리, 먹을거리 선물 등 사랑(즐겁게 함)의 행사는 많았으나 교육적 행사는 미미한 것 같았다.

어린이에게 수십 만 원짜리 음식을 사 먹이고 수백 만 원짜리 선물을 해주는 것이 나쁘다고만 할 수는 없으나, 너무 과분한 처사에는 부작용이 따르는 것이다. 계층 간의 위화감 조성 같은 말은 차치하고 어린이들의 성격 형성에 부정적인 영향을 미친다는 우려가 있다. 최고 최상만을 선호하는 소비 행태가 반복되는 사이에 어린이들은 자신도 모르게 이러한 소비 패턴이 습관화→행동화→인격화되어 성인의 얼굴이 된다는 것이다.

유년 체험의 과거적 상상력은 체험의 회상 자체에도 의미가 있을 뿐만 아니라 실존적 삶을 이끌어가는 창조적 에너지를 창출한다는 데 중요한 뜻이 있는 것이다. 이런 점에서 갈수록 조기교육이 강조되는 것이다.

로버트 풀검의 명저 「내가 정말 알아야 할 모든 것은 유치원에서 배웠다」를 보면 '지혜란 대학원의 꼭대기에 있는 것이 아니라 유치원의 모래성 속에 있다' 고 했으며, 프로이트는 '사람의 성격 형성은 3~5세에 90% 이상이 형성된다' 고 했고, 우리 속담에도 '세 살 적 버릇이 여든까지 간다' 고 했다.

어머니와 같이 동화도 읽고 그림도 그리고 노래도 부르고 춤도 추고, 남과 나누어 갖고 남의 물건에 손대지 않는 바람직한 생활 습관을 길러주는 것이 어린이날의 참뜻일진데 '교육의 적지는 가정이고, 최상의 교사는 어머니' 란 교육적 아포리즘이 새삼스러워진다.

어버이날 편편상(片片想)

1년 365일 해뜨는 날은 다 좋은 날이다. 비가 오거나 눈이 내린 날도 비록 해는 우리 눈에 보이지 않지만 구름 속에 떠 있는 것이다. 그래서 1년 365일은 다 좋은 날인 것이다.

그런데도, 지난 5월 8일은 특별히 좋은 날이었다. 부처님 오신 날에 어버이날이 겹쳐 이웃에 대한 자비 선양과 부모에 대한 효정신을 일깨우는 데 뜻이 있는 날이었다.

어버이날은 원래 1956년 국무회의에서 5월 8일을 어머니날로 정하고 17회까지 행사를 시행하다가 1973년 '각종 기념일 등에 관한 규정(대통령령 6615호)'에 의해 어버이날로 개정해 실시했으니 금년이 제31회 어버이날이었다. 물론 어버이날의 목적은 범국민적인 효사상의 앙양과 전통 가족제도의 계승 발전은 물론 효행자와 전통 모범 가정, 장한 어버이를 발굴해서 포상하고 격려하려는 것이 목적이다.

우리의 효문화는 다른 나라 사람들이 부러워하던 가장 값진 정신 유산이다. 그래서 전래의 설화나 민담에도 효도에 대한 이야기가 많고, 나라에서도 인재를 발탁할 때 효자가 난 집안의 사람들을 많이 등용했었다고 한다.

우리의 언어 생활에서도 효에 관한 성어들이 많다. 풍수지탄(風樹之

嘆-부모에게 효도하려고 하나 부모님이 돌아가시고 안 계심을 한탄한 말), 동온하청(冬溫夏淸-겨울에는 따뜻하게, 여름에는 시원하게 부모를 모심), 숙수지공(菽水之供-가난하게 살지만 콩밥과 물로써 효도함), 오조사정(烏鳥私情-까마귀처럼 부모에게 효도함), 단지공양(斷指供養-병든 부모에게 손가락 피를 먹임), 명발불매(明發不寐-부모 생각에 날이 밝도록 잠을 못 잠), 반의지희(斑衣之戱-늙어서도 부모에게 효도함) 등등 이루다 매거할 수 없다.

우리나라가 이만큼 발전한 것은 뜨거운 교육열 때문이며, 그 교육열은 효문화에 근거하고 있다는 설도 공감이 가는 말이다. 부모는 자식 교육에 모든 것을 바치고, 자식들은 부모를 즐겁게 하기 위하여 열심히 공부해서 국가의 유능한 동량이 되었기 때문이다.

그런데 이 전통의 미풍이었던 효문화가 지금 소멸의 위기를 맞고 있다. 미혼 여자의 93%가 결혼 후 시부모를 모시려 하지 않으며, 이혼율이 세계 2위라고 하니 사회적 문제가 아닐 수 없다. 귀찮다고 늙은 부모를 팽개치고 힘들다고 자녀들을 버리며, 의견이 맞지 않는다고 이혼하는 일은 매우 어리석은 일이다. 가정의 화목없이 어디서 행복을 찾을 것인가? 부모에게 불효하고 가정을 돌보지 않는 것은 가족에 대해서 죄일 뿐만 아니라 사회 전체를 약화시키는 반사회적인 행위인 것이다.

가정이 건전해야 우리 사회가 건강하다는 것은 상식 이하의 상식이다. 너무 늦기 전에 효문화의 불씨를 다시 살려야 한다.

지난 어버이날이 효문화를 회복시키고 우리 가정들이 건강해지는 계기가 되었으면 하는 바람이다.

훼손되는 백두대간(白頭大幹)

백두산에서 지리산까지 한반도의 남북을 가로지른 약 1천 400백 Km의 산줄기를 백두대간이라 일컫는다. 이는 조선시대 우리 조상들이 우리 국토의 산줄기를 하나의 대간(大幹)과 정간(正幹), 그리고 13개의 정맥(正脈)으로 나누어 부른 데서 유래한 이름이다. 그런데 이러한 대간이나 정간, 정맥 등의 고유한 명칭이 일제시대 일인들의 자의성에 의하여 태백이나 차령, 노령 같은 산이나 고개의 이름 아래 산맥이란 단어를 붙임으로써 ○○산맥이란 이름이 생겼다고 한다. 명칭이야 전문가들 쪽에 맡기고 그 훼손을 최소화하는 것이 당면 문제이다. KBS 심층취재에 비친 백두대간의 모습은 그야말로 만신창이다. 난개발로 가파르게 잘려버린 산과 산, 골프장 건설이란 이름으로 여기저기 파헤쳐 놓은 산자락, 갖은 편법으로 지어대는 유흥업소와 별장들, 울창했던 산림들을 베어 내고 합법을 가장하여 지목을 형질 변경한 뒤 조성한 고랭지 채소밭, 경관을 무시한 마구잡이식 교량 건설, 수십 년을 방치한 폐광들이 시청자의 가슴을 아프게 했다.

산림 벌채가 허가제에서 신고제로 바뀐 지난 4년 간 여의도 면적의 20배인 5천 600헥타르의 사유림이 민둥산으로 변했다고 한다. 이는 모두가 개발이란 명분을 앞세운 우리의 탐욕 때문이었다. 개발을 하지 말자는 뜻은 아니다. 개발이라고 해서 다 좋은 것은 아니다.

지난 여름 우리는 사상 최악의 물난리를 당했는데 그 재해의 원인 하나가 난개발이라는데 반대할 사람은 없을 것이다. 지난 10월 1일 미황사에서 '자연과 문화의례의 진정한 값'(부제-캐나다 원주민의 지역 지키기와 지역 활성화)이란 세미나에 참석했었는데 캐나다 원주민들은 모든 사물을 영성(靈性)이 있는 것으로 파악한다. 삼라만상은 그들의 독자적인 이야기를 가지고 있는 것으로 파악한다. 생명의 질서와 자연을 무한히 존경하기 때문에 그들은 자연을 어머니의 대지로 생각한다. 가령 나무 한 그루를 베더라도 '어머니, 우리가 이 나무 한 그루를 베어서 쓸 테니 허락하여 주십시오' 하고 기도와 의식을 행한다고 한다. 또 백인들에 의한 환경 파괴와 생명의 경시 때문에 입은 영혼의 상처를 치유하고 새로운 생명의 질서를 추구하고자 의례와 연희를 발전시킨다고 한다. 21세기 문명 사회를 북미 원주민들의 생활패턴으로 돌리자는 뜻은 아니다. 다만 그들의 자연 사랑과 생명존중사상을 배워야 할 당위성만은 부인 못 할 것이다. 이런 뜻에서 개발부터 해놓고 볼 것이 아니라 생각하고 개발해야 할 것이다.

살신성인(殺身成仁)

'살신성인'이란 「논어」 위령공편에 나오는 말로 '뜻 있는 선비와 어진 사람은 삶을 구하기 위해 어짊을 해치지 않는다. 오로지 몸을 죽여서라도 어짊을 이룩하는 일이 있을 뿐이다'라는 뜻이다.

지난 1월 26일, 일본 도쿄(東京) 전철역에서 철로에 떨어진 일본인을 구하려고 뛰어들었다가 아깝게도 목숨을 잃은 한국인 유학생 이수현(李秀賢, 고려대 무역학과 휴학) 의사(義死)는 연일 일본 열도를 감동의 도가니로 불달게 했다고 한다. 사고 관할지인 신주꾸[新宿] 경찰서장은 조문을 마친 뒤 "이씨의 용기를 추모하는 뜻에서 일본 경찰 최고상인 경시총감상을 수여하기로 했다."고 밝혔으며, 모리 요시 일본 총리는 "이군의 숭고하고 용기있는 행동은 일본 국민에 큰 감동을 주었다. …… 유족과 한국인에게 끝없는 경의를 표한다."는 메시지를 김대중 대통령에게 보냈다.

또 고노 요헤이 일본 외상도 이날 이정빈 외교통상부 장관에게 이와 비슷한 메시지를 보냈으며, 후쿠다 야스오 관방 장관도 빈소를 방문하고 "이씨의 죽음이 한일 친선을 높이는 계기가 되도록 노력하겠다."라고 소감을 밝혔다.

그뿐만 아니라 그날 일본의 언론도 이씨 관련 소식을 사회면 톱기사로 다루었다고 한다. 아사히 신문은 '천성인어(天聲人語)' 라는 제목으로 1면 컬럼에서 의인을 추모했으며, 마이니지 신문은 조의금 계좌까지 만들었다고 한다.

우리 정부도 이씨에게 군민훈장을 추서하고 이씨를 의사자로 예우하기로 했으며, 김대중 대통령도 "인류의 존엄성을 지키려다가 운명한 고인에게 국민을 대신해서 조의를 표한다."고 했고, 고려대생들은 교내에 추모비를 세우자는 운동을 벌인다고 한다.

필자가 이수현 의사에 대하여 이토록 장황하게 세설(細說)을 한 데에는 필자 나름대로의 뜻이 있기 때문이다.

식민지 통치 이래 양국 간의 뿌리 깊은 감정의 앙금이 그것이다. 과거 그들은 '불령선인(不逞鮮人)' 이란 억지조어로 걸핏하면 우리 민족성을 비하하고 무시했던 편견을 가진 사람들이니 우리의 대응인들 좋을 리가 없었다. 그런데 이번 이씨의 죽음을 두고 '의롭다', '한일 친선의 계기가 되었으면 한다' 는 것을 보면 인류 감정의 보편성에 그들도 감동한 모양이다.

이러한 점을 감안한다면 이수현 의사야말로 몇 십 년 간 몇 백 명의 외교관들도 못 한 일을 해낸 '살신성인' 이다.

성안에 의인 열 사람만 있어도 그 성은 망하지 않는다고 한다. 우리가 5천 년의 역사를 면면히 이어온 것도 이씨와 같은 의인들이 있었기 때문이다. 거듭 이씨의 명복을 빈다.

자기 상처를 자기 혀로 핥는 의지

삼재팔난(三災八難)이라는 말이 있다. 인간의 모든 재난을 일컫는 말이다. 수재, 화재, 풍재(또는 병난, 기근, 질역)의 삼난과 기아, 기갈, 추위, 더위, 물, 불, 칼, 병난의 팔난인데 이것은 자연적 요인이 큰 재앙들이다.

그런데 지난 2월 18일 대구에서 일어난 지하철 참변은 삼재팔난에도 없는 인재(人災)라는 데 우리의 마음을 안타깝게 한다. 우선 130여 명에 달한 사망자의 명복과 많은 부상자의 쾌유를 빌면서 유족과 많은 실종자의 가족에게 깊은 위로를 드린다. 이번 참사는 한 반사회적 분자가 불특정다수를 대상으로 저지른 테러성 방화라는 점에 아연실색하지 않을 수 없다. TV 화면에 비치는 그 아비규환의 현장은 눈 뜨고는 보지 못할 목불인견(目不忍見) 바로 그것이었다. 생과 사의 경계선에서 부모와 자식, 남편과 아내, 형제와 자매 사이의 몸부림은 시청자의 눈시울을 뜨겁게 만들었다. 불이 나자 열려야 할 객차문이 굳게 닫힌 채 열리지 않았다. 수동으로 열기도 했지만 상 · 하행 모두 12량의 객차 가운데 8량의 문이 닫혀 있었고, 비상등마저 켜지지 않았다. 칠흑같은 어둠 속에서 승객들이 통로를 찾지 못했고, 봇물처럼 밀려드는 유독가스를 피할 길이 없었다. 삼킬 듯이 달려드는 불길 속에서 승객들은 살 길을 찾으려고 발버둥을 쳤지만 모두가 허사였다.

하루 1,200만이 이용하는 일본의 지하철은 화재나 테러에 잘 대비되어있다고 한다. 차량의 내부는 불에 타지 않는 불연재로 만들었고, 차량의 양쪽 끝에는 비상등이 설치되어 있으며, 지하철 곳곳에 카메라가 설치되어 있어 감시체제가 일사불란하다고 한다. 이에 비해 하루 650만이 이용하는 우리의 지하철은 허술하기 짝이 없다. 수출하는 차량은 불연재로 만들면서 정작 우리가 이용하는 차량은 경비 절감을 이유로 가연재로 만들었다니 우리의 의식 수준이 정작 이것밖에 되지 않는가? 경제논리가 생명존중사상에 우선하는 서글픈 현상이다. 일본이 95년 옴진리교의 독가스 살포를 교훈 삼아 완벽한 지하철을 운영하듯이 우리는 이번 사건을 교훈 삼아 사회 전반의 안전 체계 구축에 우리 모두의 지혜를 모아야 할 것이다. 특히 이번 사건의 용의자가 개인의 불만을 사회에 대한 무차별 보복으로 표출했다는 점을 감안하여 사회적 소외나 반사회적 범죄에 대해서도 대책을 서둘러야 할 것이다.

맹수들은 자기의 상처를 자기 혓바닥으로 핥아서 치유한다고 한다. 아픈 상처를 스스로 아프게 하는 의지, 이것이 이번 참사를 마무리할 지혜일 것이다.

충격과 공분(公憤)

흔히 신문을 일컫어 '사회의 목탁(木鐸)' 이라 하고, 신문인을 지칭하여 '무관(無冠)의 제왕' 이라고 한다. 또 근자에는 신문을 '사회의 공기(公器)' 라 하기도 하고, 신문사를 행정, 입법, 사법 다음의 '제4부' 란 말들로 부르기도 한다. 이는 신문이 사회 여론의 강력한 대변자임을 강조하고자 하는 데서 나온 말이다.

우리나라 최초의 근대 신문은 1883년 10월에 창간된 관영 〈한성순보〉 이며, 최초의 민간 신문은 1896년 4월 7일에 서재필이 창간한 〈독립신문〉 이다.

그후 대한제국 시대에 〈믜일신문〉, 〈대한 매일신문〉 등 20여 종이 발행되었고, 일제 강점기 때 소위 '민족지' 를 자처한 〈동아일보〉와 〈조선일보〉가 1920년 4월에 창간되었으며, 광복 이후 억눌렸던 언론계가 활기를 되찾았다.

이러한 신문들은 4가지의 기능 곧 보도 기능, 지도(계도) 기능, 오락기능, 광고 기능을 통하여 현대 사회 생활에 중요한 구실을 담당해 왔다.

그러나 이러한 신문의 순기능이 있음에도 불구하고, 지난 6월 20일 발표된 국세청의 언론사 세무 조사 결과는 한마디로 '충격과 공분' 그것이었다.

23개 언론사와 그 사주들이 지난 5년 간 불법적으로 빼돌린 돈은 1조 3천 594억 원에 이르고, 추징키로 한 세금만도 5천 56억원에 이른다니 말로만 듣던 우리 언론들의 부끄러운 자화상이 백일하에 드러났다.

병역과 납세는 국민의 신성한 양대 의무인데 납세 의무를 저버린 언론사는 이미 그 도덕성을 상실한 것이다. 도덕성이 국가 경쟁력이 되는 이 시대에 이러한 부정을 자행하고서도 이를 '언론 탄압' 이니 '비판 언론 길들이기' 니 '언론 재갈 물리기' 니 하는 단말마 같은 소리는 대다수 선량한 국민들의 귀에는 측은하게 들릴 뿐이다.

지금까지 그들이 지꺼린 비판은 X묻은 개가 △묻은 개를 나무라는 격이 되었다.

어느 목사님은 민족을 위해 울어야 한다고 했지만, 오늘의 총체적 부페왕국의 신문을 위해서 울어야 할 것 같다.

언론도 이제는 변해야 한다.

'신문 없는 정부든가, 혹은 정부 없는 신문이든가, 그 둘 중 어느 것을 취하겠는가 하고 결단을 촉구당한다면, 나는 일순의 지체 없이 후자를 선택할 것이다' 란 T · 제퍼슨의 말이 실현될 세상을 기다리는 것이 철없는 감상이 아니기를 바란다.

미담(美談) 하나

미국의 기업가들은 사회적 존경을 받는 데 반하여 우리나라의 기업가들은 왜 사회적 존경을 받지 못하는가? 이에 대한 정답은 너무나 자명하다.

미국의 기업가들은 그들이 창출한 부를 공공 도서관, 연구소, 양로원 같은 시설을 지어서 사회에 환원하지만, 우리나라의 기업가들은 그렇지 못하고 오로지 자기 가족들을 위해 부를 세습하기 때문이다. 이는 미국 사람들이 원천적으로 물욕이 없어서가 아니요, 한국 사람들이 탐욕스러워서가 아니다. 다만 미국의 청교도 정신과 한국의 유교적 가족주의란 문화적 배경이 그 원인(遠因)일 것이다.

「탈무드」에 나오는 노인 이야기나 자린고비 이야기가 서구의 물질관과 우리의 그것을 극명하게 대변해 주는 예화(例話)가 아닌가 한다.

옛날 중동의 어느 마을에 인색하기로 천하에 제일 가는 늙은이가 살았던 모양이다. 위인(爲人)이 그렇고 보니 자기 가족 이외는 어느 누구 하나도 그 집에 출입하는 사람이 없었다. 그런데 그 노인이 임종에 임박하여 그 고을의 랍비를 찾아가 유언을 남겼다. "이것(예금통장)이 내 재산의 전부요. 내가 죽거든 이 돈을 찾아 아랍의 모든 거지에게 나누어 주고, 내 무덤은 사람들이 많이 다니는 길가에 쓰되 두 손을 무덤

밖으로 나오도록 해주시오.” 그 유언이 실현되자 그는 세인의 추앙을 받게 되었음은 당연한 귀결이다.

다음은 자린고비 민화(民話)다. 평생 멸치꼬리 하나도 사먹은 이력이 없는 위대(?)한 자존심을 접고, 생선 장수로부터 조기 한 마리를 공짜로 얻었다. 이것을 천장에 매달아 놓고 한번 쳐다보고 밥 한술 먹고, 또 한번 쳐다보고 밥 한술 먹는데, 웬 쉬파리 한 마리가 날아와서 조기를 빨아먹지 않는가. 분기탱천한 자린고비가 놈을 잡으려고 하니 쉬파리는 밖으로 도망쳤다. 자린고비는 밥을 먹다 말고 30리나 쫓아가서 쉬파리를 잡아 발에 묻어 있는 간기를 말끔히 빨아먹고 돌아왔다. 그렇게 모은 재산은 그의 자식만의 몫이었다.

지난 2월 22일 제6회 남도장학회(회장 최주봉) 장학금 전달식에 참석했다. 퇴직금으로 받은 청재(淸財) 2억원으로 장학회를 설립하고 지금까지 112명에게 장학금과 돕기성금으로 2,225만원을 전달했다는 신선한 소식을 들었다. 참으로 어려운 결심을 한 거룩한 뜻에 머리가 수그러졌다. 특히 사모님이 2~3십 리 5일 시장을 발품을 팔아 버스비 할 돈으로 시부모 찬거리를 마련한 일이며, 비가 새는 단칸 셋방에서 이불을 두르고 병아리를 키웠다는 얘기를 여러 사람으로부터 들었을 때는 가슴이 뭉클하고 눈시울이 흐려졌다.

봄은 소리의 계절이다. 얼음이 깨지는 소리, 강물이 풀리는 소리, 침묵 속에서 싹이 트는 소리, 숙연한 개화소리, 여기에 최주봉 씨 같은 미담의 소리가 얽혀서 세상은 더 아름다운 것이다.

지도자의 5대 자질

흔히 선거(투표)를 민주주의의 꽃이라 하는데 금년은 가히 선거의 해가 될 것 같다. 타이완, 중국, 러시아, 프랑스, 미국의 국가원수 선거는 차치하고라도 오는 4월의 총선과 12월의 대선은, 그것이 아무리 식상한 화두이고 냉소적 대상일망정 엄연한 정치적 현실이요 필수불가결한 우리 생활의 일부인 것이다.

뉴스 시간에 TV를 보면 우리들의 소박한 염원과는 달리 국회에서는 합의를 외면한 폭력이 난무하고, 정치권 일각에서의 '돈봉투'를 둘러싼 사회적 파장은 가히 부조리 종합세트를 연상케 하여 국민은 실망의 낭떠러지로 밀려난 느낌이다. 이러한 정치권의 작태를 평가절상하거나 두호할 생각은 추호도 없다. 구태여 자위를 한다면, 그래도 조용하고 일사분란하다는 공산주의나 독재보다는 낫다. 한걸음 더 양보하면 민주주의가 성장 발전하는 과정의 홍역쯤으로 보아 넘길 수도 있을 것이고, 우리가 잘못 뽑은 책임도 어느 부분 인정해야 할 것이다. 아니 어쩌면 지도자를 잘못 뽑은 책임이 오늘날 혼란한 정치판도의 요인이 되었을지도 모른다.

우리는 합리적이지 못하고 정에 약한 민족이다. 입후보자들의 자질과 능력을 검증하기 전에 혈연 · 지연 · 학연의 연고를 찾았고, 돈과 권력의 유혹에서 자유롭지 못했던 우리의 온정주의·연고주의 같은 사회적 매몰자본이 오늘의 혼란한 정치 현실을 자초하지 않았나 자성해야 한다.

'은에서 은을 고르기가 어렵다'는 말과 같이 사람의 자질과 능력을 검증하는 절대적 기준은 없지만 다음에 제시한 5개 기준은 상당한 공감을 갖고 있다.

먼저 도덕성이다. 도덕이란 사람으로서 마땅히 지켜야 할 도리 및 그것을 자각하여 실천하는 행위의 총체이다. 도덕은 그 사람의 성장발달사다. 쉽게 말하여 예절과 정직이다. 병역이나 납세, 준법, 책임, 의무 등이 그 덕목이다. 흔히 도덕성보다 능력을 더 중요시하는 풍조가 있지만 그것은 전혀 아니다. 아무리 능력이 출중하더라도 도덕성이 결여되면 그 사람은 믿음이 없어진다. 정치는 믿음이기 때문이다.

다음은 전문성이다. 어제의 전문성은 오늘의 상식에 지나지 않는다. 오늘날의 전문성은 문자 그대로 고도의 수준인 것이다. 시쳇말로 알아야 면장을 하는 것이다. 의욕이나 열정만으로는 안 된다. 어느 미술평론가의 말처럼 아는 만큼 보는 것이다. 환언하면 아는 만큼 일할 수 있다.

셋째로 창의성이다. 하늘 아래 새로운 것은 없다지만 오늘의 문명은 창의성의 결과물이다. 세종대왕이 훈민정음을 발명한 것도 창의성이요, 충무공 이순신 장군이 23전 23승한 것도 창의성이다. 김덕수의 사물놀이도 창의성이며, K-POP도 훌륭한 창의성이니 이것들은 창조적 파괴와 맥을 같이한다. 창의성이야말로 현대를 살아가는 지혜요, 다양한 원형의 변수다.

넷째는 일관된 추진성이다. 어떤 사업이 집중과 선택의 결과로 결정되면 이를 완성시키는 과정이다. 조삼모사나 고려공사삼일이 되어서는 안된다. 일이관지(一以貫之)하는 용기요, 추진체의 동력이다.

끝으로 봉사성이다. 봉사성은 자신의 이해를 초월해서 남을 위해 일하는 것이다. 선거의 막이 오르면 섬김과 겸손을 흉내내다가도 막이 내리면 군림과 교만으로 표변해서는 안 된다. 초심으로 돌아가 부지런히 발로 뛰면서 소통과 통합적 리더십을 발휘하는 것이다. 금년의 총선, 대선은 숭고한 주권행사가 되도록 성숙한 시민의식을 기대한다.

21세기의 첫 지도자는

선거는 민주주의의 의식(儀式)이요, 그 축연(祝宴)이라고 한다. 오는 12월 19일 이러한 축연의 지도자가 되고자 제16대 대통령 선거에 입후보한 사람은 모두 일곱 명이다. 우리는 좋든 싫든 이 일곱 사람 중에서 한 사람을 뽑아 국가적인 축연(축제)을 베풀어야 할 의무가 있는 것이다. 그런데 염려가 되는 것은 이번 대선이 국가적인 축제가 되기보다는 반목과 갈등의 소용돌이가 되지 않을까 하는 우려의 목소리다. 이번 대선은 지난 1971년 박정희 김대중 후보의 대결 이후 31년만의 양자대결 구도가 될 것이란 게 후보 등록 이후의 세론이다. 선거전이 한나라당 이회창 후보와 민주당 노무현 후보의 양당 구도가 됨으로써 선거 전략과 이슈가 그만큼 단순화됐지만 양 진영에서는 피말리는 치열한 접전이 예상된다. 한나라당은 노무현 후보의 지지는 곧 부패 정권의 연장이라는 논리를 내세우면서 부패 정권의 심판론을 강조한다. 반면, 민주당은 정말 부패한 정당은 오히려 한나라당이며 낡은 정치 청산을 캐치프레이즈로 내걸었다. 또, 한나라당은 이번 선거를 보수 대 진보라는 구도로 이끌어가려 하고, 민주당은 지역 대결에서 세대교체 쪽으로 이끌어가려고 한다. 우리는 이 혼탁한 선거 전략에 휘말리지 말고 한걸음 떨어져서 보다 냉정한 판단을 하여야 할 것이다. 무엇보다 이번 선거가 21세기의 첫 지도자를 뽑는다는 상징성에 유의해야 한다. 종전처럼 망국적인 지역 감정이나 색깔론 시비에 휘말려서는 안 될 것이다. 또 무차별적인 흑색선전이나 폭로전술, 인신공격에 귀를 기울이기보다는 두 후보의 정책과 비젼을 하나하나 비교 분석하여 후보자를 선택하는 일 또한 중요하다. 21세기의 첫 지도자는 어떠한 사람이 되어야 할까? 지난날에는 관리를 뽑는 근거로 신언서판(身言書判)의 네 가지 조건을 들었다. 그러나 지금은 도덕성과 전문성 그리고 실천성과 종합성을 강조한다. 도덕성은 지도자의 제일 요건이다. 국민의 4대 의무를 비롯한 사생활에서 남의 지탄을 받을 만한 일을 하지 않았던 개인의 성장 발달적인 측면이다. 전문성은 어떤 일에 대한 넓고 깊은 식견이다. 시쳇말로 '알아야 면장을 한다'는 뜻이다. 실천성은 '구슬이 서말이라도 꿰어야 보배'가 되듯이 아는 것을 실천해 나가는 능력이며, 종합성은 여러 가지 일의 규각(圭角)을 없애고 조화를 도모하는 거시적인 안목인 것이다. 우리는 입만 벙긋하면 정치인을 욕한다. 욕먹을 정치인을 누가 뽑았는가? 깊이 반성할 일이다.

이사(李斯)와 포숙아(鮑叔牙)

중국 진나라 시황제 때 이사라는 유명한 재상이 있었다. 그는 시황제를 도와 중국 천하를 통일하고 군과 현의 제도를 실시하여 중앙집권제 확립에 공헌했고 대전을 간략화한 소전을 창안했으며, 그 악명 높은 '분서갱유' 를 주도한 장본인이다. 그가 젊었을 때 순자의 문하에서 한비자와 동문수학했는데 학문이나 재능이 늘 한비자에게 미치지 못하여 불만이었고, 급기야 그것이 시기와 질투로까지 발전했다. 그러던 중 한비자가 황제의 이목을 끌자 이사는 자기 지위에 불안을 느끼고 요가와 공모하여 한비자를 참소하고 독살한다. 그런데 문제는 거기서 끝나는 것이 아니라 자신은 또 조고의 손에 살해된 것이다. 자기의 출세나 욕망의 충족을 위해서 상대를 끌어내려 그것을 딛고 올라간 것이다.

우리는 여기서 하나의 교훈을 깨달아야 한다. 상대에 대한 인정(認定)이나 배려는 털끝 만큼도 없고, 인간성이 실종된 학력 지상주의, 1등제일주의, 유일 최고주의, 이기적 무한 경쟁주의, IQ(지능지수) 맹신주의, 만인의 만인에 대한 투쟁 그것이다. 이러한 병폐는 오늘날 우리 교육계에서도 자주 지적되는 화두들이다.

이와는 대조적인 이야기가 있다. 역시 중국 춘추시대 제나라에 포숙아와 관중(管仲)이 살았다. 두 사람이 함께 장사하여 이익을 나눌 때마다 관중이 더 많은 몫을 차지해도 포숙은 관중을 욕심쟁이라고 말하지 않았고, 사업에 실패해도 어리석다고 말하지 않았다. 관중이 세 번이나 벼슬길에서 쫓겨났지만 미련한 사람이라 말하지 않았으며, 세 번이나 전쟁터에서 도망쳤지만 비겁한 사람이라 말하지 않았을 뿐더러, 환공을 죽이려던 관중을 환공에게 추천하여 국상으로 삼게 하고 자기는 기꺼이 광중의 부하가 되었다. 여기서 유명한 관포지교(管鮑之交-관중과 포숙 사이의 뜨거운 우정-)란 고사성어가 생겼지만 환공도 자기를 죽이려고 활까지 쏜 원수를 제상으로 삼은 도량이 놀랍다.

우리는 여기서 남을 인정하고 배려하는 마음, 머리가 아닌 가슴으로 다가가는 만인의 만인에 대한 이해, 모나지 않고 둥글기만 한 인간관계, 우리가 함께 잘 살기 위해 갖추어야 할 NQ를 읽어야 한다. NQ를 '공존지수' 또는 '행복지수' 라고 하는데 공존의 가치, 관계의 가치를 중시하는 21세기 새로운 패러다임이다.

제럴드 윌킨스 박사의 흡혈박쥐 연구를 보면 흡혈박쥐란 놈은 밤마다 소나 말 같은 동물의 피를 빨아 먹고 사는데 사흘만 피를 빨지 못하면 죽는다고 한다. 그래서 흡혈박쥐 사회에서는 서로 피를 나누어 빠는 풍습(?)이 진화했다. 박쥐들이 피를 빨지 못하고 돌아오는 확률에 의거하여 예상 수명을 계산해 보면 3년을 버티기가 힘든데 서로 피를 나눠먹는 전통(?) 덕택에 15년 이상을 야생에서 산다는 것이다. 이 얼마나 가슴 찡한 일인가! 보기에도 흉물스런 미물에게도 이러한 공존의 지혜가 있기 때문에 잔혹한 생존에서 멸종하지 않고 개체와 종족을 보존하지 않는가!

역사상 위대한 인물들은 모두가 NQ가 충만했던 사람들이다. 세계 4대 성인이 그랬고 성직자들이 그랬다. 지금 문제가 되고 있는 초·중·고의 학력중심 교육과정도 NQ 중심으로 개편해야 하고, NQ에 대한 자기 계발을 서둘러야 한다.

하나 이상이 녹아서 하나가 된다는 것은 본질적으로 어렵다. 하지만 둘 사이의 높은 담을 낮춰 편안하게 오갈 수 있도록 만드는 소통과 통섭은 가능하다. 지구화가 급속하게 진행되고 있는 오늘날 우리는 어떤 방법의 소통을 해야 할까? 그것은 다름과 다양성을 수용하고 상호 동등한 입장에서 의견을 나누며, 새로운 가치를 찾아가는 횡단성을 중시해야 한다.

NQ! 이것은 우리가 학습하고 공유하고 축적해야 할 시대적 소중한 가치체계다.

광복절 아침에

어언 광복 56주년을 맞는다.

우리 민족이 남과 북으로 갈라져서 분단의 아픔과, 이산의 서러운 56년의 세월을 보내는 동안 남과 북은 정치 경제 사회 군사 문화 종교 등 모든 면에서 높디높은 장벽만 쌓았고, 깊디깊은 골짜기만 파 왔다.

그러나, 남과 북은 원래 한 민족이요, 한 나라였기 때문에 반만년간 같은 역사 공동체로, 문화 공동체로, 언어 공동체로 생활한 동질적 존재이다. 그래서 이념이나 체제상의 장벽과 골짜기가 아무리 높고 깊더라도 그것을 극복하고 통일 조국을 건설해야겠다는 염원을 잠시도 접은 바가 없다. 이것은 민족 지상의 과제요, 우리들의 시대적 · 역사적 소명이다.

그런데 요사이 언론에 비친 우리의 사회상은 우리 미래의 꿈을 어둡게나 하지 않을지 자못 의심스럽다. 통일을 하려면 우리 내부부터 단결을 해야 할 터인데 이와는 달리 자기야말로 인간 세계의 중심이라고 생각하여, 어떤 타인이나 집단도 자기의 권리를 침해하거나 박탈하지 못한다는 극도의 자기중심주의가 사회를 어지럽게 하고 있는 것 같다.

보도에 의하면 우리나라의 1년 간 고소 · 고발건수가 1,430만 건에 달

한다니 이는 국민 3명 중 1명은 소송 · 고발 논쟁에 휘말린다는 말이다. 민족 정서가 얼마나 황폐되었으면 이 지경이 되었는지 개탄할 노릇이다.

민족정기나 사회질서를 바르게 정착시킬 첨병은 정치권이다. 그들이 내뱉는 말은 막가파나 지존파의 그것과 다름이 없기 때문에 국민은 항시 불안하다. 남인과 북인(소북), 노론과 소론의 사색 당파를 연상하지 않을 수 없다. 임진왜란(1592년) 발발 2년 전에 일본에 통신사로 갔던 정사 황윤길(서인)과 부사 김성일(동인)의 보고는 같은 상황을 두고 서로 달랐다. 황윤길은 전쟁의 위험이 있을 것 같다고 보고한 데 대하여 김성일은 전쟁의 위험이 없을 것 같다고 보고했다. 당리를 국리보다 우선한 이들의 정치(政治)는 정치(正治)가 아니라 망치(亡治)였다. 우리 경제는 해외에 의존하는 천수답경제인데 정치인들이 경제를 살리는 일은 뒷전에 미루어 두고 정쟁만 일삼는다면 16세기의 당파싸움과 무엇이 다르겠는가?

고이즈미 일본 총리의 야스쿠니 신사 참배를 두고 우리는 군국주의 망령의 부활이라고 지탄한다. 그러나 군국주의는 어떤 부분 국가 발전에 이익이 되지만 당파싸움은 국가 발전에 백해무익하다.

지금은 상호신뢰와 상호의존의 간인주의(間人主義)를 실천할 때다. 좋고 나쁘고, 많고 적고, 있고 없고에서 벗어나 있는 그대로의 벌거숭이 상태에서 서로가 믿고 결속해야 한다. 이것만이 국력 신장의 첩경이다.

삼불(三不)시대의 삼제(三題)

부처님의 말씀에 같은 물도 소가 먹으면 젖이 되고, 독사가 먹으면 독이 된다고 했다.

문명의 이기인 자동차가 보급되면서 우리의 생활은 한층 편안하고 유쾌하고 편안해졌는가 했더니 그것이 1,000만 대를 넘고부터는 이기가 아닌 흉기로 변해버렸다.

해남경찰서에서 확인해 본 자료에 의하면 1999년 우리 군내에서 교통 사고로 사망한 사람이 34명이고 부상자가 797명이었으며, 지난 2000년에는 사망이 56명이고 부상자가 981명에 이르렀다니 아이러니컬하게도 자동차 때문에 불안(不安)과 불쾌(不快)와 불편(不便)의 삼불(三不)시대를 살고 있는 것이 우리의 현실이다.

천지간 만물 중에 사람이 최귀하기 때문에 천하를 얻고도 그 목숨을 잃으면 쓸모가 없다고 했다. 우리나라의 연간 1만 2천 명에 이르는 교통사고 사망자 가운데는 아직 벙글지도 못한 어린이도 있을 것이고, 개화를 앞둔 젊은이도 있을 것이며, 3대 독자나 한 가정의 들보인 가장도 있을 것이다. 100년을 살고도 하루 아침처럼 아쉬워하는 것이 생명인데 자연사나 병사도 아닌 비명횡사야말로 문명한 시대의 최대 비극이 아닐 수 없다.

그런데 이러한 비극과는 아랑곳없이 자동차 수는 날로날로 늘어만 가니 우리는 삼불(三不) 극복을 위한 지혜를 모아야 한다. 말로만 지껄이는 유식한 무식자가 되지 말고, 실천으로 수범하는 무식한 유식자가 되기 위해서 첫째, 인명을 소중히 여기는 자동차 문화와 보행 질서가 확립되어야 한다.

우리나라에 자동차가 수입된 것은 구한말이나 대중화된 것은 1980년대부터다. 우리는 고도의 경제 성장 덕분에 진정한 자동차 문화는 알지도 못하면서 자동차부터 몰고 다녔다. 이러한 천민적 사고가 오늘날 교통 사고의 원인이다. 자동차는 어디까지나 자동차다. 사람 위에 자동차가 있는 것이 아니라, 자동차 위에 사람이 있는 것이다.

둘째로 운전자의 자질 문제다. 교통 사고의 직접 원인은 99%가 운전자의 잘못이다. 무면허 운전이나 음주 운전, 시내에서도 앞지르기를 하는 과속 난폭 운전, 신호나 정지선의 무시, 중앙선 침범이나 안전 거리의 무시, 아무데서나 끼어드는 행위는 지양 되어야 한다. 교통 경찰관의 단속을 원망하기 전에 성숙한 운전자의 자질을 갖추어야 한다.

끝으로 교통 안전에 대한 정부나 지자체의 투자다. 중장기적으로는 취약한 도로망 구조의 개선이나 안전 시설의 확충에 노력할 것이며 단기적으로는 예방 위주의 교통안전 장치를 강화해야 한다. 우리가 갈망하는 선진국 진입의 제일 요건은 국민 의식의 총체적 향상과 사회적 불안 요소의 근절 및 공동선의 실천인 것이다.

정론(正論)과 곡필(曲筆)

흔히 신문(언론)을 입법, 사법, 행정에 이어 제사부(第四府)라고 한다. 이는 사회의 공기로서 신문이 갖는 위상과 역할을 그대로 대변하는 말이다.

근대 정치는 대의정치를 근간으로 하며, 대의정치는 여론정치라 할 만큼 여론을 존중하는데, 그 여론을 조성하고 환기시키는 역할을 담당하는 것이 신문(언론)이다. 그래서 신문을 일컬어 '사회의 목탁(木鐸)'이라 하기도 하고, 신문을 지칭하여 '무관(無冠)의 제왕'이라고도 한다. 이는 말할 것도 없이 사회의 공기인 신문이 사회 여론의 강력한 대변자임을 강조하는 데서 나온 말이다.

여론이란 공통적인 관심사에 대해 공통의 의견을 말하는 것으로, 신문은 특정 또는 불특정한 사람들에게 시사에 관한 뉴스와 정보 지식을 제공하고, 비판과 계도를 통하여 사회의 발전을 지향하며, 취미와 오락, 광고를 통하여 삶의 질을 다양하게 고양시킨다.

그런데, 모든 신문이 다 찬양을 받는 순기능을 하는 것만은 아니다. 그 중에는 사회를 오도하는 역기능을 하기도 한다. 다시 말하면 신문이 정론을 펴느냐, 또는 곡필을 일삼느냐에 따라 그 평가는 극과 극으로 나뉜다.

'우리는 정부와 신문 밑에서 생활하고 있다' 라고 말한 W · 필립스의 말과 '신문은 세계의 거울' 이라고 한 에리의 말은 정론을 두고 한 말이다. 정론은 권력을 바라보지 않고 오직 국민과 국익만을 바라보기 때문에 견제와 비판의 균형적 가치를 옹호한다.

그러나 이와 반대의 경우도 비일비재하다. '오늘의 신문은 거짓말의 소굴이다. 그리고 독자의 십중팔구는 신문의 이 거짓말에 말려들 가능성이 있다' 고 한 R · 롤랑의 말이나, '신문은 방종하고 비천하고 극악무도한 것이다' 라고 한 셰리단의 말과, '신문은 사상의 무덤이다' 라고 한 부르튼의 말은 신문의 곡필을 경계한 말이다. 곡필은, 국민을 아예 외면하고 권력만 바라보면서 그것을 미화하고 찬양한 부박한 가치를 양산한다.

그런데 우리 신문은 어떠한가. 우리의 신문에도 곡필 시비는 분명 상존한다. 특히 '조 · 중 · 동' 이라고 하는 보수 언론 쪽에서 혼란스런 논조를 펴고 있다. 예를 들면 이명박 정권 초기, 각료들의 인선을 두고 국민들은 후보자들의 재산 형성 과정의 비도덕성을 문제 삼았지만 보수 언론들은 부자가 무슨 죄가 있느냐고 본질을 호도했다. 김대중 정권 초기에는 문민정부 때 임명된 국영기업체나 단체장들의 임기를 보장해야 한다고 강변을 토하더니, 이명박 정권에 와서는 사정이 달라졌다. 노무현 전 대통령이 하는 것은 낙하산 코드 인사이고, 이명박 선거캠프에서 일하던 인사를 논공 차원에서 내려꽂는 것은 비코드 합리적 인사란 말인가? 참여정부 때 쇠고기 광우병을 집요하게 물고 늘어지다가 이명박 정부가 들어서면서 언제 그랬느냐는 듯이 물러선 작태나, 촛불 시위를 불순한 좌파세력의 선동이라는 논조로 진실을 왜곡하고, 권력의 구미에 아첨하는 양태야말로 곡필의 지극한 진수성찬이다.

곡필은 곡필로 끝나지 않는다. 곡필은 이분법을 양산하고, 거짓을 진실로 믿게 하는 대중 최면에 함몰되는 데에 그 문제의 심각성이 있는 것이다.

'충돌' 인가? '공존' 인가?

하바드대학 알버트 웨더해드 석좌 교수인 새뮤얼 헌팅턴은 그의 저서「문명의 충돌」에서 '이념은 가고 그 자리를 문명이 차지한다. 이념의 갈등이 문명의 갈등으로 부활되고, 그 중심에 기독교 서유럽과 이슬람 문명의 충돌이 있을 것' 이라고 예언하면서 '문명의 충돌이 세계 평화의 가장 큰 위협 요소이며, 문명에 바탕을 둔 국제 질서만이 세계 대전을 막는 확실한 방어 수단' 이라고 강조했다.

이에 대해 프랑크푸르트대학 국제관계학 교수인 하랄트 뮐러 역시 그의 저서「문명의 공존」에서 '문명들 간의 전쟁을 예견하는 새뮤얼 헌팅턴의 세계관이 지나치게 단순하여 현실을 왜곡하고 있다. 서구를 위협한다는 적대적인 문명의 존재가 실제로는 얼마나 설득력이 없는 환상이며, '우리 대 너희' 식의 이분법적 세계관 같은 적대적인 이미지들을 생산하고 수용하는 일이 얼마나 위험하고 큰 유혹인가?' 를 설명하면서 '문명들 간의 전쟁이 아니라 대화만이 세계 공동체의 평화로운 미래를 보장해 줄 수 있다' 고 주장한다.

그런데 지난 9월 11일, 로마 제국 이래 가장 강력한 패권 국가라는 미국의 심장부가 '얼굴 없는 소수의 적군' 에 의해 참혹하게 유린당했다. 그렇게도 잔인하고 포악하며, 추잡하고 비인간적인 테러를 보면서 뮐러의 '공존' 보다는 헌팅턴의 '충돌' 이 설득력을 더하여 가는 것 같아 마음이 암울하기만 하다. 세계무역센터는 뭐니뭐니해도 서구 기독교 문명이 일궈 놓은 소중한 자산이기 때문이다.

미국의 부시 대통령은 이 미증유의 참사를 '전쟁 행위' 로 규정하고 철저한 보복을 다짐했다. 이번 참사로 인한 인적 · 물적 · 정신적 피해는 아무도 추단하지 못한다. 이러한 반인륜적인 테러 행위에 반대하는 지구촌의 의지는 연일 매스컴을 장식했다.

그런데 문제는 어디를 보복하고 어디까지 공격할 것인가이다. 세계 50여 국가에 흩어져 있는 테러리스트들을 소탕하기 위해서 이 많은 나라들을 공격해야 할 것인가? 이번 테러의 주범으로 의심받는 오사마 빈 라덴이 숨어 있다는 아프카니스탄을 불바다로 만들 것인가? 테러분자와 그 지원 세력을 소탕하기 위해서 아프카니스탄만 공격한다 해도 국민 소득이 800불밖에 안 되는 죄 없는 백성들의 피는 어찌할 것인가? 보복의 악순환이 두려울 뿐이다.

옥석이 혼효(混淆)한 것이 사회다. 이번 참사로 해서 옥석이 구분(俱焚)되어서는 아니 된다. 옥석이 구분(區分)되어야 한다. 아무리 빈대가 귀찮게 해도 초가 삼간을 다 태울 수는 없는 일이다.

GNP보다 중요한 윤리지수

몇 달째 저녁 9시 뉴스만 켜면 ○○게이트, △△의혹, ××로비란 말이 어김없이 등장한다. '좋은 노래도 세 번 들으면 싫증이 난다' 고 했는데 이 식상한 노래(?)를 앞으로도 얼마나 들을까, 고민이 아닐 수 없다. 모르거니와 과거 총풍, 세풍의 주역들이나 게이트 의혹의 장본인들은 지능이 높고, 합리적 · 논리적 사고를 잘하며 기억력, 추리력, 수리력이 뛰어난 사람들일 것이다. 따라서 이런 능력이 높으면 학교 공부도 잘하고 각종 시험에서 어려운 문제도 잘 풀며, 유능한 사람으로 대우도 받을 것이다. 그런데, 이러한 기능이 역으로 작용하면 거짓과 위선의 명수가 되기 십상이고, 심하면 막가파 · 지존파 같은 반도덕적 · 반사회적 인물이 되기도 한다. 왜냐? 자기자신의 감정과 정서를 통제하고 관리하는 능력이 없기 때문이다. 그래서 요즈음 지능지수(IQ)에 대한 신뢰와 선망에 회의를 느끼고 등장한 것이 EQ로 표현되는 윤리지수와 감정지수(정서지수)다.

71년 노벨 물리학 수상자이며 『성숙사회』의 저자인 런던대학의 데니스 가볼에 의하면, 윤리지수가 130을 넘으면 자기를 희생하면서도 남을 위해 봉사하고, 110~130일 때는 사회적으로 나무랄 데 없는 행동을 한다. 100~110 사이가 되면 적어도 바른 환경에서는 책임 있는 태도를 취한다. 90~100의 사이가 되면 일상적인 조건 하에서는 제법 좋은 시민이 되지만, 바람직스럽지 못한 이기적인 행동도 한다. 80~90 사이라면 남의 감시가 있을 때는 사회적인 존재로서 행동을 하지만, 감시가 없을 때는 나쁜 짓도 한다. 70~80 사이가 되면 때로는 잔인하거나 범죄적인 행동으로 흐르고, 70 이하가 되면 상습적인 범죄자가 된다고 한다.

우리나라의 윤리지수를 90으로 볼 때 총풍, 세풍, 게이트, 유혹의 장본인들은 80 이하의 족속일 것이다.

21세기는 윤리지수(감성지수)의 시대가 되어야 한다고 한다. 팀웍과 창조를 위해서, 정보화의 역기능을 중화시키기 위해서, 변화와 불확실에 대처하기 위해서, 그리고 민주화의 시대를 다듬기 위해서 감정과 정서 및 통제 능력이 필요한 것이다. 다시 말하면 자기의 감정을 다스릴 줄 아는 인내심, 지구력, 충동 억제, 참다운 용기, 남의 감정을 수용할 줄 아는 사람이 되어야 한다.

「맹자」에 '상소시 · 하소욕(上所施 · 下所慾)' 이란 말이 있다. 윗사람이 행한 것을 아랫사람이 보고 배운다는 뜻이다.

아이들은 어른들의 앞모습보다 뒷모습에서 더 많이 배운다. 표정영직(表正影直), 본체가 발라야 그림자도 바른 것이다. 우리 어른들은 아이들의 본이 된다는 뜻에서 좀 더 윤리지수를 고양해야 하겠다. 특히 사회적 지도층으로부터 말이 아닌 행동으로 본을 보여야 한다.

EQ는 GNP보다 더 중요한 나라의 지표인 것이다.

명품을 고르는 나의 잣대

오는 6월 13일은 지방의회의원과 지방자치단체장을 뽑는 이른바 제3회 전국 동시 지방선거의 날이다. 우리 지역의 대표를 뽑아 그들에게 우리의 살림을 맡기고, 나아가 더 잘 살 수 있는 내일을 만들어 달라는 뜻에서 그것은 주민의 축제가 되고, 주민들은 그 속에 들어가 춤을 추어야 마땅하다.

그런데, 과거 오랜 기간 동안 이러한 정치적 행사가 끝난 다음 날부터 불신과 갈등, 반목과 질시, 무관심과 냉소로 일관했던 것이 사실이다.

이는 여러 가지 정치적, 사회·문화적 복합 요인이 상승적으로 작용한 결과이겠지만, 나는 무엇보다도 상품(대표자)을 잘못 고른 정치수요자(주민)들의 책임이 크다고 생각한다. 자고로 명품은 웃돈을 주고도 구입하기가 어려운 반면, 가짜나 불량품은 덤이 많이 붙는 법인데 우리 주민들은 이러한 덤(금품, 혈연, 지연, 학연, 정실)의 유혹에 나부터 자유롭지 못했다고 생각한다. 이제는 과거와 달라져야 한다. 그러면 명품을 고르는 나의 잣대는 무엇인가?

먼저 도덕성이다. 사인의 비도덕성은 관용될 수도 있고 심한 경우 찬양까지 받을 수도 있지만, 공인의 경우 비도덕성은 절대로 관용의 대상이 아니라는 것을 미국의 닉슨 전 대통령의 예에서 잘 보았다. 도덕성의 결여는 곧 리더십의 결여인 것이다.

다음은 정책과 비전에 대한 전문성이다. 그 사람이 과연 '○○감'이 되느냐의 문제다. 정책과 비전이 나침반이라면 전문성은 나침반을 보고 항해하는 기술이다. 비전과 전문성은 지도자 자질의 바탕이 되는 것이다. 끝으로 그 사람의 성장발달사다. 그가 과거에 우리 지역민과 얼마나 교감해 왔으며, 이 지역을 위해 얼마나 정직하게 봉사했느냐의 문제다. 봉사는 우리 인류가 발견한 최선의 가치일 뿐더러 정치나 행정도 봉사적 시스템으로 흐르는 것이 근자 세계의 추세다. 단기 투자보다는 장기 투자가 어렵다는 게 본인의 지론이다.

정치가 종합예술이라면 선거는 그 꽃이다. 이번 선거만은 향기 짙은 정치의 꽃이 활짝 피기를 기대한다.

다이어트 편상(片想)

당나라 무제 때의 가객 이연년(李延年)의 시에 '한 번 고갯짓하면 성이 기울고, 두 번 고갯짓하면 나라가 기운다'(一顧傾人城 二顧傾人國)라는 구절이 있다. '경국지색' 즉 나라를 쓸어버릴 정도로 미모가 뛰어난 여자를 가리키는 말이다.

이러한 경국지색으로는, 주지육림으로 이름난 하나라 걸왕의 말희(末喜)와 은나라 주왕의 달기(妲己)가 있었고, 주나라 유왕의 포사(褒姒)와 춘추시대 월나라의 서시(西施), 그리고 한나라 성제의 비연(飛燕)과 당나라 현종의 양귀비(楊貴妃) 같은 미인들이 있었다. 이들 중 양귀비와 서시는 미인의 대명사처럼 그 이름이 지금까지 인구에 회자되고 있다.

양귀비가 죽은 현장에서 늙은 할머니가 양귀비의 신 한 짝을 주웠다. 이것을 가지고 온 나라를 돌아다니면서 보기만 하는 데 1금, 만져보는 데 10금, 신어보는 데 100금씩을 받아 거부가 되었다고 한다. 예뻐지고자 하는 욕망은 여기서 그치지 않는다. 양귀비 무덤의 흙을 한 줌씩 파다가 목욕물에 풀어서 목욕하면 양귀비 같이 예뻐지리라 믿고 무덤의 흙을 마구 파가는 바람에 그 큰 무덤이 주먹만큼 작아졌다고 한다. 서시의 경우도 이와 유사하다. 서시가 미인이라는 소문을 들은 어느 추녀가 서시를 볼 기회를 가졌다. 마침 그때 서시는 배가 몹시 아파서 얼굴을 잔뜩 찌그리고 있는 판인데, 그것을 모른 추녀는 '미인이란 얼굴을 찡그리는구나' 생각하고, 그 후부터 그 못난 얼굴을 찡그리고 다녔다니 그 꼬락서니가 어찌 되었을까? 효빈(效顰)의 고사다.

아름답고자 하는 욕망은 사람들의 원초적이고 고차적인 본능이다. 본격적인 휴가철을 맞아 어떻게 하면 좀 더 날씬하고 아름답게 보일 수 있을까 고민하는 여성들이 크게 늘고 있다. 운동을 갑자기 시작하는 사람이 있는가 하면, 외과적인 수술을 수차례씩 하는 여성들이 있고, 최근에는 중국산 다이어트 식품을 복용한 일본 사람 12명이 급성 간장장애를 일으켜 한 명이 숨지는 사고도 발생했다고 한다. 싱가포르에서도 중국산 다이어트 식품을 먹고 40대 여성이 숨졌다고 하며, 중국에서도 소녀 두 명이 숨졌다고 하니 심각한 일이 아닐 수 없다.

이러한 유해한 약품이 우리나라에서도 이미 6,500여 병이 들어와 2,500여 병이 팔렸다니 이것은 남의 나라 이야기가 아니다.

지난 주 내 여식 하나가 종합검진을 받았다. 모든 것은 정상이나 빈혈이 심하다는 의사의 소견이다. 예뻐지려고 안 먹어서다. 다이어트가 무슨 종교라도 되는가? 다이어트를 한다고 밥을 굶으니 그럴 수 밖에…….

관상이 불여심상이라고 했다. 심전은 가꿀 줄 모르고 외모만 가꾸려는 세태가 안타깝다.

우리 정치도

요사이 정치판의 형태를 보면 이전투구(泥田鬪狗)란 말의 뜻이 새삼스럽게 실감된다. 사전적 · 표시적인 뜻으로는 진흙탕 속에서 싸우는 개를 가리키나, 문맥적 · 함축적 뜻으로는 수단과 방법을 가리지 않고 모함하고 중상하며 싸우는 상태를 뜻한다.

대통령 선거를 앞둔 각 정당들은 국가 발전과 국민의 행복을 위한 정책 개발이나 그 경쟁은 접어두고, 끝없는 상대방 흠집내기에 혈안이 되고 있으니 국민들은 정치에 대해 호의적이라기보다는 오히려 냉소와 혐오감만 증폭될 뿐이다. 가뜩이나 정치에 식상한 우리 국민들에게 스포츠란 선약(仙藥)이 있어서 한 가닥 위안과 희망을 주는지도 모른다.

월드컵의 함성이 아직도 쟁쟁한 그곳에 아시아와 남북화해의 한마당 잔치가 마련되었다. 지난 9월 5일 백두산과 한라산에서 채화된 부산 아시아 경기대회의 성화가 9월 28일부터 부산 경기장에서 훨훨 타기 시작했다. 9월 7일 서울 상암동 월드컵 경기장에서 치루어진 남북통일 축구는 체육 분야에서나마 하나된 것을 세계에 과시한 날로 역사에 기록될 것이다.

체제와 이념의 장벽을 넘어서 민족의 동질성과 화합을 다지는 가장 좋은 방법이 스포츠 말고 무엇이 있겠는가. 남북 친선 축구는 1990

년 10월까지 5승 2무 1패로 남측이 우세했으나, 9월 7일 경기는 0:0으로 그 우열을 가리지 못한 것, 그것이 더욱 명승부전이라는 느낌마저 들었다. 문제는 이러한 체육 행사들이 1회성 이벤트로 끝나서는 아니 되겠다는 점이다. 이러한 행사를 계기로 남북의 친선 경기가 활성화되고 정례화 되기를 기대하는 마음 간절하다.

스포츠를 통해서 본 우리 민족의 저력은 실로 가공할 만한 것이다. 남북은 일찍이 탁구 단일팀을 구성해서 세계대회에서 우승한 바가 있었고, 청소년 축구 코리아팀도 세계 대회에서 8강까지 진출했던 관록이 있었다. 월드컵 대회에서 4강에 오른 남한의 축구와 태국 킹스컵대회에서 우승한 북한의 축구가 하나의 단일팀으로 구성된다면 그것은 문자 그대로 체육 강국의 위상이 세계 만방에 드러날 것이다.

우리는 무엇이나 할 수 있는 민족이다.

지난 2000년 시드니 올림픽 때 남과 북이 한반도기를 앞세우고 입장해서 세계인의 갈채와 찬사를 받았던 일이 아직도 눈에 선하다.

이번 부산 아시아경기대회 때 비록 단일팀으로는 출전하지 못했지만 한반도기를 앞세우고 동시에 입장해서 서로가 서로를 응원하는 아름다운 광경은 민족의 화해와 통일의 의지를 전 세계에 과시한 것이다. 이보다 좋은 명화(名畵)를 어디서 찾을 것인가?

정치의 정(政)은 정(正)이라 했다. 우리 정치도 이제는 제발 정쟁을 지양하고 스포츠의 정직하고 아름다운 사회통합의 속성을 배워야 할 것이다.

아, 대한민국!

'대한민국'이 이처럼 뜨겁게 연호되고, '태극기'가 패션이 되고, '애국가'가 유행가처럼 불린 적이 언제 있었으며, 대한민국에 태어난 것이 이처럼 자랑스러울 때가 언제 있었을까? 반만 년 역사상 2002년 6월보다 뜨거운 6월이 언제 있었는가? 6월의 염열도 월드컵 열기 앞에 그 위력을 접은 것만 같았다.

생각하면 정말 후회없는 한 판이었다. 당초 우리의 목표는 꿈의 16강 진출이었다. 이는 1954년 스위스 월드컵 본선에 진출한 이래의 꿈이었던 것이다. 그러던 것이 일거에 16강, 8강, 4강으로 도약한 신화 창조의 위업을 이룬 것이다.

세계의 언론과 축구 전문가들이 평가하듯 한국 축구의 비약은 개인기와 파워의 핸디캡을 지칠 줄 모르는 투혼과 스피드로 극복한 모델이라고 하며, 정신력과 체력 전술의 3박자가 절묘하게 어우러진 결과라고 한다. 비록 결승에 진출은 못하고 4위에 그쳤지만 그 성과는 세계 언론들이 연일 찬탄해 마지 않았다.

뉴스 위크지는 한국의 4강 진출의 감동을 예로 들면서 이번 대회가 사실상 처음으로 월드컵이라는 이름으로 불릴 만한 가치가 있고, 비록 월드컵은 차지하지 못했지만 이번 대회의 주인공은 한국이라고 했다.

NHK는 한국이 새로 축구의 역사를 썼다고 극찬했다. 독일의 신문들은 한국이 이룩한 이번의 성과는 놀라운 것이며, 이 유산은 앞으로도 계승될 것이라고 했고, 베트남의 신문들은 한국은 아시아의 자존심이라고 칭찬한 뒤 자기들은 제2의 한국이라 했다. 유럽의 어느 신문은 한국이 지구에 나타났다고 했으니 '아, 대한민국!' 이 아닐 수 없다. 중국도 한때의 시샘을 씻고 어깨동무로 우리와 동반자가 될 것이라고 했다. 스포츠는 정직하고 아름다운 것이며 국가 이미지 제고나 국운 융성의 상징이 되기에 충분하다 할 것이다.

또 이번 쾌거에 빼놓을 수 없는 것은 12번째의 전사라고 하는 7백만 국민들의 거리 응원이다. 당초 수십 만 명으로 시작된 붉은 물결은 스페인전에서 5백만 명으로 늘더니 독일과의 4강전에서는 7백만 명으로 늘었다. 내친 김에 결승까지 가자고 우리 선수들에게 기를 넣어준 붉은 함성은 세계가 깜짝 놀랐다. 우리의 시민 의식이 언제 이렇게 성숙되었는지 우리가 생각해도 자랑스럽기만 하다. '필승 코리아' 의 맹렬한 파워는 축구 최고의 브랜드를 만들었으며 5천 만의 저력은 앞으로 국가 발전의 에너지로 활용해야 할 것이다.

고추를 고추장에 찍어 먹는 민족의 무한한 저력을 확인한 이번 대회의 교훈을 세계 축구 4강으로 이해하기보다는 조국 선진화의 계기로 삼아야 할 것이다.

우리 민족의 저력

월드컵 열기가 작열하는 6월의 태양열보다 뜨겁다.

지난 5월 31일 2002년 한 · 일 월드컵이 '인류의 평화와 화합' 이란 김대중 대통령의 대회 선포로 그 뜨거운 막을 열었다.

이번 행사가 21세기 들어 처음인데가 월드컵 역사상 아시아에서 처음으로 한 · 일 두 나라가 공동으로 개최하는 행사라는 점에서 세계인의 눈과 귀가 이 대회에 쏠리고 있다. 60억 지구촌 가족들이 숨을 죽여가며 지켜봤던 '동방으로부터' 라는 주제 행사는 인류의 화합을 기원하는 희망의 메시지로 지구촌 가족들의 가슴을 뜨겁게 했다.

개막전 경기에서부터 아프리카의 첫 출전국인 세네갈이, 세계 1위이자 지난 대회 우승국인 프랑스를 1:0으로 물리치는 이변이 있었는가 하면 재미와 감동이 어느 대회 때보다 두드러진다는 것이다.

D조에 속한 우리나라만 하더라도 폴란드를 2:0으로 이긴 쾌거를 거두었으니 이는 1954년 스위스 월드컵 본선에 진출한 지 48년만의 경사이다. 더구나 C조에 속한 중국이 코스타리카에 2:0으로 패하고, H조에 속한 일본이 벨기에에 2:2로 비긴 상황이었으니 우리나라의 승리가 아시아 축구의 자존심을 지켰다는 의미에서 우리 국민 모두가 흥분하는 것은 당연한 이야기다.

사람이 모이는 곳이면 축구가 화제요, 신문과 인터넷은 축구 기사로 넘친다. 월드컵 1승 기념 50% 할인 음식점이 등장하는가 하면 월드컵 경품 이벤트가 속출하고, 축구공화국이 등장하는가 하면 히딩크 당수가 등장하기도 한다. 10일 한 · 미 축구 경기를 두고 각급 학교에서는 단축 수업을 할 계획인가 하면, 기업체들은 임시 휴업 조치를 생각하고 있고, 당국에서도 과열된 응원이 반미로 이어질까 염려를 한다고 한다. 이 얼마나 즐거운 비명인가!

그러나, 우리는 이 고도의 흥분과 즐거움 속에서 한 가지 짚고 넘어 갈 일이 있다. 1996년 5월 31일 밤 11시 아바랑게 당시 축구협회 회장이 스위스의 취리히에서 2002년 월드컵 한 · 일 공동주최를 선포한 때를 생각해야 한다. 그 때는 월드컵 준비가 백지 상태였다. 거기다 월드컵을 유치한 지 1년 반만에 외환 위기가 들이닥쳐 경제 전반에 걸친 도미노식 부도와 실업의 공포가 엄습했을 때, 금 모으기와 뼈를 깎는 구조조정으로 IMF 환란을 졸업하고, 정부와 국민 체육계와 경제인이 하나로 뭉쳐 이러한 월드컵 행사 준비를 한 것이다. 건축미로 보나 그 위용으로 보나 손색없는 경기장에 높아진 선수들의 기량과 성숙된 시민의식은 세계적인 찬사를 받기에 부족함이 없다.

이것이 세계에 과시할 수 있는 우리 민족의 저력인 것이다. 한국 민족은 하려고만 하면 맨 손으로 호랑이를 때려잡을 수 있는 위대한 민족이다.

세계가 주목하는 한글

지난 1972년 '문화예술 진흥법' 이 제정된 이래 매년 10월을 '문화의 달' 로, 그 셋째 주 토요일을 '문화의 날' 로 제정하여 주민들과 함께하는 다양하고 풍성한 문화행사가 각 지방마다 정착 단계에 이르렀다. 여기에 '한글날' 까지 끼어 있어 10월이야말로 연중 가장 즐거운 달이요, 거꾸로 매달려도 살고 싶은 의욕을 느끼는 달이다.

우리는 물과 공기가 없이는 촌각이라도 생존할 수 없지만 그 고마움을 잊고 사는 것처럼 말과 글자의 고마움을 잊고 산다. 대중문화에 대한 수요가 격증함에 비하여 그 모태가 되는 말과 글에 대한 무관심은 평소 언어나 문자 사용에서 잘 나타나고 있는 점을 관심 있는 사람들은 잘 알고 있다.

말과 글자가 왜 공기나 물처럼 중요한가? 그것은 말과 글자가 '의사소통' 이란 기능을 통하여 인간형성, 사회형성, 문화창조와 전승이라는 3대 구실을 수행하기 때문이다. 환언하면 말과 글자가 없으면 사람다운 사람, 참다운 사회, 고급한 문화를 기대할 수 없다는 말이다.

우리는 국가 간에서 '독립' 이라는 말을 많이 쓰는데, 그 독립이란 말도 조금만 음미하면 세 가지 범주가 있음을 곧 알게 된다. 첫째가 정치적 독립이요, 둘째가 경제적 독립이며, 셋째가 문화적 독립인 바 본고에서는 정치적 · 경제적 독립은 논외로 하고 문화적 독립에 대해서만 간략히 언급한다.

만약 우리에게 우리의 말과 글자가 없다거나, 한글 창제 이전처럼 말은 있되 우리의 글자가 없었을 경우, 문화적 독립은 불가능하고 문화적 사대주의에 함몰됐을 것이다. 과거 중국에 대한 정치적 사대주의도 그 실상은 한자를 차용함에 따른 문화적 사대주의가 그 주종을 이루었던 것이다. 그래서 우리 스스로 소중화(小中華)를 자처한 부끄러운 역사를 가졌던 것이다.

무릇 인류의 역사는 언어의 기록으로부터 시작되었다. 한글 창제 이전 우리의 언어 기록이 없었던 것은 아니었다. 한자라는 남의 글자를 빌려 썼기에 우리 조상들의 생활 모습은 참모습이 아닌 굴절된 모습으로 나타났다. 참다운 뜻에서 우리 조상들이 살아 움직이는 모습이 우리 눈에 비치게 된 것은 한글 창제 이후이며, 그 때부터 참다운 역사시기가 열렸고 참다운 국문학이 그때부터 시작된 것이다. 이것이 한글 창제의 의의인 것이다.

그러면, 한글은 어떠한 우수성 때문에 세계인의 주목을 받고 유네스코 기록문화유산에까지 등재되었는가? 첫째, 한글은 세계 어느 글자도 모방하지 않는 독창적 글자란 점이다. 일본의 가나는 한자에서 나왔다. 서구인들이 자랑하는 알파벳은 이집트의 신성문자가 페니키아로, 이것이 다시 로마로 가서 로마 알파벳이 된 것이지만, 한글은 신비한 독창의 산물이다. 둘째, 한글은 그 체제나 구조가 현대 음성학이나 음운학에 부합한 과학적인 글자다. 모음은 천 · 지 · 인(天地人) 삼재(三才)를 본떠서 만들었고, 자음은 아 · 설 · 순 · 치 · 후(牙舌脣齒喉)의 발성기관을 본떠 만들었는데 이것 또한 평음, 격음, 경음, 유성음의 기막힌 분류 체계를 갖는다. 셋째, 한글은 배우기 쉽고 쓰기에 편한 실용성을 가진 점이다.

이상과 같은 우수성 때문에 1990년대 옥스퍼드 대학이 세계 30여 개 주요 문자의 합리성, 독창성을 평가한 결과 한글이 1위를 차지했다. 또 시카고 대학 매골리 교수는 10월 9일엔 동료 교수나 학생들을 초청하여 '한글날'을 기념했고, 리스 대학 샘선 교수는 한글이 지구상에서 가장 진화한 자질문자(資質文字)라고 새로운 분류를 했다. 이것은 우리의 문화적 자긍심을 일깨우는 활력소임에 틀림없다. 또 한글은 정보화 시대에 더 빛이 난다고 한다. 컴퓨터 자판에서 영어나 중국어 일본어와 비교할 수 없는 속도를 내는 것은 물론, 로봇이나 컴퓨터가 음성을 인식하는 데도 다른 글자의 추종을 불허한다고 하니 어찌 가슴 뿌듯한 일이 아니겠는가! 그뿐 아니라 유네스코에서는 말은 있되 글자가 없는 국가나 민족에게 한글을 쓰게 하려는 계획까지 구상한다고 하니 한글의 주인인 우리의 가슴은 거선의 기관처럼 뛰지 않는가? 우리말 · 우리글을 아끼고 사랑하자. 이것만이 글로벌 시대에서 우리의 정체성을 지키는 참다운 지혜인 것이다.

천재인가? 인재인가?

요사이 TV 뉴스를 시청하노라면 삼년대한(三年大旱), 구년홍수(九年洪水)란 말을 새삼스럽게 되새기게 된다. 물론 이러한 성어는 과장법을 좋아했던 중국 사람들의 생활 어법이었다. 심한 가뭄이 한 번 들면 그 영향이 3년 이상 가고, 심한 홍수가 한 번 지면 그 피해가 9년 이상 이어진다고 생각할 때 가뭄보다 물난리가 너 무섭나는 뜻이 된다. 그래서 3년 가뭄에는 살아도 석 달 장마(홍수)에는 못 산다는 속담까지 생긴 것 같다. 기상이변이란 말도 오래 전에 들었지만 이것을 금년에 실감했다. 독일, 오스트리아 체코를 비롯한 중부유럽, 중국, 네팔, 남미 등의 물난리는 제쳐 두고 열흘 이상 흙탕물에 잠긴 김해 지방의 수몰 현황은 참절처절한 실존의 현상이 아닌 생지옥 바로 그것이었다. 멀쩡했던 집들이 통째로 내려앉는가 하면, 아끼고 아꼈던 가재도구나 값나간 상품들이 하나 같이 쓰레기로 변해버렸다. 황금 벌판을 꿈꾸던 들판이 늪지로 변했는가 하면, 수백 개의 기업체가 폐허 더미로 변했다. 수십 만 마리의 가축들이 폐사했고, 아직 폐사하지 아니한 가축들은 가축 전염병을 염려하여 큰 구덩이를 파고 집단으로 묻어버렸다. 그 와중에서도 살아 보겠다고 흙덩이를 헤치며 발버둥치던 새끼돼지의 몸부림이 지금도 눈에 선하다.

그뿐만이 아니다. 지난 8월 2일 여수 앞바다에서 남해안 완도 근해까지 적조가 번져서 지금까지 4백여 만 마리의 양식 물고기를 폐사시켰다. 어떻게 하면 적조의 피해를 줄여볼까 하고 황토를 뿌리는 어민들의 필사적인 노력도 도로에 불과했다. 이러한 재변을 두고 그것이 천재인가? 아니면 인재인가? 논란도 많지만 그것이 인재라는 점에 문제의 심각성이 있다. 김해 지방의 수몰은 폭우도 폭우지만 낙동강 제방이 무너진 결과물이다. 폭우 역시 기상 이변을 부채질한 우리들의 탓이다.

대기 오염의 주범은 난방 시설이나 자동차에서 나오는 질소산화물과 탄화수소다. 이것이 광화학 반응을 일으켜 오존층을 파괴하고, 스모그 현상을 일으켜 기상이변을 자초한다고 하니 이것이 인재가 아니고 무엇이겠는가? 적조 또한 일조량의 증가와 수온 상승, 영양염류의 유입과 생활 하수, 공장 폐수가 원인이라고 하니 이것 또한 인재인 것 이다.

환경 보전 문제는 국제적 차원에서 할 일과 국가적 차원에서 할 일, 그리고 개인이나 시민 차원에서 할 일이 따로 있다고 볼 때 우리가 할 수 있는 일은 조금이라도 화석연료를 덜 쓰는 일과 오폐수를 줄이는 노력일 것이다.

군립 도서관

알렉산더 대왕이 동방을 원정할 때 「일리아드」를 귀중한 상자에 넣어 가지고 다녔다는 사실은 하나도 놀라운 일이 아니다. 그것은 책에 기록된 말은 인류의 문화 유물 중에서도 가장 귀중한 문화 유물이기 때문이다.

책 속에는 우리 인류가 수천 년 동안 쌓아온 사색과 체험과 연구와 관찰의 기록이 백화점처럼 쌓였기에 '책 속에 길이 있다', '책 속에 미래가 있다'는 금언이 나온 것이다.

우리는 우리가 살고 있는 이 시대상황을 잘 알고 있다. 노동과 자본 중심의 산업사회에서 지식과 정보문화가 중심이 되는 사회로 이전되는 사실을 감안할 때, 군립도서관의 개관이야말로 목이 마르게 축하할 일이다. 도서관은 도서(전자도서)나 도서 자료를 수집, 정리, 보관하여 특정 또는 일반인에게 열람, 대출하여 연구나 참고, 조사나 교양 등의 활동에 봉사하는 기관이다. 우리 전라남도에는 군립(시립) 도서관이 9개가 있다. 우리 해남군보다 군세가 훨씬 작은 강진이나 영암, 완도에도 군립도서관이 있는데 우리 해남에 군립도서관이 없었다는 것은 문화적 자긍이 강한 우리 향당으로서는 다소 아쉬운 일이었다.

이러한 차에 지금 신축 중인 해남문화예술회관(가칭)이 준공되면

350평의 공간을 확보하여 4층에 아동실 48석, 일반 자료실 18석, 농·어·역사 자료실 12석과 5층에 일반 열람석 264석 등 총 342석의 규모를 갖춘 군립도서관이 군민 앞에 선을 보인다니 또 한번 축하할 일이다.

당국은 이 도서관의 내실 있는 개관을 위해 지난 해 군립도서관 운영위원회(위원장 홍형덕)를 조직하고 위원(7명)들에게 위촉장을 수여했다. 위원회는 지난 해 11월 12일 1차 회의, 12월 13일 2차 회의를 통하여 도서관 개관 안내, 도서모으기(향우와 군민을 대상 10만 권 목표), 도서 선정과 구입, 도서자료 수집, 도서자료 분류 및 도서관 운영 봉사자 모집 등의 문제를 놓고 중지를 모으고 있는 중이라니 군민의 문화·사회적 복지증진에 기대가 크다.

문화시설은 그 자체가 목적이 아니다. 문화시설을 아무리 만들어 놓는다고 해도 그것을 적절히 활용하지 않는다면 별 의미가 없는 것이다. 이제 우리는 명(名)과 실(實)을 두고 깊은 고민을 해야 한다. 아무리 좋은 도서관이 개관되더라도 이용자가 없으면, 도서관의 기능은 무화(無化)되는 것이다. 도서관을 이용하는 것은 전적으로 주민의 몫인 것이다.

책을 읽는 사람은 아름답다

예로부터 가을을 등화가친제라 해서 독서의 계절로 여겨왔다.

한용운도 가을은 자연과 인사가 독서에 적합한 계절이라 여기고 다음과 같은 언급을 한 바 있다. '자연으로는 긴 여름의 괴로운 더위를 지나 서늘한 바람과 맑은 기운이 비롯할 때요, 인사로는 백사앙장(百事鞅掌)한 여름 동안에 땀을 흘려가며 헐떡거리던 정신과 육체가 가쁘고 피곤함을 거두고, 조금 편안하고 새로운 지경으로 들어가기 때문에 가을은 독서하기에 좋은 계절이다.' 라고 말했다.

문화정책 당국에서도 매년 9월을 독서의 달로 정하고, 독서의욕의 고취와 그 생활화에 힘쓰고 있으며, 지자체나 새마을문고, 바르게살기 협의회 등에서도 독후감 공모와 같은 독서운동을 전개하고 있지만 우리 주민들의 독서열은 그에 미치지 못하고 있다.

1999년 한국도서관협회 자료에 의하면 국민 1인당 장서 수가 덴마크 5.96권, 미국 2.59권, 일본 2.19권인데 우리나라는 말레이시아의 0.51권에도 못 미치는 0.40권이다. 이는 독서율과도 상관이 깊은 것으로 국민소득에 비해 부끄러운 통계인 것이다.

그러면 우리는 무엇 때문에 책을 읽어야 하는가? 이에 대한 답은 생활이나 직업에 필요한 정보를 얻어서 그 질을 높이는 것, 풍부한 교양을 쌓아서 균형 잡힌 인격체가 되는 것, 간접경험을 확충하여 생활의 지혜로 삼는 것, 여가 선용의 수단으로 삼는 것 등일 것이다.

그러나, 나는 우주와 세계를 한 권의 책으로 보고, 독서를 통해서 그 속에 숨겨져 있는 비의를 발견하는 기쁨을 맛보는 데에 독서의 목적이 있다고 생각한다.

역사상 훌륭한 인물들은 거의가 독서광(?)이었다. 공자의 위편삼절, 세종대왕의 집현전, 당 태종의 을야지람, 나폴레옹의 진중 마상독서, 루스벨트의 화장실독서 등 위인들의 독서 예화는 실로 매거할 수 없이 많다.

독서는 완성된 사람을 만들기 때문에 독서하지 않는 사람에게는 미래가 없다고 한다. 독서하는 사람은 참된 벗, 친절한 충고자, 유쾌한 반려자가 없다는 것을 느끼지 못한다. 사람은 독서에 의하여, 사색에 의하여, 한서의 구별없이, 행 · 불행의 차별없이, 어린아이와 같이 자기를 즐겁게 하며 유쾌하게 지낼 수 있다고 한 로마의 철학자 바로의 말을 음미해 볼 계절이 가을인 것이다.

세상에서 가장 아름다운 것은 어머니가 아이에게 젖을 먹이는 것이라 하는데, 어머니가 책을 읽는 모습은 이보다 더 아름답다고 한다.

가을이 가기 전에 한 권의 책이라도 읽어보자. 그래서 우리 모두 아름다운 사람이 되자.

제39회 도서관주간 행사에 부쳐

우리가 책이나 독서를 이야기 할 때 '책 속에 길이 있다', '사람은 책을 만들고 책은 사람을 만든다' 고들 한다. 과연 그 말이 타당한 것인가? '과거의 온갖 세계는 모두 몇 권의 책에 의하여 지배되었다' 라고 한 볼테르의 말처럼 한 권의 바이블이 없었다면 서구의 눈부신 기독교 문화가 가당이나 하였을까?

『엉클 톰의 오막살이』 저자 스토우 부인을 링컨이 만났을 때 '당신이 바로 이 커다란 남북 전쟁을 일으킨 조그마한 여성입니다. 부인이 잡은 펜의 힘이야말로 노예해방 전쟁에서 북군의 총사령관 그랜트 장군이 이끄는 10만 대군보다 더 강했습니다' 라고 한 링컨 대통령의 말도 이를 뒷받침한 말이다.

18세기 나폴레옹이 자신이 정복한 대륙보다도 더 무겁다고 여긴 것도 한 권의 책이었다. 전쟁터의 살벌한 시간 속에서도 늘 품 속에 『젊은 베르테르의 슬픔』을 넣고 다녔다. 그가 저자 괴테를 만났을 때 '그야말로 인간이다!' 라고 감탄을 하면서 '줄리어스 시저에 관한 희곡을 써보는 게 어떻습니까?' 라고 했던 대화에서도 책의 효용을 십분 이해할 수 있다.

호메로스는 갔어도 『일리아드』는 살아 있다. 세익스피어는 짧고,

그의 책은 길고 무겁다. 톨스토이는 잊혀졌지만 『부활』은 더 새롭기만 하지 않는가!

우리는 무엇 때문에 책을 읽는가? 인류가 창조할 수 있는 모든 원천적인 지혜를 제공하는 것이 독서다. 그러므로 독서는 직접 경험하지 못한 것들을 간접체험하는 것이다. 따라서 독서의 효용은 새로운 지식과 정보를 얻으며, 사고력과 상상력을 신장시키고, 기쁨과 위안을 얻으며 생활의 지혜를 얻는다. 또, 교양을 넓혀 바른 인생관과 세계관을 확립하고 선미한 정서를 순화하여 삶을 풍요하게 하는 것이다.

이번 해남군도립도서관에서는 위에 말한 독서 정신을 생활화하기 위하여 4월 12일부터 4월 18일까지 1주일 간 제39회 도서관주간 행사를 다채롭게 한다고 한다. 도서관 이용 안내를 위한 홍보물 제작과 배부, 가두캠페인, 도서관 모범 이용자 표창, 가훈 써주기, 도서관 이용법 안내, 작가와의 만남, 문화 강좌, 작품 전시회, 문화 영화 상영, 테마별 정보 코너 운영, 읽은 책 바꿔보기 등 알찬 내용들로 짜여 있다.

이 행사의 내실화를 위해 도서관 팀들은 거의 1년 간을 봉사 정신으로 일관해 온 것 같다. 아침에 출근하면 밤 8시가 돼서야 퇴근하는 이런 성실한 공무원들에게는 행정적인 인센티브를 주어 사기를 진작시켜 주어야 하고, 절대적인 인력이 부족한 환경도 개선해 주어야 할 것이다. 그리고 이러한 좋은 시설에서 문화적 복지를 누릴 우리 군민들은 참으로 행복한 것 같다. 이렇게 훌륭한 도서관에서 문화적 복지를 누릴 수 있는 것은 여간 다행이 아닐 수 없다.

특히 우리 청소년들이 책을 통해 미래의 꿈과 희망을 일궈낼 수 있도록 다양한 독서 프로그램을 개발해 주기 바라며, 우리 군민들도 '다시 책을 읽자!' 라는 모토를 가지고 도서관을 한층 더 가까이 해야 할 것이다.

비석(碑石) 이야기

비 · 비석은 어떤 인물이나, 공적, 사적 등을 기념하기 위하여 돌에 글자를 새겨서 세워놓은 조형물이다. 비석에 새긴 글자를 금석문이라 하는데 고대 중국 하나라의 우왕이 솥을 만들고, 주나라의 선왕이 석고에 새긴 것이 그 기원으로 귀중한 사료다. 그 후 진나라 때에는 각석이 있었고, 한나라 때는 유서나 불경을 돌에 새긴 석경이 있었지만 그것은 아직 비석이라고 할 수는 없었다. 그로부터 얼마 후 한나라에서 묘비가 발달했다. 처음에는 표지석 정도의 백비(글자를 새기지 않은 비)였으나 점차로 당사자의 공덕을 새겼다. 비는 가첨석 또는 이수, 비신, 농대 또는 귀부의 세 부분으로 이루어지고, 비신이 장방형으로 된 것을 비(碑)라 하고, 자연석의 한 면을 갈아서 위를 둥글게 한 것을 갈(碣)이라 했다. 비신의 겉면을 비양, 뒷면을 비음이라 하고 비양에 새긴 글을 비문 또는 명(銘)이라 하고, 비음에 새긴 글을 음기 또는 비음이라 했다.

우리나라에서는 비석이 언제부터 세워졌는지 확실치 않으나 고구려의 광개토대왕비, 신라 진흥왕의 북한산 · 황초령 · 마운령의 순수비가 가장 오래된 것이다. 비석의 종류로는 내용에 따라 여러 가지로 나누어진다. 순수비, 기적비, 신도비, 능비, 묘비, 정계비, 송덕비 등이 있고 조선 중기 이후 지방관의 치적과 송덕을 내용으로 하는 철비는 송덕비, 애민비, 영세불망비 등이 각 고을에 남아 있으며, 석비로는 기공, 의열, 공덕, 유허, 사거, 성곽, 대단, 서원, 빙고, 제지, 묘정 등의 각종 기적비가 있다.

그러면 사람들은 왜 때의 고금, 양의 동서를 막론하고 비석이란 조형물을 세웠을까? 다음 이야기를 참고로 입비의 정신이나 의의에 접근해 보자.

중국 진(晋)나라의 시인이며 노자학파의 거두인 육운(陸雲)이 친구의 집을 찾아 길을 나섰다. 어씨어씨하다가 길을 살못 들어 늘판을 헤매다가 밤중이 되는 낭패를 당하였는데 멀리 불빛이 보였다. 육운은 걸음을 재촉하여 불빛 가까이 이르니 초라한 초가집에서 풍체 좋은 노인이 책을 읽고 있었다. 육운이 사정을 이야기하고 하룻밤을 묵어가기를 청하니 쾌히 응락을 했다. 두 사람은 곧 사제관계가 되어 밤새 노자철학을 토론하다가 날이 새었는데 초가집은 온데간데 없고 '왕필의 묘' 란 비석만 있었다. 왕필은 당시 「역경」과 「노자」를 주석한 유명한 학자였다.

비석은 상징이다. 인간만이 상징의 세계에 살며 상징을 창조하기 때문에 상징은 문명의 뿌리다. 호사유피 인사유명(虎死留皮 人死留名)이나, 매골 불매명(埋骨 不埋名)의 성어가 비를 세운 배경이요 철학이다. 여기서 이름은 당사자의 사상과 철학, 생활과 그 궤적을 모두 포괄하는 말이다.

지난 6월 1일 해남터널 만남의 광장에서 '국회부의장 김봉호 박사 공적비' 제막식이, 전 삼부요인을 비롯한 각계 요인들이 보낸 화환, 경향각지에서 내임한 하객, 주민 등 500여 명이 운집한 가운데 축제 분위기 속에서 성대하게 거행되었다. 우리 향토사에 큰 방점을 찍는 쾌사였다.

그는 시골의 해남중·고를 나와서 대처의 명문을 나온 인재들을 압도하는, 발군의 능력을 정치 현장에서 발휘했다. 김봉호 박사의 공적비야말로 우리 해남의 자존심이요, 무한한 꿈을 펼치는 우리 청소년들의 둘도 없는 긍지의 표상이다.

김봉호 박사는 인사말에서도 '서로 돕고 사랑하고 소중하게 여기는 아름다운 공동체'를 강조한 바와 같이 그는 분명 소유적 가치보다는 존재적 가치를 신봉했고, 아름다운 공동체 건설에 진력했다.

향수 가게에 들어갔다 나오면 향수를 안 사더라도 향수 냄새가 나는 법……. 아무쪼록 김봉호 박사 공적비의 유방백세(流芳百世)를 빈다.

일본인의 잇단 망언 · 망동

일본의 고이즈미 총리가 2차 세계대전의 A급 전범이 합사(合祀)되어 있는 야스쿠니[정국-靖國]신사를 전격 참배했다. 이는 2001년, 2002년에 이은 세 번째 참배인데, 일본의 국정을 대표하는 총리 자격으로 참배하는 공식적 행위라고 밝힌 것은 이번이 처음이라는 점이 우리에게는 충격이 아닐 수 없다. 그렇지 않아도 북한의 핵 문제 때문에 불안한 국민 정서에 찬물을 끼얹은 처사가 아닐 수 없다.

그러나 따지고 보면 그렇게 놀랄 만한 일도 아닌 것 같다. 지난 50년대 수상을 지낸 이케다 하야토의 '일본이 조선을 합병한 뒤로 무슨 나쁜 짓을 했다는 이야기는 들어보지 못했다', 60년대 한일 국교정상화 회담 때 일본측 수석 대표였던 다카스키 신이치의 '일본이 조선을 20년쯤 더 지배했더라면 좋았을 것이다. 일본에게 식민 지배를 사죄하라고 하지만 일본은 조선을 지배하면서 좋은 일을 했다. 종전 후 일본은 공장과 가옥을 그냥 두고 왔다. 지금 한국 산에 나무 한 그루가 없는 것은 조선이 일본으로부터 떨어져 나갔기 때문이다', 70년대 수상 다나가 가꾸에이의 망언, 그 후 환경장관 사쿠라이의 망언과 교육과정 개정 때마다 되풀이하는 역사 왜곡의 망동 등은 실로 매거(枚擧)할 수 없을 정도다.

같은 패전국인 독일은 주변 국가와 유태인들에게 입힌 물적 · 인적 피해를 성의껏 배상했고, 나치가 저지른 범죄에 대해 학생들이 지겨워 할 만큼 교육을 했다.

그런데, 이와는 달리 일본에서는 과거의 죄과를 뉘우치지 못하고 있단 망언과 망동이 줄을 잇는 원인(遠因)은 무엇일까? 그것은 맥아더 사령부의 전범 처리 실책 때문이다. 1948년 맥아더 사령부는 천황제도를 그대로 유지하는 선에서 전범 처리를 종결했는가 하면, 전후 첫 수상을 전쟁 당시 외무 관료였던 요사다 시게루로 밀었던 것이다. 거기다 한국 전쟁 터지자 공산권에 대한 위협을 느끼고 이에 대처하는 방법으로 전쟁 범죄자를 모두 사면했으며, 그 중 1만여 명을 불러들여 정치, 경제, 사회, 군사, 문화 부문의 공직에 복무케 했으니 군국주의의 청산은커녕 조장의 결과를 가져온 것이다. 이것이 오늘날 저들의 망언과 망동을 연발한 원인이다.

일본은 이제부터라도 평화라는 보편적 가치를 존중하는 성실한 국제 사회의 일원으로서 국가적 브랜드를 구축해야 할 것이다. 인류사적 차원에서도 전범을 참배하는 망동은 용서받지 못할 죄악이다.

일본 사람들의 역사 왜곡

일본 사람들을 흔히 이중성을 가진 민족이라고 한다.

다데마에(建前)와 혼네(本音)가 그것인데 다데마에는 체면 치레의 겉마음이요, 혼네는 실리를 위한 속마음이다.

내가 일제 말 초등학교 저학년 때 겪은 일이다. 임오 · 계미(壬午 · 癸未, 1942~1943년)의 양대 흉년 뒤 극심한 일인들의 수탈 때문에 조반석죽도 어려운 시절이어서 초근 목피도 동이 나고 아사자도 나오곤 했다. 그 때 도시락을 싸온 학생-대부분의 학생들은 도시락을 싸오지 못함-들은 교실에서 담임 선생님과 같이 밥을 먹는 것이 학교의 규칙이었다. 일인 담임 선생은 대동아 전쟁에 이기기 위해서 자신도 죽을 먹거나 잡곡밥을 먹는다면서 도시락을 열어 학생들에게 보이곤 했다. 그 때마다 노란 조밥이었다. 전쟁에 이기기 위해서 쌀은 해이따이상(兵隊上)에게 보내고 선생님까지도 조식을 하는 줄로만 알았다. 그런데, 그것이 아니었다. 며칠 지나서 안 일이지만 일인 선생의 도시락은 95% 정도가 순 쌀밥이고 겉부분만 조밥으로 살짝 가렸던 것이다. 어린 학생들 앞에서 교육상 그러한 일이 가능하겠는가. 가증스런 그들의 이중성이다.

또, 그들은 약자에게는 강하고 강자에게는 약하다. 이것도 사실이다.

근세 이후만 하더라도 일본은 약자인 우리를 얼마나 괴롭혔는가. 괴롭히다가 끝내는 나라마저 송두리째 빼앗아 학대와 수탈의 식민지 경영을 하면서 이것을 시혜로 호도하지 않았던가. 강자인 미국에 대해서 그들은 한없이 비굴했다. 2차 대전 후 미국은 일본의 전후 문제 처리에 가미가제(神風)나 하리기리(割腹)식의 저항이 있을까 하고 큰 염려를 했었으나 그것은 기우였다. 사회의 지도층이 다투어 아부했고, 귀부인들까지도 몸을 바쳐가며 군정에 협조를 했다. 애시당초 미국의 염려는 아이러니였다.

그런데, 이 이중성이란 것이 우리에게는 없는 것일까. 우리의 이중성도 결코 일본 사람들에게 못지 않을 것이다. 뉴먼의 말과 같이 '사람의 마음에는 두 개의 침실이 있는 것' 이다. 하나는 사랑과 착함이 천사와 함께 깃드는 불성의 방이요, 다른 하나는 미움과 악함이 악마와 같이 쓰는 마성의 방이다. 사람은 어느 나라 어느 민족도 이 한계에서 벗어나지 못한다.

'열 길 물 속은 알아도 한 길 사람 속은 모른다', '~할 때 마음 다르고, ~할 때 마음 다르다', '사람의 마음은 하루에도 열두 번 변한다' 는 우리 속담인데 이는 우리의 이중성을 간파한 말이다.

우리도 약자에게는 강하고, 강자에게는 비굴했다.

두터비 파리를 물고 두엄 위에 치다라 앉아

건너 산 바라보니 백송골이 떠 있거늘 가슴이 금즉하여

풀떡 뛰어 내닫다가 두엄 아래 잣바지거고

모처라 날랜 낼시망정 어혈질 뻔하괘라

두터비는 지방 관리, 백송골은 중앙 관리다. 두터비가 파리(민초) 앞에서는 절대 권력자처럼 행세하지만 백송골(강자) 앞에서는 비굴하기 그지 없었다. 또 두터비를 조선의 관리, 백송골을 중국으로 환치하면 두터비는 조선의 약자에게는 무한으로 군림했지만 강자인 중국에게는 한없이 무력했던 것이다. 이로 보아 우리는 일본 사람들의 이중성을 그저 탓하지는 못할 것이다.

그러면, 어째서 일본 사람들은 고칠 수 없는 역사를 왜곡하는 것일까. 역사를 왜곡하지 않고는 견딜 수 없는 그들의 집단 무의식은 무엇일까. 그것은 군국주의의 망상과 경제적 자만인 것 같다.

일본 사람들의 무의식에는 '전 세계를 천황이 다스리고 천황의 힘으로 천하를 정복하겠다' 는 팔굉일우(八紘一宇) 천황제(군국주의)의 짙은 향수가 자리하고 있는 것이다. 이것이 2차 대전으로 인하여 무너진 듯하다가 최근에 다시 살아난 것이다.

독일은 2차 대전 후 반 나치 세력이 정권을 잡고 나치의 만행을 철저히 청산했다. 다가오 같은 유태인 학살의 장소도 역사의 산 현장으로 잘 보존하면서 과거를 반성하고 있지만 일본은 그렇지 못했다. 맥아더 사령부가 종전 처리를 할 때 전범으로 도쬬 히데끼(東條英機) 등

14명만 처단하고 정권은 전쟁의 원흉이었던 보수 우파(군국주의자)에게 넘긴 것이 실수였고 이것이 교과서 왜곡의 뇌관이 된 것이다.

최근 일본의 고이즈미(小泉) 수상이 전범들의 위패가 안치되어 있는 야스쿠니 신사를 참배하겠다는 말은 사실상 군주주의의 부활에 다름 아니다. 공격만이 확실한 삶의 방법이라고, 그들의 머릿속에 복각된 과거를 반성하고 사과한다는 것은 그들의 정체성을 부정한 결과가 된다. 그래서 그들은 과거를 반성하기는커녕 합리화하려는 것이 역사 교과서 왜곡으로 나타나는 것이다. 또 정치권이 보수 우파를 두둔하는 것은 선거 때 표를 의식한 처사다. 산께이 신문이나 요미우리 신문을 비롯해서 NHK는 물론 국민의 대다수가 보수 우파의 성향인데 이들을 비판했다가는 고즈미의 뿌리가 송두리째 무너질 염려가 있다는 것은 자명한 일이다.

또 역사 왜곡에 대해서 주변 국가들이 거세게 저항하는데도 그들이 태연할 수 있는 것은 튼튼한 경제력이 뒷받침하고 있기 때문이다. 금융이나 정보 기술(IT)면에서는 구미에 다소 뒤지지만 포스트 지놈은 말할 것도 없고 일본의 부품이 없으면 세계 공장이 삐걱거린다는 자만도 작용한 것 같다. 기술력을 토대로 한 세계 최고의 산업경쟁력에, 세계 최고의 외환주머니를 찬 현실적 힘 앞에 미국 같은 초강대국도 아양을 떨고 있는 것이 일본의 경제력인 것이다.

그러면, 우리는 저들의 역사 왜곡을 가만히 보고만 있을 것인가. 결단코 그것은 아니다. 우리는 지혜를 모아 극일의 방법을 찾아야 한다. 그 방법의 1순위는 국론의 통일을 통한 국력의 배양이다. 현대는 힘이 정의로 통하는 시대다. 일본이 군국주의를 부활시키려는 사이에 우리는 사색 당파를 부활시키지나 않았는지. 이제부터라도 오기 정치, 심술 정치, 음모 정치, 파당 정치, 보복 정치는 지양되어야 한다. 군국주의는 어떤 면에서는 국가 발전에 양약이 될 수도 있지만, 파당 정치는 국가 발전에 백해무익한 독약일 뿐이다. 모처럼 여야가 같은 목소리를 냈다. 이것이 국력 배양의 가장 확실한 길이다. 다음으로 정부나 민간 단체, 학계나 국민 모두가 합리적인 극일 방안을 세우고 꾸준히 실천해야 한다. 감정이 아닌 이성적인 방안을 꾸준히 모색해야 한다.

'더디 노하는 자는 용자보다 뛰어나며, 자기의 마음을 다스리는 자는 성을 얻는 것보다 뛰어난 것이다.' 잠언에 나오는 말이다.

삶의 질을 선진국형으로

우리나라의 경제 규모가 세계 200여 나라 가운데서 13위라고 하니 우리도 이제는 살만큼 사는 모양이다. 그래서인지 우리의 일상에서 '삶의 질' 이란 화두가 심심치 않게 대두되곤 한다. 이런 화두 중에서 단연 으뜸인 것은 여행에 관한 것이다.

누구는 어디를 가고, 아무개 계에서는 어디를 가며, 모 동창회에서는 어디를 가고, 누구는 며칠 간 해외연수를 가며, 아무개 부부는 두 번이나 해외관광을 간다는 등의 화제가 많다. 다음으로는 승용차, 에어컨, 대형 TV나 냉장고, 고급 주택, 고가 실내 장식물 등에 관심이 모아진다.

이러한 것들도 삶의 질을 이야기 할 때에는 빼놓을 수 없는 중요한 항목이요, 행복추구권의 측면에서도 빼놓을 수 없는 요인이다. 그러나 '선진형 삶의 질' 을 이야기할 때에 물질적인 면은 어디까지나 지엽적인 문제는 될지언정 본질적인 문제는 아닌 것이다.

그러면 무엇이 본질적인 문제인가? 그것은 공공재(환경, 공기, 물)를 아끼며, 예절과 질서를 지키고, 청결을 유지하는 일이다.

최근 환경단체에서 원전 건설을 반대하든가, 댐 건설을 저지한다든가, 난개발을 성토하는 운동 등이나 쾌적한 생활 공간을 확보하려는 절규나, 깨끗한 공기를 마시고 오염되지 않는 물을 마시려는 노력은 '선진형 삶'의 기본적 지향이다. 자연을 자연대로 보전하는 일이나, 유독가스가 배출되는 물질을 태우지 않는 일, 세제를 한 숟가락이라도 덜 쓰는 일 등이 '선진형 삶'의 추구에서 가장 중요한 문제인 것이다.

다음으로는 예절과 질서를 지키는 일이다. 버젓한 보도에다 상품을 진열해 놓고, 서너 명이 의자에 둘러앉아 통행을 방해하는 짓이나 외식을 하고는 식당에다 헌 기저귀가방을 살짝 버리는 일 등은 예절에 어긋나므로 하지 말아야 한다. 또 교통신호 하나라도 잘 지키고 남보다 한 번이라도 더 양보운전을 하려는 마음가짐이 중요한 것이다.

마지막으로 청결을 유지하는 일이다. 싱가포르에서는 국토가 오염된다고 껌도 생산하지 않는다고 하는데 우리의 사정은 어떠한가? 사람이 모였다 하면 쓰레기 천지요, 자고 나면 곳곳에 불법 쓰레기 투기다.

돈이 많아서 고급 주택에 살며 호의호식하고 외국관광을 제집 드나들 듯이 해도 공공재를 아낄 줄 모르고, 예절과 질서를 지키지 아니하며 담배꽁초 하나 관리하지 못하는 사람은 '선진형 삶'의 질을 운위할 자격이 없는 천민자본의 속물인 것이다.

'인문'과 '순수'의 위기

일전에 M교수를 만났다. 그의 역저 「고산문학상론」 한 권을 구입할 수 없겠느냐고 물었더니 구할 수 없을 것이라 했다. 그 이유는 사회, 경제, 역사, 종교, 도덕, 문학 같은 인문학 계통의 서적들은, 그것이 아무리 명저(名著)라 하더라도 잘 팔리지 않기 때문에 500~1000부 정도 한정판으로 출판한다는 것이다. 그는 이어서 각종 공학(工學), 물리학, 화학, 생물학, 의학, 기술 등 자연과학 계통의 서적이나 재테크 서적들은 인문학 계통의 그것보다 더 잘 팔릴 뿐더러 국가나 민간의 연구비 지원도 활발한데 이러한 인문학 경시 풍조는 비단 우리나라뿐만 아니고 세계적인 추세라면서 이 시대야말로 인문학의 생존이냐, 멸종이냐의 갈림길에 서 있다고 억양을 높였다. 공감이 가는 말이었다.

그런데 이러한 불균형의 문제는 예술계도 마찬가지다. 대중을 내세운 각종 예술은 파죽지세로 그 세를 넓혀가는 데 반하여, 순수를 표방한 문학, 음악, 연극 등은 그 설자리가 뿌리째 흔들리고 있다. 문학만 하더라도 포르노나 외설 쪽으로 변질된 것들은 넘치는데 순수 쪽은 고사 직전이다. 이른바 사이비의 난무, 악화가 양화를 구축하는 추세다. 가히 순수의 위기인 것이다. 문인들은 이러한 현상을, 관능적 쾌락만을 추구하려는 독자의 탓으로 돌리기 전에 높은 수준의 지적 쾌락을 맛볼 수 있는 작품을 창작하지 못하는 책임을 느껴야 할 것이다.

어느 소설가는 자신이 작가이면서도 예술인이 무한정 늘어가기만 하는 사회는 건전한 사회가 아니라고 했는데, 이는 진정한 예술인이 귀하다는 말이다. 화가 이중섭은 '남들은 저렇게 바쁘게 열심히 사는데 나는 그림을 그린답시고 놀면서, 공밥만 얻어 먹고, 뒷날 무엇이 될 것처럼 세상을 속였다' 며 음식을 거부한 것은 더 좋은 그림을 그리겠다는 예술에의 열망일 것이며, 싸르트르가 '내 글이 배고픈 사람들에게 무슨 도움이 될 것인가' 회의한 것도 이중섭과 같은 차원의 고민이었을 것이다. 지금이야말로 위기를 기회로 삼을 때다.

여기서 또 한 가지 간과할 수 없는 것은 정부나 지자체의 지원 문제다. 대중예술쪽은 한 행사당 수천만 원씩 지원하면서도 1년에 한 벌씩 내는 문예지 지원액은 고작 2백만 원 정도다. 여기에도 불균형이 도사리고 있는 것이다.

철학서를 뒤지다 보면 '중용설' 이란 것이 있다. 극단적인 것 또는 서로 충돌하는 일의 중간길을 취하는 현명한 행동의 길이며, 가치의 질적 비교를 뜻하는 최고의 지혜를 말한 것이다.

중용이 잣대로 쓰이는 사회는 편안한 사회인 것이다.

건전한 휴가문화의 정착을 위하여

이글이글 불타는 태양, 7월 중순경부터 약 한 달간 우리의 피서 열기 또한 뜨겁기만 했다. 거기다가 TV 3사의 경쟁적 보도도 3복의 염열을 부채질했다. 그래서 피크를 이루는 때에는 해운대에 몰려든 인파가 하루 150만을 상회했다니 동해안과 남해안, 그리고 전국의 산간 계곡을 찾는 피서객 수까지 합하면 그 수는 실로 상상을 초월할 것이다.

이럴 때면 국토는 몸살을 앓는다. 교통은 혼잡하고 쓰레기는 산더미처럼 쌓이며 바가지 상혼과 무질서가 횡행하여, 즐거워야 할 휴가가 도리어 괴로운 휴가가 되고, 스트레스만 가중되기 일쑤다.

생활의 리듬이나 삶의 질을 고양하기 위해서 휴가(휴식)은 대단히 필요한 것이다. 그런데 지금 우리의 휴가문화에는 분명 문제점이 있는 것이다. 그래서 별로 새로운 것은 아니지만 건전한 휴가 문화를 위하여 두 가지 방안을 제시한다.

첫째, 휴가 시기를 꼭 여름으로만 한정하지 말고 1년 12달로 분산하자는 것이다. 요새 어지간한 집이면 선풍기, 냉장고는 물론 에어컨까지 있는 실정이므로 더위는 예전처럼 큰 문제가 되지 않는 것이다. 사람이 많은 곳에 가 보았자 같은 돈을 쓰면서도 고생은 고생대로 하고 기분은 기분대로 잡치기가 일쑤이기 때문에 사람이 적게 모이는 때를 이용하여 알뜰 휴가를 설계하자는 것이다.

둘째로 휴가 기간 중 하루쯤을 가족 단위로 향토문화유적 공부의 날로 할애하자는 것이다. 등하불명격으로 내 것도 모르면서 어찌 세계화를 부르짖겠는가?

먼저 문화원이나 향교에 들러 향토문화유산에 대한 간단한 설명을 듣고, 해남쪽은 녹우당, 장고봉 고분, 이진성, 땅끝, 군곡패총, 석정리 고인돌, 공룡화석지, 진산가마터, 우수영 등을 답사하고, 진도쪽은 금골산 석탑, 벽파진 충무공전적비, 용장산성, 왕온묘, 운림산방, 남도석성을 답사하면 좋을 것이다.

승용차가 없는 가정이라면 버스편을 이용하여 목포에 있는 해양유물전시관이나 영산강 하구에 있는 전라남도 농업박물관을 견학해도 좋을 것이다.

해양유물전시관의 제1실에 전시된 대접, 접시, 완, 잔, 병, 항아리 등은 11세기 진산가마에서 구워낸 것이고, 특별전시 중에 있는 선사유물은 군곡패총에서 발굴한 것이니, 한번쯤 견학하는 것도 퍽 의의 있는 일이고, 농업박물관에 가서 농경시대의 생활용구를 보고 우리 선조들의 생활 모습을 더듬어 보는 것은 우리를 아는 산 역사 공부다.

특히 아버지와 어머니, 아들과 딸이 함께 하는 부모자식 동행이야말로 교육의 오메가다.

21세기 해남자치대학 수강 편상(片想)

김용옥 교수는 지난 20세기를 '지식이 삶과 적대적 관계를 유지해 왔으며, 지식이 권위체계로 삶 위에 군림해 왔다' 고 지적한 바와 같이 지난 세기는 지식(특히 과학적 지식)이 삶 위에 군림한 결과 우리는 세계와 사물을 잃고, 그 대신 세상과 물건 속에서만 살게 되었다. 사람마다 하늘이 준 혜안은 잃어버리고, 황금으로 주조한 의안(義眼)을 달고 진열장 속만 보고 살아왔다. 그 결과 물질 위주의 경박한 풍조만 만연되었는데 이러한 병인(病因)을 치유할 수 있는 대안으로 김교수는 '지식과 삶의 화해' 를 주장하면서, 그 실천의 바이블로 「노자」의 '지혜' 를 제시한 바 있다. 공감이 가는 이야기이다.

사실 이제 우리는 살 만큼 살고 있다. 온갖 잡범 중에 음식물을 훔친 도둑은 없다. 오히려 먹다 남은 음식쓰레기가 값으로 환산하면 연간 8조 원에 이른다고 한다. 옷가지를 훔친 도둑도 없는 반면, 헌옷수거함만 골목마다 눈에 띈다. 이와는 반대로 도덕은 실종되고, 가치관은 혼돈의 늪 속에서 허우적거리는 것이 우리의 현실이다.

이제 우리는 달라져야 한다. 일언이폐지하고 양보다는 질을 추구하는 삶의 방향으로 사고의 패턴을 바꿔야 한다. 이러한 변화야말로 시대의 대세요 물결이라.

우리 해남군(다른 지자체도 마찬가지지만)에서는 군민들에게 새로운 정보를 제공하고 군민 의식수준을 향상시키기 위해 '21세기 해남자치대학'을 운영하고 있는 것으로 안다. 시대적 소명에 부응하는 시책이라 생각하고 크게 반기는 심정이다.

제1회 박승 교수의 '새천년 우리는 어떻게 달라져야 하는가'의 강연도 그렇다. 인간이 살아 있다는 증거의 하나는 그가 변하고 있다는 사실이다. 여기에 양질의 정보를 제공하여 격조 높은 삶을 영위하자는 것이 '지식과 삶(지혜)의 화해'인 것이다.

제2회 김동길 선생의 '새로운 밀레니엄과 한국인', 제3회 윤방부 교수의 '새 시대의 건강법' 등의 강연 내용도 퍽 의미 있는 것들로 받아들여졌다.

일찍이 프라톤은, '돈은 하급, 힘은 중급, 지식은 상급'이라 하여 지식을 예찬했지만 나는 그들의 강연을, 청중들이 지식이 아닌 지혜로 받아들이기를 바란다.

한두 가지 조그마한 아쉬움은 있다. 대중연예인 한 사람만 해남에 와도 몇 천 명의 관중이 운집하는데, 200여 명의 청중을 동원하느라 땀을 흘리는 관계자들이 안타까웠다. 장소가 다소 좁았지만 청중들의 수효에 따라 앞으로 시정되리라 믿는다. 또 하나, 강사들의 연설 중 '~을 아는 똑똑한 친구' 같은 표정은 삼가야한다. 어떤 사실 하나를 모른다고 다 바보는 아닌 것이다.

아무쪼록 우리 '해남자치대학'이 그 운영의 목적을 충분히 달성하기를 기대한다.

문학상 촌담(寸談)

문학상이란 글자 그대로 우수한 문학 작품을 창작하였거나 문학 부문에 공적이 뛰어난 사람에게 주는 상이다.

시상 대상도 세계적인 것과 국내적인 것이 있으며, 시상하는 주체도 국가를 비롯하여 각종 단체나 개인 등 다양하다.

전 세계를 시상 대상으로 하는 스웨덴의 노벨 문학상은 1901년에 제정되어 100년을 이어오고 있는 세계 최고의 권위 있는 상이다.

자국의 작가를 대상으로 하고 있는 상은 프랑스의 콩쿠르상, 미국의 퓨리처상, 영국의 부커상, 소련 시절의 레닌상, 일본의 아쿠다가와상은 세계적으로 알려진 문학상들이다.

특히 우리의 귀에 친숙한 아쿠다가와상은 일본의 대표적인 근대문학가 아쿠다가와 류노스케(芥川龍之介)가 35세의 젊은 나이로 자살하자 그의 친구인 기구지 히로시(菊池寬)가 1935년에 제정하였고, 그 후로 일본 문단을 주도하는 많은 소설가를 배출시켰다. 재일교포인 이회성, 이양지, 유미리도 이 상을 수상하여 재일 동포의 자긍과 문학적 위상을 고양한 바가 있다.

우리나라에도 시인이나 작가의 이름으로 시상한 문학상이 많이 있다.

한국 현대문학의 개척자인 금동 김동인 선생의 문학적 업적을 기리기 위해 1956년 사상계사가 제정한 동인 문학상은 국내 최고의 권위와 역사를 가진 상이다. 1977년에 제정된 이상 문학상은 매년 뛰어난 작품을 창작한 작가를 표창함으로써 우리 문학의 발전에 크게 기여하고 있으며, 1987년에 제정된 소월시 문학상은 지금까지도 소월시의 명맥을 이어오는 데에 견인차의 역할을 하고 있다.

이외에도 만해 문학상, 가람시조 문학상, 월탄 문학상, 김수영 문학상 등 수 많은 문학상이 제정되어 나름대로 국문학의 발전에 일조를 하고 있는 터다.

지난 6월 16일자 해남신문에 의하면 고산 문학대상 준비위원회가 발족되어 그 정관을 기초하고 있는데 명실공히 고산문학의 위상을 전국 수준으로 제고할 예정이라 한다. 국문학의 미래나 국어의 발전을 위해서 대단히 고무적인 일이 아닐 수 없다.

우리 글은 세종대왕이 창제했지만 그 글을 주옥 같이 조탁하여 국어의 미(美)를 처음으로 발견한 분은 고산이다. 그의 숭고한 문학 정신을 받들여 문화의 세기를 주도할 작가를 배출시키려는 것이 이 상의 궁극의 목적일 것이다.

옥동자의 순산을 기구하는 마음이다.

땅에다 입을 맞춘 뜻

흔히 동 · 서양 사람들의 자연관에 대해서 이야기할 때, 동양 사람들은 자연에 대해서 우호적이며 자연을 이용하려고 했던 반면에, 서양 사람들은 자연에 대해서 공격적이며 그것을 정복하려했다고 한다.

이러한 논의는 동양의 여러 나라가 서구적 근대화에 눈을 뜨기 이전까지는 상당한 설득력과 공감을 불러일으켰다.

그러나, 동양의 여러 나라에서 근대화가 시작된 20세기 후반부터는 서상의 논의가 역전된 것이 분명하다.

1760년 영국에서 시작된 산업혁명은 1830년까지 구미 각국에 파급되고 급기야 산업화의 물결은 가속화되어 지금은 후기 산업사회와 정보사회에까지 이르렀다. 이러한 결과 사람들은 풍요한 물질을 구가하면서 편리한 생활을 영위하게 되었다. 이것은 산업화의 긍정적인, 밝은 일면임에 틀림없다.

그러나 무릇 세상 만사의 이치는 음양의 조화가 있는 법이어서 산업화의 부정적 역기능 또한 우리에게 심각한 위기의식을 느끼게 하고 있다. 핵공포와 그 폐기물에 의한 오염, 유전자 조작에 의한 종(種)의 존재 위기, 매연에 의한 대기 오염, 산업과 생활에서 쏟아지는 폐기물(쓰레기)과 폐수(하수)에 의한 생태계의 파괴 등이 그것이다.

이러한 위기로 죽어가는 지구를 살리기 위해서 구미 각국에서는 이미 막대한 환경투자를 하고 있다. 1992년 GNP 대비 스웨덴이 1.69%, 스위스가 1.03%의 투자를 한 데 반하여 한국은 0.24%, 일본은 0.34%의 낮은 투자에 머무르고 있다. 또 선진국의 환경 기술을 100으로 볼 때 우리나라는 50% 미만의 수준에 머물고 있으며, 환경 기술개발 투자비도 GNP 대비 0.004%(109억 원)의 매우 낮은 수준이다.

필자가 직접 확인한 파리의 하수 지하처리장은 200년 전부터 설계 가동된 시설로 오늘날은 관광 명소가 되어 있었고, 독일의 분리수거는 30년 전부터 생활화가 되어 있었다.

그렇다면 새로운 무역장벽이라 예상되는 그린라운드가 구체화되어 환경문제가 곧 생존 문제라는 세계적인 추세에 비추어, 우리 가정에서 해야 할 초미의 당면과제는 무엇인가?

환경문제는 특정 국가나 특정 개인의 문제가 아니라 세계적인 지구인의 문제다. 우리 가정에서 해야 할 일은 절약정신의 실천임을 알아야 한다. 쉽게 말해서 물을 아끼고 쓰레기를 줄이자는 것이다.

수질오염의 주원인은 생활하수(한강 오염의 72%), 산업폐수, 농축산폐수 등인데 이에 대한 대책 수립은 물론 물의 절대 소비량을 줄이고 합성세제의 사용을 극소화해야 한다. 또 한국인 한 사람이 일생 동안 배출하는 쓰레기 총량은 약 55톤으로 5톤 트럭 11대분이므로 쓰레기 1톤의 처리 비용은 48,410원이니 물을 아끼고 쓰레기를 줄이자는 제언은 관변을 향한 추파성 발언이 아니다. 우리 후손들의 생존문제를 염려해서 공동선을 공유하자는 것이다.

로마 교황이 외국 나들이를 할 때 방문국 땅에 첫발을 디디면 제일 먼저 그 땅에 엎드려 입을 맞춘다고 한다. 오늘을 사는 우리들은 그 숭고한 뜻을 재음미할 때가 아닌가 싶다.

변증법적 융합

우리는 지금 국내외적으로 전무후무한 변화의 격랑 속에 살고 있다. 세계화라고 하는 무한경쟁의 국제 환경은 한치 앞의 미래를 가늠할 수 없을 정도로 복잡다양해져가고 있다.

이러한 피치 못할 시대사조 앞에서 우리의 정체성을 지키고 민족문화의 단절을 극복할 수 있는 길은 무엇인가?

냉전의 이데올로기가 사라지자 오직 경제력만이 세계를 지배한다는 산업문명의 탈을 쓰고, 온갖 잡동사니 외래문화가 범람하는 와중에서, 개성 있는 민족문화 창달의 길은 무엇인가를 우리 모두가 심사숙고할 때다.

세계화 추세를 거역한다거나 외래 문물의 수입을 반대하자는 것은 아니다. 더욱이 천박한 국수주의를 부추기는 것도 아니요, 낭만적인 민족주의를 고무 찬양하자는 것도 아니다.

외래 문물을 받아들이되 민족문화라는 참체로 걸러서 받아들이자는 것이다. 우리의 고유한 문화는 우리의 자화상이자 우리 정신의 결정체요, 우리 역사의 퇴적층이기 때문이다.

그러면, 외래 문화를 거르는 참체는 어떻게 짤 것인가? 참다운 세계화는 참다운 지방화에서 시작된다고 하는데, 가장 특징 있고 가장 개성 있는 지방 문화는 무엇인가?

어느 미술 평론가가 말했듯이 우리 국토 전체가 살아있는 박물관이고, 강진 · 해남은 문화 탐사의 1번지란 말을 재음미해 보면, 우리의 무관심 속에서 까맣게 잊고 있던 깨어진 기왓장 한 장 한 장, 무너진 주춧돌 하나하나가 우리 선인들 그대로의 숨결이다.

문화란 다름 아닌 우리의 숨결이다. 이 숨결이, 자라고 있는 텃밭을 가는 일은 교육청을 비롯해서 문화원, 향토사학회 등 뜻 있는 인사들이 담당해야 한다.

해남교육청에서는 오래 전부터 전통 문화의 창달을 위한 뿌리찾기 교육을 역점 시책으로 추진해 오고 있지마는 이제는 초 · 중등학교의 사회과에 향토단원을 신설해서 전통 문화를 교육시키는 일이 시급하다.

간혹 마을 어구에 문화 유적을 소개하는 표지판을 보고, 그 마을 초 · 중등학생이나 주민에게 그 내용을 질문해 보면 대부분 어리둥절해한다. 그들은 틀림없이 뉴욕의 자유 여신상이나 파리의 에펠탑 정도는 알 것이다. 터무니 없는 이 등하불명의 우를 교육청이 책임지고 씻어보자는 제의이다.

한편 문화원과 향토사학회에서는 고유한 지방 문화 창달 프로그램을 개발하되 교육청을 비롯한 각급 학교와 연계해서 그 효율성을 제고해야 할 것이고, 각급 학교에서는 특별활동반을 편성할 때 상설이 아니더라도 향토반을 편성 운영해야 할 것이다.

전통의 묵수나 단절은 바람직하지 못하다. 변증법적인 융합 즉, 굳건한 전통과 건전한 외래 문화의 융합과 접목 위에서 미래지향적 민족문화가 창달되어야 할 것이다.

신사년(辛巳年) 새해에는

기대와 희망과 축복으로 들떴던 밀레니엄 땅끝 해맞이가 꼭 엊그제만 같은데 다시 신사년(辛巳年)의 새날이 밝았다. 세월의 빠름을 새삼스럽게 실감한다.

마지막 한 장 남은 달력을 뜯어내고 그 자리에 새로운 달력을 걸 때 누구나 한 해 동안의 감회가 무량할 것이다. 연초에 뜻한 일이 잘 이루어졌으면 이루어진 대로, 또 그것이 실패했으면 실패한 대로 뿌듯한 마음과 아쉬운 심서가 시계추처럼 교차할 것이다.

밀레니엄이니 새천년이니 21세기니 하는 유행성 신조어가 지구를 들뜨게 했을 때, 우리는 그 참다운 뜻도 모르고 덩달아 춤을 추었지만 2000년 원단(元旦)의 태양은 한없이 찬란하고 거룩하기만 했다. 우리는 그 햇살을 온몸으로 받으면서 감격에 찬 마음으로 가정의 행복과 사회의 발전과 나라의 번영을 기구했다. 천지개벽이라도 될 것 같은 바람을 안고서…….

그러나 지금 새롭게 달라진 것이라고는 아무것도 없고, 오히려 빛보다는 그림자만 더 짙어지는 것 같다.

분단 반 세기만의 남북 정상회담이나 이산가족 상봉 또는 우리 역사상 유사 이래의 노벨 평화상 수상과 같은 감격스러웠던 일도 있었지만 어지럽고 볼썽사나운 일들이 더 많았던 것 같다.

조선조의 사색당파를 무색케 하는 정치판의 이전투구, 최소한의 양심마저도 의심케 하는 금융계 인사들의 도적적 해이, 제 밥그릇 챙기기의 한없는 기싸움, 중학생이 칠순 노인을 발로 차서 죽게 하는 사회적 패악, 국제적 부정의 대학 특례입학, 가정 불화 끝에 어린 남매를 울돌목 험한 물살에다 던져버린 패륜을 어찌 다 이야기하겠는가? 경제가 어려운 것도 큰 문제다. 그러나 그보다 더 큰 문제는 가치관의 혼돈이다.

뉴욕 어느 동물원에 가면 동물의 우리가 순한 동물로부터 악한 동물의 순서로 지어졌다고 한다. 사자, 호랑이 우리 다음에 우주에서 가장 잔악한 동물의 우리가 있는데 가서 보면 그 안에 악한 동물은 없고 사면벽에 대형 거울만 걸려 있다고 한다.

그러면 그 가장 잔악한 동물은 무엇인가? 그것은 거울을 보는 사람, 바로 인간(나)인 것이다.

신사년 새해에는 무언가 바람직한 변화가 있어야 한다. 물질의 바벨탑보다는 정신의 금자탑을 쌓아야 한다.

'한국의 IMF는 문화의 부족에서 온 것' 이라고 한 외국 학자의 지적처럼 저질 문화는 지양되고, 양질의 문화가 확산되어야 한다.

신사년 새해에는, 제 스스로 길을 열고 낮은 데로 낮은 데로 흘러가는 어진 물의 교훈을 배워야 한다. 그래서 이 나라가 녹색으로 다시 일어나기를 기대한다.

뜨거웠던 6월과 시끄러운 6월

2002년 6월과 2003년 6월은 사회적인 면에서 평면 비교할 때 너무도 대조가 되는 것 같다.

우리는 지난 해 지구촌을 온통 감동과 흥분의 도가니로 몰아넣었던 월드컵 축제를 너무도 잘 기억하고 있다. 월드컵의 감동과 흥분은 비단 태극 전사들의 활약만은 아니었다. 붉은 악마를 중심으로 한 뜨거운 응원의 열기와 성숙한 시민 의식, 그리고 하나된 국민 정서가 감동과 흥분을 자아내는 그 원동력이었다. 남녀노소 온 국민이 한 덩어리가 되어 '대한민국'을 외쳤고 '오 필승코리아'를 노래했다. 수 백만 명에 이르는 시민들의 뜨거운 길거리 응원과 수준 높은 시민 의식은 전 세계인의 찬사를 받고도 남음이 있었다. 갈등이나 반목, 갑론을박의 틈새조차 없었던 국론의 통일과 민족 화합의 뜨거운 6월이었다.

그런데 그 후 1년이 지난 우리의 현실은 어떠한가. 사회가 온통 시끄럽기만하다. 우선 정치권에서는 민생은 저만큼 접어둔 채 정당 간의 이전투구하는 모습뿐이다. 대북 송금 5억 불에 대한 특검을 둘러싸고 연장이냐 종결이냐 끝도 갓도 없는 정쟁의 칼만 갈고 있다. 또 대통령의 친인척을 놓고 치부의 비리 의혹이 있다느니 없다느니 싸우다가, 급기야는 대통령이 아니라고 해명까지 했지만 국민들의 판단은 헷갈리기만

하다.

또 노동계는 어떠한가. 무슨 파업 박람회(?)라도 열리는 것 같다. 총파업, 부분 파업, 무기한 파업, 시한부 파업, 준법 투쟁, 연가 투쟁 등의 목소리를 높이며 은행, 지하철, 자동차, 농민, 낙농업자, 교직원 노조들이 줄줄이 파업을 했거나 파업을 예고하고 있는 실정이어서 국민들의 머리는 어지럽기만 하다.

요사이 만나는 사람마다 사회가 혼란하고 불안하다고들 한다. 하루가 멀다하고 납치 범죄가 유행처럼 번지고 있다. 1억 원의 몸값을 받고 20대 여대생을 살해하는, 납득하기 힘든 반인륜적인 범죄가 일어났는가 하면, 딸의 몸값을 치룬 아버지가 범인이 휘두르는 흉기에 찔려 숨지는 사건도 있었다.

최근 발생하는 납치 사건들은 경제가 어렵고 사회가 혼란한 데에 그 원인이 있겠지만 눈덩이처럼 불어나는 신용 카드 빚도 단단히 한 몫을 하고 있다는 것이다. 카드 빚에 시달린 대학 중퇴생이 할머니와 어머니를 살해한 사건으로 미루어 카드의 남발이 문제가 아닐 수 없다. 가히 총체적인 시끄러움이다.

그러나, 우리는 여기서 절망할 필요는 없다. 위기를 위기로 아는 지혜, 이는 내일의 발전을 기약하는 또 다른 기회인 것이다.

우리는 지난 월드컵 때 잠재된 국민들의 폭발적 에너지를 확인했다. 이제부터라도 온 국민이 제자리로 돌아가 자기의 맡은 일을 성실히 할 때다.

우리말의 위기

우리나라 사람들의 우리말 사용 능력은 얼마나 될까?

지난 번 문화관광부가 서울대학교 민현식 교수에게 의뢰해서 조사한 결과를 보면 실로 믿기지 않을 정도다. 국어 사용 능력을 100점 만점으로 보았을 때 일반 성인은 29점, 대학생은 34점, 중 · 고등학생은 31점, 평균 31점 안팎이라니 놀랍지 않을 수 없다.

6년 전에도 이와 비슷한 방법으로 국어 일반에 대한 사용 능력을 조사한 바가 있었는데 그 때는 평균이 50~55점이었는데, 불과 6년 사이에 우리말 사용 능력이 20점이나 퇴보했다니 가히 '우리말의 위기'가 아닐 수 없다. 한 가지 예로 '가르치다[教]'와 '가르키다[指]'의 구별을 못한 사람이 전체 조사자수 50% 이상이었다고 한다.

그러면 왜 우리 국어의 사용 능력이 해와 달이 갈수록 떨어지는가? 전문가들은 다음과 같은 점을 지적한다. 첫째는 학교 교육에서 국어 실력이 전반적으로 떨어졌다는 점, 둘째는 갑작스런 세계화 풍조로 외국어를 중요시하고 국어를 경시한 점, 셋째는 인터넷에 의한 언어 파괴현상이 그 원인이라고 지적한다.

요즈음 학년 초인데도 서울 강남의 초등학교에는 장결생이 수십 명에 달한다고 한다. 심한 경우 유치원급 학생들이 외국어 발음을 잘하기 위해 혀 수술까지 한다고 하니 이것은 정도가 너무 심하지 않는가? 과거에 해공 선생이나 몽양 선생이 혀 수술을 했기 때문에 그렇게 중국어나 영어를 유창하게 했다는 말인가? 문제는 이것이다. 외국어를 모르면 부끄러운 줄을 알면서도 국어를 모르면 부끄러운 줄을 모르는 점이다.

얼마 전에 M대학교에 간 일이 있었다. 우연히 학생회 게시판을 보고 문제의 심각성을 체감했다. '잼 이써요, 마니 마니 오세요,' '반가', '안냐세요' 도무지 이게 어느 나라 말인가?

지난 해 김용옥의 「노자와 21세기」를 혹독하게 비판했던 이모 씨의 「노자를 웃긴 남자」를 읽다보면 이러한 대가의 글에서도 인터넷에 오염된 말찌거리를 찾기란 그렇게 어렵지 않다. '함봐', '쓰바' 라든가 우리 국어사전에도 없는 일본말 '장합(場合)' 등이 그예다.

혹자는 말할 것이다. 말이란 의사소통만 되면 그만이지 문법이 뭐 큰 문제인가라고. 그러나 그렇지 않다. 말이란 존재의 집이다. 우리의 혼을 담는 그릇이다. 말과 글이 훼손되면 우리의 정체성이나 뿌리가 흔들린다는 점에 문제의 심각성이 있는 것이다.

우리말은 우리가 지키고 사랑해야 한다. 내가 나를 버리면 누가 나를 사랑해 줄 것인가!

깨어진 유리창 이론

20~40 클럽이란 국민 소득 2만 불, 인구 5천만 명 이상의 선진국 가군이다. 우리나라도 지난 6월 23일 오후 6시 36분 인구가 5천만 명에 이름으로써 일본(1987년), 미국(1988년), 프랑스 · 이태리(1990년), 독일(1991년), 영국(1996년)에 이어 일곱 번째로 20~40 클럽에 진입했으니 이는 우리 민족의 자긍이요 축복이 아닐 수 없다.

61년 경제 개발을 착수할 당시 1인당 국민 소득이 82불로 당시 아프리카 가나의 1인당 소득 179불의 절반에도 미치지 못했는데, 반세기 동안에 세계에서 유례없는 산업화와 민주화를 이룩했다. 우리가 생각해도 기적이요, 신화 같은 이야기다. 지난 해 무역고 1조 불, GNP 23,750불로 명실공히 세계 14대 경제대국이 되었다.

아랍 에미리트에 가면 세계에서 가장 높은 160층 818m 높이의 버즈 칼리파란 건물이 있는데 우리나라 삼성이 지었다. 우리의 토목 건축 기술은 세계적이다. 우리가 식상해 하는 정치도 아시아에서 제일 먼저 정권교체를 이룩했고, 미국이나 중국에 유학하는 학생 수가 가장 많다니 우리의 교육열 또한 세계적이다.

인천 공항은 7년 연속 세계 1위의 평가를 받고 있으며 한류로 표현되는 드라마는 아시아를 석권했고 K-pop은 유럽과 미국의 지축을 흔들었다. 훈민정음, 조선왕조실록 등 9개의 기록문화유산이 있고, 석굴암, 종묘, 수원화성 등 세계문화유산도 아시아 제일이며, 올림픽 경기도 세계 10위권이고, 반기문, 김룡은 세계의 정치, 금융을 선도하고 있다.

그러나 세상 일은 빛과 그림자가 반반이다. 선만 또는 악만 독존하는 사회는 없고 선악이 반반으로 공존하는 것이다. 이렇게 볼 때 우리나라의 가장 부정적인 면은 분단이다. 우리는 언제까지 남북이 갈등해야 하고, 언제까지 분단유지비를 지불해야 할지 전망이 어둡기만 하다. 역사상 이스라엘 민족과 폴란드 민족을 수난의 민족이라 하는데 우리나라가 여기에 끼면 3대 수난의 민족이 되는 것이다. 앞에서 우리의 산업화를 논했지만 여기에도 양극화의 짙은 그늘이 있다. 백성은 나라의 근본이고 밥은 백성의 하늘이라고 했는데, 밥마저 제대로 못 먹는 사람이 수십 만이고 비정규직 문제는 산업계의 화두가 된 지 오래다. 경제의 민주화는 유행가처럼 거리에 흐르지만 중소기업은 대기업에 굴종해야 한다. 아시아에서 가장 먼저 정권 교체를 했다는 정치도 마찬가지다. 국회의장이 돈 봉투를 돌리다가 실형을 받았고, 역대 정부들이 도덕 정부를 표방했지만 친인척의 비리 때문에 도둑 정부가 되었으며, 911조에 이른 가계부처나 금융비리는 지면의 제약으로 변죽조차 울리지 못 한다. 멀쩡한 사람이 장애인으로 둔갑하여 도덕 교사가 되는 도덕적 해이를 어떻게 설명해야 할지……. 과히 부정의 종합 세트가 아닌 백화점이다.

우리나라의 부패지수는 아시아 16개 중 11위이고, 부패인식지수는 OECD 34개국 중 27위인데 어떻게 해서 이런 부정적인 면을 극복할까가 우리의 과제다.

제임스 윌슨의 '깨진 유리창 이론'에 의하면 어떤 건물의 깨진 유리창을 보면 멀쩡한 유리창까지 깨고 싶은 충동을 느낀다는 것이다. 사소한 범죄라도 즉시 해결해야 한다는 이야기다. 범죄 행위는 그것이 아무리 사소하더라도 개인에서 개인으로 전파되는 것이다. 사소한 것이라고 그대로 넘어가면 이것이 쌓이고 쌓여 큰 잘못을 해도 괜찮다는 상징을 만들어 낸다. 한 사람으로부터 시작된 부정행위가 사회의 윤리성을 잠식하는 바이러스로 증식한다.

아무리 사소한 악이라도 해서는 아니 되고, 아무리 사소한 선이라도 하지 않아서는 아니 된다는 한소열(한고조)의 유언을 상기하고, 우리 국민 각자는 물론 언론과 시민 연대가 긴장을 해야 한다.

기로속(棄老俗)과 경로속(敬老俗)

중국의 시선 이태백의 〈장진주〉에 '조여청사모성설(朝如靑絲暮成雪)'이란 시구가 있다. 풀어보면 '아침에 푸른(검은) 실 같은 머리가 저녁에 눈이 덮인 듯 하얗게 되었다'는 뜻으로, 세월이 무심하게 빨리 흘러 어느덧 말년이 다가왔다는 말이다. 이 말은 때로는 세상 인심이나 풍광이 급속도로 변하는 것을 은유할 때 쓰기도 했다.

벌써 거리에는 송구영신의 분위기가 무르익기 시작했다. 상가에는 성탄절 상품이 등장했고, 송년회란 화두가 오가며 성급한 사람은 신묘년(辛卯年, 2011년) 달력을 떼어내고 임진년(壬辰年, 2012년) 새 달력을 걸기도 했다. 이러한 세모의 풍경을 바라보는 노인들의 심경은 그야말로 만감이 교차할 것이다. 자기의 이상을 실현한 사람은 자못 자족과 회심의 미소를 지을 수도 있고, 그렇지 못한 사람은 아쉬움과 회한을 반추할 것이다. 그러나 여기서 양자의 공통점은 한 살 더 늙는다는 것과 한 걸음 더 죽음의 앞에 가까워졌다는 엄연한 명제다. 그런 뜻에서 세밑은 노인들에게 있어서 비창의 계절인 것이다.

이러한 심리적 갈등을 겪고 있는 노인들을 과거에는 어떠한 눈으로 보아왔을까. 문화는 원래 우열은 없고 다름만이 있다고 하지만 그 시각은 다양했다. 대별해서 기로속과 경로속이 있다.

고대 이집트나 로마에서는 해마다 일정 연령에 달한 노인들을 다리에서 떨어뜨려 수장했고, 수단의 팅카족은 노인이 재산 분배를 마치면 높은 언덕에서 투신 자살케 했다. 뉴기니의 파푸아족은 노인을 나무에 매달고 '과일은 다 익었다' 하고 외치며 막대기로 때려서 살해했고, 또 아메리카 인디언은 죽음 직전의 노인을 일정한 장소에 옮겨 놓아 그곳에서 죽도록 했으며, 에스키모인은 거동이 부자유한 노인을 이글루 앞에 앉혀놓고 떠난다고 하니 이 얼마나 반인륜적 처사인가? 이것이 기로속(棄老俗)이다.

이에 비해 우리는 훌륭한 경로속(敬老俗)을 가졌다. 우선 나이를 인생의 계급장으로 생각하고, 멋과 상징이 잘잘 흐르는 용어를 썼다. 60세 미만은 논외로 하고 60세는 이순, 하수, 환갑(耳順, 下壽, 還甲), 61세는 회갑, 망칠(回甲, 望七), 62세는 진갑(進甲), 70세는 고희, 희수, 종심(古稀, 稀壽, 從心), 71세는 망팔(望八), 77세는 희수(喜壽), 80세는 중수(中壽), 81세는 망구(望九), 88세는 미수(米壽), 90세는 동리, 구질, 모수(凍梨, 九秩, 耄壽), 91세는 망백(望百), 99세는 백수(白壽), 100세를 상수(上壽)라고 했다.

신라 유리왕은 순행할 때 한 노파가 굶주리고 얼어 죽을 지경에 처한 것을 보고 옷을 벗어 덮어주고 음식을 내렸으며, 또 사궁(四窮)을 모아 음식을 주었다. 고려 때는 80세 이상 노부모를 모신 자에게는 군역을 면제해 주었고, 조선조 때는 70세 이상의 원로 문신들을 위로하고 예우하기 위하여 춘추로 국가에서 기로연(耆老宴)을 베풀었다.

또 청려장(靑藜杖)이란 게 있었다. 1년생 잡초인 명아주의 줄기로 만든 지팡이다. 이 지팡이를 짚고 다니면 중풍을 예방하고 신경통을 치료한다고 하여 환갑의 선물로 애용된 물건이다. 조선 시대에는 50세 때 자식이 아버지께 바치는 청려장을 가장(家杖)이라 했고, 60세 때 마을에서 주는 것을 향장(鄕杖), 70세 때 나라에서 주는 것을 국장(國杖), 80세 때 임금이 내리는 것을 조장(朝杖)이라고 해서 장수 노인의 상징으로 여기기도 했으니, 1990년 빈에서 열린 제45차 유엔에서 10월 1일(한국, 10월 2일)을 '세계 노인의 날'로 정한 것보다 일천 몇 백 년 앞선 문화적 자긍이다.

지금까지의 담론은 평균 수명이 40세도 못 되던 전근대 사회의 이야기다. 그런데 지금은 상황이 다르다. 출산율의 저조와 의학 기술의 발전으로 노인 인구는 급증하고 있다. 총 인구대비 65세 이상 인구가 7% 이상인 사회를 고령화 사회, 14% 이상인 사회를 고령 사회, 20% 이상인 사회를 초고령화 사회(후기 고령화 사회)라고 하는데, 우리 군은 10월 31일 현재 24%로 초고령 사회로 이미 진입했으며, 계곡면의 경우 41%라니 충격이 아닐 수 없다. 이 심각한 노인 문제를 풀기 위해서 노인들은 과거처럼 객석의 구경꾼이 되어서는 안 된다. 모두가 무대위의 주연 배우가 되어야 한다.

'노인 한 명이 사라진 것은 도서관 하나가 없어진 것과 같다'는 격언의 함의를 실현하기 위해서는 우리 모두의 지혜를 모을 때다.

5월! 가정의 달을 보내며

5월은 유달리 찬사(讚辭)가 많은 달이다.

5월의 신록이 4월의 꽃보다 낫다는 뜻의 '녹음방초승화시(綠陰芳草勝花時)' 란 전통적인 표현이 있고, 노천명 시인 이후 '계절의 여왕' 이란 찬사는 5월의 대명사가 되었다. 그런가 하면 '5월은 애인에게도 양보할 수 없는 달' 이라거나 '5월은 신부도 아름답고 활기차다' 란 말 또한 5월을 찬상(讚賞)하는 말이다.

아닌 게 아니라 5월의 신록 앞에 서 보면 싱그러운 내음에 마음은 혼곤히 취하고 혈액까지 푸르른 성장과 활력을 피부로 느낀다.

어린이날과 어버이날, 그리고 부부의 날을 중심으로 한 '가정의 달' 은 5월의 성장과 활력을 함의(含意)한 것에 다름 아니다.

가정은 그 이루어지는 과정이 너무나 존엄하다. 조선조 개국공신의 한 사람인 삼봉 정도전은 '혼인은 이성지합(二姓之合)이요, 인륜지대사(人倫之大事)' 라고 했다. 고대 그리스의 철학자 플라톤은 '사람은 반쪽으로 태어나 다른 반쪽을 만남으로써 온전한 하나가 된다' 고 했다. 「성경」 창세기에 혼인을 '두 몸이 합하여 한 몸이 되는 것' 라고 한 것 또한 그 궤를 같이 한 말이다. 여기서 '이성지합', '온전한 하나', '한 몸' 은 가정을 뜻하는 말이므로 혼인과 가정은 등가물인 것이다.

흔히 혼인(가정)을 비익연리(比翼連理)로 비유하기도 한다. 비익조

(比翼鳥)는 암수가 각기 태어날 때 한 쪽 눈과 한 쪽 날개만 가지고 태어나기 때문에 제대로 활동도 못하고 날지도 못한다. 그러다가 제 짝을 만나면 활동이 활발해지고 구만리 창공을 훨훨 날게 된다. 연리지(連理枝)는 한 나무의 가지와 다른 나무의 가지가 서로 붙어서 나뭇결이 하나로 이어진 것이니 이것이 곧 가정이요 부부의 애정인 것이다.

가정은 기본적으로 부부라는 횡적 관계가 선행된 다음에 부모와 자식이라는 종적 관계로 이루어진 것이다. 가정은 부부라는 인자로 이루어지는데 그 인자는 어떻게 태어날까? 「부모은중경」을 읽다 보면 '어머니가 아이를 낳을 때 서 말 석 되의 피를 흘리고, 기를 때 여덟 말, 여덟 되의 젖을 먹인다' 고 했으니 자식이야말로 부모의 영과 육이 삭은 분신인 것이다. 이렇게 존엄하게 태어난 자식들이 자라서 혼기가 되면 부부라는 횡적 관계를 맺고 또 자식 생산이란 종적 관계를 갖게 된다. 이 관계의 순환이 가정이기 때문에 가정이란 누구에게나 성소(聖所)인 것이다. 이 성소에서 사람은 그들의 이상을 실현하고 충전과 휴식을 하며 그의 종(種)을 번성시키는 것이다.

그런데 근자 통계에 의하면 신혼부부 4쌍 중 1쌍이 이혼한다니 이야말로 심각한 사회문제가 아닐 수 없다. 옛날의 부부 싸움은 칼로 물 베기여서 상처가 전혀 없지만, 요즈음의 부부 싸움은 호박에다 말뚝박기라고 한다. 호박에다 말뚝을 박으면 그 호박은 썩는다. 호박 썩는 거야 차치하고라도 그 씨가 썩는 것이 문제다. 내년의 5월 가정의 달에는 가장 아름다운 말만 하고 싶다.

제 2 부
사계의 빗소리

가을이 가기 전에 이 한 권의 책을!

1년 365일 사시사철을 두고 해가 뜨는 날이면 다 좋은 날이지만, 가을처럼 여러 가지 활동을 하기에 좋은 때는 없을 듯하다.

위대한 성장을 위해 폭포수처럼 내려 쏟던 땡볕! 아수라 같던 맹염의 여름 행차가 원경으로 맥없이 밀려나고, 그 자리에 투명한 햇빛과 삽상한 바람이 오곡백과의 완성을 마지막으로 손질하고 있다. 하늘은 물빛으로 한없이 높기만하고, 지상에는 먹지 않아도 배가 부른 풍요가 잔치처럼 푸짐하기만 하다. 새삼 등화가친이라는 빛바랜 성어를 들추지 않더라도 여름 내내 먼지 낀 서가를 털고, 서명을 훑어보는 충동을 아침저녁으로 느껴본다.

금년은 책의 해다. 한국도서관 협회의 최근 통계 자료에 의하면 올 상반기까지의 도서 대출률이 예년에 비해 30% 가량 떨어졌다니 우리의 독서문화에 대한 깊은 자성이 있어야 하지 않겠는가? 위의 자료에 의하면 우리 국민들의 연간 독서량은 2.7권으로 일본의 12.6권, 미국의 10.8권에 비하면 그들의 20% 수준에 머물고 있는 것이 우리 독서문화의 현주소다. 술이나 담배 커피의 소비량은 세계 최고의 기록을 올리면서도 독서량은 후진국 수준에 머물고 있으니 정신문화의 창달과 건강한 사회 발전을 위해서 한 번쯤 짚어 보고 넘어갈 문제가 아닐까 한다.

그러면 독서하는 일이 왜 그렇게 중요한 문제인가?

사람이 세상을 살아가는 가장 확실한 지혜는 경험이다. 경험에는 직접 경험과 간접 경험이 있는 바, 직접 경험은 여러 가지 제한 조건 때문에 우리 생활에 일부분만 작용하고, 나머지 대부분은 간접 경험에 의해서 생활이 영위된다. 독서의 목적은 말할 것도 없이 이 간접 경험의 확충에 있고, 부차적으로 교양의 확충 같은 정신적 영양소의 섭취일 것이다. 육체의 영양소가 음식물임과 같이 정신적 영양소는 독서이다. 그렇기 때문에 독서는 영과 육의 조화로운 발전을 위해서 필요한 것이다.

그러면 어떤 책을 읽을 것인가? 물론 양서를 읽어야 하는데 양서란 정평 있는 고전이나, 대가가 추천한 책, 그리고 소질이나 기능의 신장에 도움이 되는 전문 서적으로 안심하고 읽어도 좋을 책들이다.

만약 누가 나에게 한 권의 양서를 추천하라고 한다면 나는 서슴없이 「소학」을 택할 것이다. 우리의 보람찬 미래를 전통과 현대의 접목에서 찾을 때 「소학」이야말로 선대들의 때묻은 사상과 감정이 무르녹아 있고, 처세와 교육의 지침이 담기어 있기에 자녀를 둔 부모님이나 교단에 선 선생님들께 간절히 권하고 싶은 책이다.

「소학」은 송나라 유자징이 주자의 가르침을 받아 편찬한 일종의 아동 교과서다. 즉 「소학」이란 소년을 교육하는 학교란 뜻으로 「대학」의 대어(對語)이다. 그 내용은 내편과 외편으로 나누어져 있으며, 내편은 다시 입교, 명륜, 경신, 계고의 네 편으로, 외편은 가언, 선행의 두 편으로 제목을 세우고, 쇄소, 응대, 진퇴의 절에서 수신도덕의 격언, 충신효자의 사적을 모은 학동과정의 책이다.

그래서 교육에 관심이 많았던 우리의 선인들치고 이 책을 가까이 하지 않는 사람이 없었다. 우리가 잘 알고 있는 고산이나 다산도 이 책에 심취한 분들이다.

고산은 말년에 이르기까지 손에서 「소학」을 놓은 적이 없었고, 자손들에게 「소학」을 철저히 공부하는 것으로 가풍을 삼아야 한다고 훈계하였다고 하며, 다산도 그의 자제들에게 틈이 나는 대로 열심히 「소학」을 읽으라고 권면했다 한다. 고산이나 다산이 「소학」을 그처럼 중시하고 애독한 것은 사람이 어느 위치에서 어떠한 사람이 되든 간에 사람으로서의 자질과 기본을 다져야 한다는 뜻을 「소학」에서 찾았기 때문일 것이다.

물론 「소학」의 내용이 현대적 안목으로 볼 때 다 옳은 것은 아니다. 시대와 환경 그리고 우리 의식이 날로 변해만 가는 마당에 진리 자체가 상대적이지만 인간 본연의 변치 않는 행동 덕목이 엄존하는 것도 사실이다. 특히 후기 산업사회나 정보화시대 진입의 길목에서 인간의 부재, 인간상실의 위기를 극복하고, 인간 본래의 모습을 복원할 방법을 「소학」에서 찾아보자는 것이다. 독서는 습관이라고 한다. 어려서부터 독서하는 습관을 길러 주기 위해서는 가정이나 학교에서 청소년들이 책에 친근감을 갖고 자연스럽게 책을 읽을 수 있는 독서 환경을 조성해 주는 일이 매우 중요하다. 우리 청소년들이 아무런 사고 과정이 없이 영상 매체에 매료되어 이해력, 사고력, 종합력, 평가력 등 고등 사고력의 결핍증에 감염되어 있는 병리를 치유하기 위해서도 가정마다 학교마다 독서하는 환경 조성이 필요하다. 부모님이나 선생님들이 솔선해서 책을 읽는 모습, 바로 그것이 독서하는 환경조성의 제일차적 과업이다.

이 가을이 가기 전에 이 한 권의 책을!

사랑은 자기 부정의 미학

지난 4월 3일은 장애인을 먼저 배려하자는 취지로 보건복지부, 민간단체 대표자들이 만나 '장애인 먼저 실천중앙협의회'의 구성이 있었고, 20일은 제16회 장애인의 날이었다.

'장애인 먼저' 운동은 일반인의 장애인에 대한 편견의 벽을 허물고, 장애인 스스로 주체성과 자립성을 가지고 사회생활에 적극적으로 참여할 수 있게 하여 더불어 살자는 데 큰 뜻이 있는 것으로 알고 있다.

툭하면 국민소득 1만 불만을 자랑하던 우리에게 좀 때늦은 감도 없지 않으나 복지사회를 지향하는 터고르기의 일환이라 평가하고 싶다.

우리가 종종 대할 수 있는 일그러진 얼굴과 뒤틀어진 손발의 뇌성장애자, 만촉광으로 이글거리는 태양의 절대광을 단 일순도 보지 못하는 영원한 암흑 속의 동공 시각장애자, 천지가 무너져 내리는 천둥 소리도 감 못잡는 청각장애자, 팔꿈치 · 무릎 · 배에다가 고무판을 대고 인도를 포복하는 지체부자유자를 볼 때 한없는 피조물의 비애가 짙은 안개처럼 솟구친다.

건강을 행복의 제1척도라 한다면 이들은 더할 나위 없이 불행한 존재다.

그러나 이보다 더 불행한 사람은 정신장애자다.

육체적인 장애는 환경과 교육의 개선으로 얼마든지 극복할 수 있다고 한다.

악성 베토벤이나 헬렌켈러 여사, 세기의 석학 스티븐 호킹 박사가 다 그러한 예이다.

지능지수 50~75 사이를 교육가능 정신지체, 25~50 사이를 훈련가능 정신지체라고 해서 교육과 훈련의 하한선으로 잡고 있지만 지능지수 25 이하는 교육과 훈련이 전혀 불가능한 보호수용급 정신지체이다. 이들은 평생 신변의 자립이 불가능하기 때문에 그 누군가가 돌봐주어야 한다.

이러한 장애(육체적, 정신적)는 인간의 원천적 불행이기 때문에 종교적으로 극복해 보려는 시도가 있었던 것 같다. 예수님과 그 제자들이 길을 걷다가 눈 먼 사람을 만났다. 제자들이 "저 사람이 눈이 먼 것은 저 사람의 죄 때문입니까?"라고 예수님께 물었다.

예수님은 "저 사람이나 그의 부모가 죄를 지은 것이 아니다. 하나님께서 하시는 일을 그에게서 드러나게 하려는 것이다"하고 대답하셨다. 예수님은 장애인의 삶을 하나님과 직결시켰다. 장애인을 '하나님의 일을 드러내기 위한 존재' 로 선언한 것이다.

하나님의 영광스런 일은 무엇일까. 그것은 아마도 사랑인 듯 싶다.

나는 장애인에 대한 전비(前非) 때문에 그들을 만나면 항시 마음이 우울해 지는 때가 많다.

몇 해 전 내가 근무했던 학교에 보호수용급 정신지체 학생이 한 명 있었다. 말이 좋아서 중학생이지 같은 집(고아 수용소) 학생들의 도움 없이는 등하교도 불가능했다.

어느 학교에 다니는지, 몇 학년인지, 몇 살인지 물을 때마다 대답은 항시 새로운 말을 했었는데도, 간단한 식품명과 TV에서 자주 선전하는 물건들은 몇 개 정도만 그 이름을 댈 수 있었다.

그런데 그 학생은 삼세의 비절참절한 인업의 거푸집이라도 집어쓴 듯이 출생마저 비통했다. 그의 어머니가 정신적인 이상상태에서 여기지기를 돌아다니다가 그를 임신했고 어느 수용소에서 그를 낳았다.

어머니의 출신성분도 불확실한 데다가 아버지란 사람의 성도 이름도 모르니 호적이 있을리 만무하다.

그의 슬프디 슬픈 출생과 성장발달사를 대충 알고부터 그에 대한 감상적인 동점심이 발동했다. 때때로 흐르는 콧물을 훔쳐주기도 하고 수돗가에 가서 얼굴도 씻겨 주기도 했다. 흐트러진 옷 매무새도 바로 잡아 주고 남은 우유도 종종 주었다. "안녕하십니까?"하고 인사하는 법을 그토록 가르쳐 보았지만 결과는 번번이 도로에 그치고 말았다.

그럭저럭 두어 달이 지날 무렵부터 그 애는 아예 교무실 내 자리로 등교했고, 그때마다 선생님들은 싫어하는 눈치였다. 그도 그럴 것이 단 30초 동안도 주의집중을 하지 못하고 이 책상 저 책상 다니면서 책을 뽑아 흐트러뜨리기가 일쑤였으니 좋아할 리가 만무했다. 그뿐만 아니라 배가 출출하면 내게 와서 손을 벌리고 "나 우유, 빵 안 먹었어…….”하고 우유나 빵을 사 달라는 게 아닌가.

이러한 나날이 계속되자 부끄럽게도 나는 차차 부담을 느꼈다. 그래서는 안 될 일이라 생각하면서도 학교를 순시하다가 그 애가 보이면 나도 모르게 몸을 살짝 피하기도 했다. 그런 날이면 으레이 집에 돌아와 정신적인 갈등을 느끼게 되었다.

'불행한 이웃을 사랑하자' 얼마나 가식적인 나팔인가. '헌신적 교육애로 진정한 사도를 걷자' 얼마나 게거품에 쌓인 위선인가. 범사는 말이 아닌 실천이라고 했거늘 이러고도 행동하는 지성인가. 80kg 나의 실체에서 위선의 꺼풀을 한겹한겹 벗기다 보면 콩알만큼이나마 참다운 나의 정체성이 남을 것인가!

내가 이러한 번뇌에 시달릴 때마다 L목사님이 생각나곤 했다.

내가 알기로 그분은 해방 직전에 이 고장에 오셔서 50여 년 간을 빛과 소금의 성직을 수행하셨다. 특히 6 · 25 전란 후 거리를 배회하는 전쟁고아를 보육하려고 ○○등대원을 설립하여 의지없는 고아들의 아버지 노릇을 하셨다.

그는 50년 간 800여 명의 고아 장애자를 자립할 때까지 도우셨는데 나는 단 한 명의 고아를 단 몇 달도 돕지 못했으니 L목사님의 존재가 태산으로 우러러 보일 수 밖에.

아무리 생각해도 그분은 사랑의 화신으로 태어나신 것 같았다. 고대 그리스 사람들은 하나님의 사랑을 아가페(agape)라 했고, 남녀 간의 사랑을 에로스(eros)라 했으며, 이웃에 대한 사랑을 필리아(philia)라고 했다는데 L목사님이야말로 아가페와 필리아의 화신인 것만 같았다.

일생 동안을 남의 아픈 곳만 찾아 어루만져 주고 물가에 선 수많은 위태로운 사람을 붙들어 주신 헌신과 희생의 힘은 어디서 나왔을까.

신약성경 처음 부분 몇 째 장에 '예수께서 제자들에게 이르시되 아무든지 나를 따라 오려거든 자기를 부정하고 자기 십자가를 지고 나를 좇으라' 는 구절이 있는데 L목사님이야말로 하나님의 영광을 드러내기 위하여 자기부정의 미학을 실천한 하늘이 내신 분으로밖에 달리 생각힐 수가 없었다.

플라톤에 의하면 '사랑은 선한 이에게 영원의 소유로 주어진 것이며 육체적으로나 심령적으로 아름다운 자 속에 생식한다' 고 했는데 그분의 심령은 얼마나 아름다워서 그 많은 고아들을 돌봤을까.

어느 의학박사의 「건강 선언」에 '건강하려면 먼저 남을 사랑하라' 고 했었다. 사랑 앞에 불가능이 없다고 한 이 말은 부질없는 허장성세만도 아닌 것 같다.

표범이 원숭이의 무리 가운데 뛰어들어 원숭이 한 마리를 채가지고 가니 원숭이들은 잔뜩 긴장한다. 그리고 표범이 사라지면 원숭이들은 모여서 서로서로 몸을 긁어 주고 이를 잡아 준다. 이때 마취제 총을 쏜다. 원숭이의 혈액을 채취하여 정밀검사를 해 보면 서로서로 몸을 긁어주고 이를 잡던 원숭이의 스트레스 호르몬은 정상으로 떨어진 반면, 혼자 긁고 이를 잡던 원숭이의 스트레스 호르몬은 아주 높은 상태

그대로다. 이러한 실험의 결과는 사랑의 힘이 유전인자까지도 조절하고 있다는 사실을 입증한 것이라고 하는데 L목사님은 이러한 신비한 사랑을 가지신 분이었다.

칼릴 지브란이 '너희가 가진 모든 것이 어느 날엔가 다 주어지고 말 것을 그러니 주어라. 지금 당장 주어라. 때를 놓쳐 뒷사람의 것이 되게 하지 마라' 고 「예언자」에서 말한 대로 L목사님은 모든 것을 아낌없이 남에게 주신 분이다.

제16회 장애인의 날을 맞아 L목사님의 자기부정의 미학을 한없이 흠모하면서 정원을 바라본다.

자목련이 흐드러지게 피어 있다.

저 꽃의 영광은 어디서 왔을까.

모르거니와 삭풍한설 속에서도 하느님의 영광을 드러내려는 대지의 침묵한 사랑에서 왔으리라.

시비(詩碑)인가? 시비(是非)인가?

비란 어떤 사적을 후세에 오래도록 전하기 위해 나무, 돌, 쇠붙이 따위에 글을 새겨 세워놓은 것을 이른다. 좀더 부연하자면 H시인의 말과 같이 '유한한 인간이' 바라는 마음으로 돌을 깎아 세우고, 그 돌에 새기는 것은 사람이 하늘과 자연과 신 가까이 이르고 싶은 소박한 바람의 한 표현이다. 그 바람을 세우고, 그리고 글을 새기는 것을 '비'라 한다.

비는 비문의 내용에 따라 묘비, 탑비, 능묘비, 신도비, 사적비(事蹟碑), 유허비, 기공비, 송덕비, 효자비, 열녀비, 사비 등으로 나눌 때 W제에 세운 비는 사적비에 가깝다.

그런데 문제는 그 비가 개인적(문중 포함)인 비인가, 공적인 비인가에 따라서 입비의 성격이 달라진다.

사적인 비의 경우 대상인물의 사적을 과장하거나 미화하는 문제와 찬자가 누구냐 하는 문제는 별로 문제가 될 것이 없다. 전혀 문제가 안 된다는 것이 아니라 공적인 비와 평면 비교할 때 상대적으로 사회적인 문제성이 적다는 것이다.

예를 들어 A라는 사람이 자기(또는 그 조상)의 사적을, 도척이나 매국노를 시켜서 짓게 하여 자기 마당에 자기 산소를 세우는 것을 누가 사회적인 문제로 만들겠는가? 다만 아무리 사유지라도 공적인 공간만 피하면 사회적인 문제거리가 되지 않는다는 뜻이다.

그러나 공적인 비의 경우 문제는 다르다. 지원금이나 모금으로 세울 경우 입비 과정의 수순과 절차가 투명해야 하고, 지역민의 정서적 동의를 얻어야 한다. 1인 4~5역의 전횡은 금물이다.

먼저 대상 인물을 보자.

지난 1990. 11. 10. 통영 문화재단이 통영시 동호동 소재 남망산 공원에 친일 작가 유치진의 흉상을 제작 · 설치함으로써 통영 시내 문화예술인과 뜻 있는 시민이 모여 철거 대책위원회를 결성하였다. 그러자 재단측은 시민들의 정서를 간파하고 1995. 2. 16. 자진 철거했다.

1943년 친일 거두 박중양이 자신의 친일 행각을 미화하기 위해 친지 및 동기간을 시켜서 세운 기념비인 대구 침산공원의 일소대는 반대여론에 부딪치자 후손들이 대형 크레인과 중장비를 동원하여 1996. 10. 11. 철거했다. 얼마나 부끄럽고 창피한 일이겠는가.

이쯤이면

누대까지 이 비가 남아 있어

훌륭한 가문 소릴 들을 수 있겠다고 헛기침을 연발하며

아무래도 대견스러운 듯

몇 번이나 뒤를 힐끔힐끔 돌아보며

비탈길을 내려오자

삽살강아지 복슬강아지 개 개 개

그 중에 똥개 한 마리

한쪽 다리를 들고 비면에

오줌을 잘금잘금 깔기고 있었다.

-박명용, 「비」에서-

공적비를 세울 만한 인물이 아닌데도 불구하고 자기를 내세우기 위해 몇몇 추종자를 앞세워 공적비를 세운다는 것은 허황된 자의 행태이다. 허구의 인간상을 비판한 이 시의 행간의 뜻을, 입비에 뜻을 둔 사람들은 새겨야 할 것이다.

다음으로 찬자(모든 제작자)의 경우를 보자. 경남 통영의 착량묘는 이순신 장군이 노량해전에서 순국하자 장군을 추모하기 위하여 세운 사당인데 여기에 이상범 화백이 그린 충무공 영정이 봉안되어 있다. 1932년 충무공 영정을 그렸을 때만 해도 그는 화가가 아니었는데 1943년 〈매일신보〉 에 〈나팔수〉 란 그림을 그림으로 변절자로 낙인 찍힌 것이다. 변절하기 전에 그린 충무공 영정도 오늘날 시비가 되고 있는 것이다.

제승당에 있는 이순신 장군의 영정은 이당 김은호가 그렸는데 그가 친일한 사실이 밝혀지자 정형모 화백이 그린 영정으로 바꾸어 단 뜻은 무엇을 말함이겠는가. 통영 남망산공원에 있는 충무공 동상은 친일 조각가 김경성의 작품이어서 오늘날 시비의 대상이 되었고, '호국

1번지' 로 자처하는 진주 성지(의암사 논개 영정)에 친일 화가(이당 김은호)의 작품이 남았다 하여 이의 폐출을 논의하고 있는 것이다.

이러한 상황들을 밑바탕에 깔고 W제비를 조망할 때 할 말이 많다. '문향의 긍지를 애향정신으로 승화시켜 군민화합과 정서함양에 이바지하고자' 하는 뜻과는 달리 군민 분열과 정서갈등의 골만 깊게 파는 결과가 되었다. W제비의 이야기에 식상이 나서 갑남을녀까지 나섰으니 한점 의혹이 없는 것이 아니라 의혹으로 만신창이가 된 것이다.

얘기를 좀 깊게 하자면-상대편에 대한 인격을 모독한 것 같아서 최소한의 이야기를 하자면-첫째, 입비 과정이 비민주적이고 공감대가 전혀 형성되지 않았다. 이런 거군적인 행사를 추진하려면 최소한 위원회를 구성하고 몇 차례 회의나 협의를 했어야 옳은데 그런 흔적이 전혀 없다. 입비자측은 위원회를 구성했다고 강변을 하지만 개인적으로 확인해 보면 자기가 위원인지 아닌지도 전혀 모른다. 설사 백보를 양보하여 위원회를 구성하였다고 치더라도 회의를 소집한 흔적이 한 번도 없고, '그때 그렇게 하기로 했다' 는 동네 공사 이하의 변명뿐이다. 민주주의를 절차라고 하지 않는가. 절차를 무시한 분위기에 군민의 공감대를 바라는 것은 연목구어보다도 더 황당한 일이다.

다음으로 찬자의 표절 시비가 문제다. 아무리 글이 좋고 또 좋아도 표절 시비가 잇따르면 그것은 문인으로 치명타인 것이다. 이것이 작가의 최소한의 도덕성인 것이다. 1차 공모시가 표절시로 무효화되었는데 2차 공모시의 당선자가 공교롭게도 1차 표절시 당선자와 동일인이란 아이러니를 어떻게 변명하겠는가.

모든 공모시가 표절로 확인되면 그것은 무효화될 뿐더러 2차 공모에 자격을 주지 않는 것이 공모의 A.B.C다.

이 정도도 몰랐다면 부끄럽고 한심스러운 일이다. 또 입비자측의 주장인 '모방은 창작의 어머니' 니 '내 작품 표절자로 용서했더니 뒷날 대가가 됐다' 는 말은 완전한 궤변이다. 교육적 환경이나 문학 수업 과정에서는 입비자측의 논리가 통할지 모른다. 그러나 공모나 공적인 행사에서 그러한 관용은 통하지 않는다. 좀 더 작가의 도덕성에 대해서 공부하였으면 하는 바람을 갖는다.

끝으로 W제비는 애석하지만 철거하는 게 바람직할 것 같다. 찬자의 이름 석자 가린다고 10년 간 아웅다웅했던 상처가 아물겠는가. 손바닥으로 눈을 가려도 하늘은 그대로인 것이다. 유방백세(流芳百世)하려다가 유취만년(遺臭萬年)할까 안타깝다.

국경일에는 태극기를!

국기는 한 나라의 권위와 존엄을 상징하는 표상이다. 그 나라의 전통과 이상을 특정의 빛깔과 모양으로 형상화한 것이다. 우리나라 국기인 태극기는 지구상에 단 하나뿐인 대한민국의 상징으로 우리나라의 유일한 주권을 대표하는 숭고한 표상물이다. 인류는 고대사회 때부터 각 집단을 차별화하기 위하여 해, 달, 동물 등과 같은 징표를 사용하다가 제지, 방적, 염색의 기술이 발달함에 따라 그러한 징표들을 종이나 천에다가 옮겨 놓았다. 이것이 깃발이다. 그러나 이러한 깃발이 국가를 상징하게 된 것은 프랑스 혁명 때 쓰인 3색기가 처음이라고 한다.

우리나라의 국기는 태극기다. 1882년 박영효가 일본에 수신사로 가면서 배 안에서 태극도안의 기를 사용한 것이 국기 사용의 효시라고 한다. 그러니 이것이 국기로 공식화된 것은 1883년 1월이다. 고종이 박영효가 고안한 태극무늬를 보고 '태극 주위에 4괘를 배한다' 고 공포함으로써 정식 국기로 쓰인 것이다. 그 때 이름은 '조선국기' 였다. 그러다가 1919년 3 · 1운동 때 모든 국민은 손에손에 기를 들고 나오기 위해 기를 제작하였는데, 일본 사람들이 눈치채지 못 하도록 하는 배려에서 '태극기' 로 부르자고 약속한 것이 태극기란 말의 유래가 되었다고 한다.

우리는 보통 '태극' 하면 주역의 계사를 생각하지만 중국에서 태극의 문양이 나타난 것은 11세기 주돈이의 '태극도설'이다. 그런데 우리나라에서는 이보다 400년 전인 628년(신라 진평왕 54년)에 건립된 감은사의 석각 가운데 태극도형이 새겨져 있었으며, 고구려의 4신도도 음양상화(陰陽相和)의 이치를 나타냈던 것으로 봐서 태극도형의 문양과 이념은 고대로부터 우리 민족의 원형 상징 속에 자리잡았던 것으로 생각된다.

이러한 유래를 가진 태극기를 바라보면 그 속에서 3·1운동의 핏빛 절규가 들리는 듯하다. 어려서 영화로 추체험한 일이긴 하지만 파고다 공원에서 밀물처럼 쏟아져 나오는 인파들의 손에손에 든 태극기는 독립 아니면 죽음 그것이었다. 아오내 장터에서 3천여 군중에게 태극기를 나누어주며 목이 터지도록 대한 독립만세를 선창하던 유관순 소녀의 손에 쥔 태극기는 민족혼의 정수이자 고갱이가 아니었던가.

독립 투사들도 태극기를 그들의 심장보다 더 귀하게 생각했다. 조석으로 태극기에 대한 배례는 물론 그 아래서 독립에 대한 투지와 결의를 다졌던 것이다. 조국의 독립을 위해서 사랑하던 부모·형제·처자들도 다 버리고 이역 만리에서 쫓기다가 무주고혼으로 쓰러지면서도 태극기를 가슴에 안았다. 가슴에서 흐르는 선지피가 태극기의 하얀 바탕을 붉게 물들이던 광경을 매국노나 친일파들이 보았다면 모르거니와, 그들은 매국이나 친일은 하지 않았을 것이다.

8·15광복 때나 지난 6월 월드컵 때 그 벅찬 감격을 하나로 묶은 것은 태극기였다. 그것이 마분지로 그린 태극기가 됐든 무명베짜치로

만든 태극기가 됐든 그것은 우리를 하나로 묶는 보이지 않는 동아줄이다. 기는 언제나 막대기(깃대)의 상단에 위치한다는 점에서 일종의 고양(高揚) 혹은 하늘을 표상하는 정신 세계의 상승 의지를 나타낸다.

그런데 어찌된 일인지 요사이는 국경일에도 태극기를 게양하는 집보다는 게양하지 않은 집이 점점 늘고 있으니 안타까운 일이다. 2~3백 세대가 모여 사는 아파트마다 태극기를 게양하는 집을 열 손가락으로 헤아릴 정도다. 국기를 게양하자고 하면 그것 게양하면 뭣하냐고 반문한다. 물론 게양하든 말든 국가관만 뚜렷하면 될 것이지만 내용과 형식의 문제는 별개의 것이 아니고, 동전의 양면과 같은 불가분의 관계다. 내용이 충실해야 형식도 충실하고, 형식이 알차야 내용도 알찬 것이다. 태극기를 게양하자는 것은 감상적 쇼비니스트들의 담론이 아니다. 우리의 일체감을 확인하고 청소년들에게 나라 사랑의 교육을 베푸는 것이다. W.T 페이지가 쓴「미국인의 신조」에 '나는 조국을 사랑하고 그 헌법을 준수하며 국기를 존중하고, 모든 적의 침략에서 조국을 수호하는 것이 조국에 대한 나의 의무라고 믿는다.' 라고 씌여 있다. 국기를 존중하는 최선의 방법은 국경일에 국기를 게양하는 것이다.

오는 8월 15일은 광복 57년이다.

집집마다 태극기가 걸려 있는 풍경을 보고 싶다.

양철과 서장

양철은 내 사촌 매형의 별명이요, 서장은 동네 머슴 홍구 씨의 별명이다.

두 분 모두 이제는 고인이 되었지만 옛날 어린 나에게는 그분들의 언행이 깊이 각인되어 지금도 가끔 그분들을 생각하게 된다.

양철은 성질이 금속성이다. 날카롭고 가볍고 시끄럽게 반응하며 곧잘 변모하는 이미지들을 연상할 수 있으나 여기서는 다변자로서의 별명일 따름이다.

이와 반대로 서장(일제 때)은 권력이나 권위, 두려움의 대상이 되기도 했지만 틀(체격)이 좋은 사람의 대명사로 많이 쓰였다. 비록 머슴은 살았지만 홍구 씨의 틀이 어찌나 좋았던지 금테 모자 하나만 씌여 놓으면 그런 훤훤대장부가 없을 것 같다하여 얻어진 별명인데 아주 과묵한 사람이었다.

양철이 다변자의 대명사라면 서장은 과언자(寡言者)의 대명사였다.

말은 신언서판(인물의 평가 기준)에서 둘째 번으로 중요한 항목이었다. 그래서 '글 잘하는 자식 낳지 말고, 말 잘하는 자식을 낳으라', '힘센 아이 낳지 말고, 말 잘하는 아이 낳으라' 란 속담이 생겼지만 '말이 많으면 장맛도 쓰다' 는 말조심을 이르는 속담도 많이 생겼다.

'혀는 몸을 베는 칼이다'(舌斬身刀), '입은 사람을 해치는 도끼다'(口是傷人斧), '말은 혀를 베는 칼이다'(言是割舌刀), '곰은 쓸개로 죽고 사람은 혀 때문에 죽는다', '좁은 입으로 한 말을 넓은 치맛자락으로도 못 막는다' 등 말에 대한 무수한 속담들이 생겼다. 비록 폐쇄적인 전근대 사회의 언어 미학이지만 다변보다는 묵언 쪽에 언어 생활의 무게를 둔 듯하다.

말은 여성적이요 행동은 남성적이라서 공자는 말은 적게 하고, 행동은 민첩하게 하라고 가르쳤는지도 모른다.

말은 땅의 딸이며 행동은 하늘의 아들이라고 하지만 말도 행동이요 행동도 말의 일종이다. 중요한 것은 언과 행이 일치하면 여기엔 말의 쓴 맛이나 언어의 공해가 정화될 것이라는 생각이다.

옛날에 못 살았다는 사람은 하나도 없지만 내가 어렸을 때 우리 세 대소가(큰댁, 가운데댁, 그리고 작은집인 우리)도 머슴을 들이고 살았다. 그때 양철은 세 집 머슴의 주인 노릇을 했다.

사람의 본성은 예나 지금이나 다른 것이 없다. 감정 또한 부자가 됐건 가난한 사람이 됐건 잘 배웠건 못 배웠건 다를 바가 없는 것인데 양철은 머슴들에 대하여 약간 직선적이었다.

머슴들의 불편한 마음을 훤히 읽은 아버지 세 형제분은 '윤서방(양철)이 그러지 말아야 되는데…….' 하고 벙어리 냉가슴을 앓았다.

'윤서방 그러지 말게!' 하고 직격탄을 날렸다가는 '예 알았습니다. 당장 처갓집과 발을 막겠습니다. 지금까지 뉘 집 잘 되자고 하는 일인데…….' 의 반격탄이 날아올까 두려워서가 아니라, 양철이 하는 일이 워낙 경위가 밝고 사리에 조금도 틀린 점이 없었기 때문이었다.

가령 오늘 우리집에서 모내기를 한다면 새벽같이 들판을 한 바퀴 돌고 와서 그날 모심는 순서를 형수씨에게 브리핑했다.

'오늘 일은 ㅇㅇ배미를 심고 새참을 먹으며, ㅇㅇ구로시에서 점심을 먹으며, ㅇㅇ골에서 저녁새참을 먹을 테니 밥 먹는 시간에 호리라도 어긋나서는 안 된다' 는 주문이다. 만약 이 엄명(?)에 추호의 차질이 있어서는 아니 되었다.

문 바른 집은 써도 입바른 집은 못 쓴다는 말이 양철을 두고 생긴 것 같았다. 문짝이 바로 달린 집은 생활하기에 편리하지마는 입바른 말만 하는 집 사람들은 너무 시비만 까다롭게 가리는 것 같아서 인정미가 없는 사람으로 착각하기 쉽다.

사람이 너무 살피면 따르는 사람이 적고 물이 너무 맑으면 고기가 모이지 않는다고 한다.

나는 그때 '말로 공 갚는다' 라는 말을 배웠다.

서장은 양철과 너무 대조적인 사람이었다. 양철에게 있어서 다변이 결점이라면, 서장은 과언이 단점이었다.

'말은 해야 맛이고 고기는 씹어야 맛' 이란 그에게 통하지 않는 말이다. 오직 '침묵만이 황금' 이었는지 과묵을 잠언처럼 믿었는지 모를 일이다.

'아무개 양반, 오늘 무슨무슨 일하게' 주인으로부터 명령이 떨어지면 싫든 좋든 '예' 한 마디면 그만이었다. 어쩌다가 서장이 마을 사람들과 이야기하는 장면을 본 사람은 내일은 해가 서쪽에서 뜰 것이라고들 했다.

서장은 소처럼 뚜벅뚜벅 일만 했다. 마음에 당치않은 일이 생기면 황소 눈알 같은 큰 눈방울만 이리저리 굴릴 뿐이었다.

그러나 그에게도 인간 본성은 있었다. 인내에 한계가 왔던 것이다. 어느 날 주인 내외가 며칠째 사소한 일을 가지고 아등바등 들볶았던 모양이다.

황소가 성이 나면 두 뿔로 주인을 받아버리 듯이 서장도 공격의 뿔을 세웠다. 오른손으로는 남자 주인의 멱살을, 왼손으로는 여자 주인의 멱살을 검어쥐고, 윗들에서 아랫들까지를 하루를 오락가락했다. 윗들과 아랫들의 거리는 족히 2Km는 되었다.

처음에 주인 내외는 서장의 손에서 빠져 나오려고 갖은 욕설에다 몸부림을 쳤지만 황소 같은 힘을 대적할 수 없었다. 주인 내외는 발버둥을 쳐도 서장은 아예 입도 벙긋하지 않고 윗들에서 아랫들로, 아랫들에서 윗들로, 다시 아랫들로 강행군을 했다.

새참 때가 지나자 주인 내외는 잘못했다고 사과하기 시작했지만 서장의 반응은 묵언 그것이었다. 잘못했다는 주인의 소리를 들은 것인가 안 들은 것인가 그야말로 시종여일하게 들길만 올라갔다 내려갔다 반복할 뿐이었다.

저녁 새참이 되면서 주인 내외는 잘못했다는 말도 할 수 없을 만큼 그야말로 기진맥진이었다.

서장은 해가 진 다음에야 주인 내외를 그 마당에 밀어 넣고, 자기 집에 가서 짚신을 벗으려고 하니 어쩐지 신이 안 벗어지더라는 것이다. 식구들에게 등불을 가지고 오게 해서 비춰보니 큰 독사가 발뒤꿈치를 물고 있었는데 뱃대기가 땅에 닳아서 머리 부분과 등뼈만 남았더라는 것이다. 독사가 서장의 쩍쩍 버러진 발꿈치를 물었지만 각질화된 살가죽이라 독사의 어금니가 빠지지 않았고 독도 몸에 스며들지 못했다고 한다.

서장은 다음 날 아무 일도 없었다는 듯이 주인 집으로 갔다. 여늬 때 같다면 머슴방에서 식사를 했을 텐데 그 날은 안방에 들어가 아랫목을 차지하고 앉아 있었다. 아무 말도 없이…….

시간이 조금 지나자 주인과 겸상한 상이 들어왔는데 상다리가 휠 정도였다.

양철의 다변도 서장의 묵언도 다 장단점이 있는 것이다. 그래서 유교에서는 중용을 중요시했고 불교에서는 중정(中正)을 강조했던 것 같다.

지나쳐도 안 되고 부족해도 안 된다. 오직 변증법적 합일을 해야 된다지만 글쎄 그 '적당히' 가 그렇게 쉬운 것인가.

국산은 떠 내려가고

'허허! 국산은 떠 내려가고 일제만 남아 있네!'

이 말은 어느 해 홍수로 떠내려간 다리를 보고 비통한 심정을 표현한 H군 N군수의 언술이다.

1970년대 초 남해안 지방에 큰 가뭄이 들었다. 연 이태 흉년이 들어서 주민들의 호구지책이 위협받게 되었다.

정부에서는 이들에게 취로의 기회를 주려고 일반국도 13호선 중 해남과 완도 사이의 국도 확장과 포장 공사를 시행하였다. 그때 H면에 굴곡이 심한 길이 있어서 이를 일직선으로 정비하다 보니 1930년대 일본 사람들이 가설한 다리 옆에 새로운 다리를 가설하게 되었다. 규모도 구교보다 훨씬 큰 다리였다. 거판스런 개통식과 함께 치도(治道)에 관계된 인사들은 그 공을 서로 자기의 몫으로 부풀리기에 급급했다. 마치 비올 때 멍석은 서로 자기가 말았다고 함과 같이…….

그런데 그게 아니었다. 준공된 지 두어 달 후에 집중호우가 쏟아졌다. 농경지가 침수되고, 도로와 가옥이 유실되고, 그리고 엊그저께 준공한 새 다리가 흘러가 내리고…….

N군수가 현장에 가 보니 일제 때 가설한 다리는 그대로 있는데 엊그제 새로 놓은 다리는 형체도 없이 떠 내려가버린 것이다. N군수가

기가 막혔던지 넉두리처럼 큰소리로 "허허! 국산은 떠 내려가고 일제만 남아 있네!"하고 공분을 터뜨렸던 모양인데 그 뒤로부터 H지방 주민들은 부실한 공사나 조잡한 조형물을 보면 "국산은 떠 내려가고 일제만 남아 있네!"란 말을 유행어처럼 하게 되었다.

확실히 우리나라 사람들은 어떠한 일을 할 때 치밀한 계획도 없이 눈속임식으로 대충 해치우는 버릇이 있는 것 같다.

지난 겨울의 일이다. 아침까지 잘 돌아가던 보일러가 갑자기 고장이 났다. A · S가게에 전화를 했더니 내일 9시 이후에 연락하라고 한다. 밤에 와서 수고 좀 해 줄 수 없느냐고 했더니 기사가 이미 퇴근을 해서 불가능하다는 것이다. 꼼짝없이 하룻밤을 지내고 다음 날을 기다려야 했다.

다음 날 연락이 되어 기사가 왔다. 보일러를 이리저리 살펴보더니 "아저씨 드라이버 있으면 좀 주십시오." 한다. 연장서랍을 찾아 드라이버를 주었더니 한참 무엇을 뜯다가 "아저씨 망치 좀 빌립시다." 한다. 망치를 갖다 주니까 무엇을 텅텅 때리다가 이번에는 "뺀지 있으면 좀 주십시오."한다.

속이 팍 상했다. 그러나 일을 하는데 기분이 상하지 않도록 꾹 참았다. 일이 끝난 다음 한 마디 하지 않을 수가 없었다. "이 사람들아, 공구가 자네들 밥 먹여 주는데 공구도 안 가지고 다녀?" 했더니 대답이 가관이다. 공구는 차에 있지만 요사이는 가정마다 드라이버, 뺀지 정도는 상비하고 있기 때문에 빌려 쓰면 된다는 것이다. 실로 터무니 없는 무책임한 말이다.

기술자는 연장(공구)이 반기술인데 그 기본마저 몰라서야 말이 되겠는가?

또 이런 일도 있었다.

오래 전에 재래식 화장실을 수세식으로 바꾸는 공사를 했다. 늦은 가을철에 했는데 공사를 한 다음 달부터 수도세가 엉뚱하게 나왔다. 보통 한 달에 만 원 미만이던 것이 4~5만원씩 나오지 않는가. 그래서 집안에 있는 수도꼭지를 모조리 잠그고 계량기통을 열어 보니 계량기가 마구 돌아가고 있었다. 공사한 사람을 몇 차례 불러서 원인을 찾아보라고 했더니 입식 부엌 근처에서 새는 것 같다는 막연한 얘기였다.

한겨울이 다 지나도록 이 사람, 저 사람을 불러 보았지만 한다는 소리가 집안에 깔려 있는 선이 노후되어서 새로 깔아야 한다는 것이다. 말이 쉽지 선을 새로 깐다는 것은 여간 어려운 일이 아니다. 돈도 돈이지만 위아래 두 채의 방보일러선까지 교체한다는 것은 불가능 바로 그것이었다.

이런 고민을 하고 있을 때 누수탐지기를 가진 업자를 찾아 냈다. 원인은 수세식 변소였다. 지하에 묻힌 ㄱ자 엘보가 구멍이 펑 뚫린 불량품이었다. 원시공자를 불러서 좀 보라고 했더니 동파됐다는 것이다. 가을에도 땅 속에서 동파되느냐고 했더니 그럴 수도 있다며 오뉴월 보리방아 우기듯 우기는 바에야 별다른 대책이 없었다. 원공사비보다 보수비가 더 많은, 말하자면 배보다 배꼽이 큰 결과가 되고 말았다.

그런데 사람의 마음은 참 이상한 것이다. 홧김에 무엇한다고 원채 수리를 하기로 했다. 읍내에서도 공사를 제일 확실히 한다는 사람을 불러서 유리창, 입식 부엌, 욕실, 안채, 화장실, 지붕 등을 수리하도록 하였다.

달포 후에 공사는 끝나고 공사비까지 다 지불했는데 이번에도 또 누수 현상이 나타나지 않는가.

우여곡절 끝에 마당을 온통 파헤치고 새로 배관을 했지만 누수는 계속되었다. 아무리 생각을 해 봐도 욕실이 의심되어서 이판사판으로 욕실 타일과 욕조를 깨어내도록 했더니 아니나 다를까 욕조 밑에서 냇물이 흐르고 있었다.

맞아 죽을 각오를 하고 한국과 한국인을 비판한 일인 이케하라 마모루는 '한국인은 그 작은 나사못 하나 만들지 못한다' 고 말하면서 중요한 것은 '기술이 아니라 마음' 이라고 했다. 내가 만든 물건, 내가 지은 건물을 이용하는 사람들이 나에게 감사하는 마음을 느끼도록 하겠다는 개개인의 각오가 없는 한 한국은 세계 무대의 주인공이 될 수 없다고 충고했다. 귀에 거슬리는 말이지만 행(行)에 이로운 충고는 받아들여야 한다.

오늘날 선진국에서 생산되는 물건의 불량률은 100만 개 가운데서 서너 개에 불과하다고 한다. 이웃 일본만 하더라도 천하제일의 장인정신이 그대로 물건이 되어 나온다고 한다. 온갖 공산품은 물론 내가 만든 우동 한 그릇도 천하제일이 되어야 한다는 정신이 오늘날 일본 경제의 밑거름이 된 것이다.

우리는 걸핏하면 세계화를 들먹인다. 세계화는 세계 제일과 같은 말이다. 물건을 만드는 것은 기술이 아니라 혼이다.

우리의 물건에는 혼이 없다. 혼을 넣는 작업은 성실이다. 지금까지 세상에서 성실보다 나은 지혜는 없었다.

수신탕(修身湯)을 장복해야

1999년 8월 25일 수요일 '정년'이라는 통과의례를 치루었다.

다음 날 일곱시 반이 되자 하나의 철벽이 내 앞에 나타났다.

나는 40여 년을 여름철에는 일곱 시 반, 겨울철에는 여덟 시경에 출근했던 것이 아주 체질화되어 버렸는데 그것이 철벽을 자조(自造)한 것이다.

아직은 아침 먹는 시간 때라 이웃집에 놀러 갈 수도 없고, 관공서는 아직 문도 안 열었을 뿐더러 놀러 갈 만한 구실도 없었기 때문이다.

좁은 마당을 왔다갔다하면서 애꿎은 담배만 몇 대 피워보았지만 그 시간이 너무도 지루하고 길게만 느껴졌다.

건강한 사람에게 할 일이 없는 것처럼 고통스런 일은 없을 것이다. 이러한 고통을 덜어 보려고 생각한 것이 문화원과 예총(문협)에 나가기로 했다.

특히 문화원에 나가면 좋은 점이 한두 가지가 아니다. 넓고 조용한 사무실은 선천적으로 책읽기를 좋아하는 나에게 조용한 독서 공간이 되고, 심심찮게 찾아오는 손님들과의 세상 돌아가는 이야기, 오후 늦은 시간대의 가야금반, 판소리반, 전통무용반 학생들의 교습 광경을 조용히 관찰하는 것만으로도 내가 예인이나 된 듯한 지적 희열을 느끼게 하였다.

그러나, 문화원을 찾는 가장 큰 이유는 아무래도 원장 H선생님과의 대화 시간 때문인 것 같다. H선생은 국사편찬위원이자 고고학회 회원이며, 향토사학자이기 때문에 그분과 대화하다 보면 나의 취약점인 지적인 소득이 풍성해지는 것 같았다.

우리 고을 인물, 마을이나 지명의 유래, 전통 민속, 문화유적 등에 대한 해박한 식견은 나를 문화원으로 불러내는 마력이 된 것이다.

그날도 오전에는 독서를 하고 점심 후 의자에 앉은 체 오수를 즐기고 있는데 군청직원이 찾아와 어디론가 전화를 걸고 있다. "자네 매 좀 맞아야 정신 차리겠는가? 물건을 빌려다 썼으면 제자리에 갖다 놓을 일이지, 문앞에다 팽개쳐?"

내용인즉 어느 기관에서 어린이날 행사를 하면서 민속실에 보관중인 가마를 사정사정해서 빌려갔다가 쓰고는 문앞에다 방치해 두었다는 것이다. 그러면서 '생각없이 대충대충 해치워버리는 의식구조가 우리나라 사람들의 단점' 이라고 분개했다.

요새 젊은이치고는 꽤 사려와 처신이 분명한 사람 같아서 곁에 있던 사무국장에게 아까 그 청년이 누구냐고 물었더니 무슨과 아무개라고 하면서 매우 성실한 사람이라고 칭찬을 곁들였다.

그날 밤이었다. 신문을 뒤척이다가 TV를 막 켜려는 순간 전화벨이 울렸다. 전화기를 들자마자 격한 목소리가 터져 나왔다. "선생님 그게 무슨 체요. 강당을 썼으면 청소는커녕 물건조차 안 치워요?" 도시 무슨 소리인지 종잡을 수 없는 격분한 소리였다. 목소리를 낮추고 조용조용 다시 한 번 얘기해 보라고 했더니 목소리 톤은 좀 낮췄지만 감정은 격분 그 상태였다. 곧 알아들을 수 있는 이야기였다.

십여 일 전 군민의 날 때 모 협회에서 학교 강당을 빌려썼는데 열흘이 넘도록 무대나 소품 등을 그대로 방치해 두어서 체육시간마다 욕만하면서도 내 전화번호를 몰라서 이제야 전화를 했다는 것이다.

나는 강당을 썼던 단체의 이름과 회장의 전화번호를 일러주었더니 몇 번이나 사과하면서 약간 멋쩍은 목소리로 "우리나라 사람은 몽둥이로 패야 정신 차려요." 한다.

"이 사람아 몽둥이로 패면 폭력을 휘둘렀다고 콩밥을 먹게 되고 수신탕을 한 제 먹이게."

"수신탕이 뭣인데요?"

"이 사람 내일 우리 집에 오게 내 처방을 알려줄 테니."라고 농담을 하면서 전화를 끊었다.

3000년 전 이집트의 피라미드에 분별없는 사람들의 행동을 질타하는 낙서가 씌였고, 2500년 전 공자님도 버릇없는 젊은이들의 행동을 보고 먼 훗날을 염려했다지만 세상은 그들의 염려와는 달리 망하지 않고 잘 굴러왔다.

숙종 때 학자였던 홍만종의 「순오지」를 읽다 보면 다음과 같은 수신탕(修身湯) 이야기가 나온다. 수신탕이란 효성과 착한 마음[孝順] 열 푼쭝, 좋은 장위[腸胃] 한 가닥, 자비심 한 조각, 온유한 마음 반 냥쭝,

노실 두 한 개, 올바른 도리 세 푼, 충직스런 마음 한 뭉치, 음덕 전부, 방평 다소를 섞은 처방이다. 이 약재를 커다란 가마솥에 볶아서 가루를 만든 다음 하루에 세 번씩 복용하면 정신적 · 육체적 만병이 치유된다고 했다.

여기에 반드시 피해야 할 것은 남에게 피해를 주면서 자신의 이익을 구하는 것, 올바른 행실에 앞서 말만 번지르르하는 것, 어둠 속에서 화살을 겨누는 것, 웃음 속에 가시가 돋힌 짓 등을 삼가란 용법을 밝히었다.

사람은 자기 혼자 있으면 더할 나위 없이 완전한 것 같으나 남 앞에 서면 불완전하기 그지없는 존재다.

나부터 수신탕을 장복해야 남에게 피해를 주지 않는 인간이 되지 않을까?

마음의 그림

너무 흔하게 들어서 오히려 진부한 느낌마저 들지만 사람은 분명 사회적 동물(존재)이다.

사람이 사회적 존재가 되어진 제일의 요인이 말의 효용이었다는 데에 그 누구도 이의를 제기하지 못할 것이다.

사람이 말을 사용함으로써 사회가 형성되고 문화의 창조와 전승이 가능했다는 점으로 미루어 말은 사람이 사회적 존재로 일컬어지는 필요 충분 조건이다.

소수의 무언승이나 특정인을 제외한 모든 사람의 생활은 말로 시작해서 말로 끝나는 것이다. 그래서 입을 봉쇄당한 삶이란 상상조차 할 수가 없다.

옛날 입을 봉쇄당한 어느 이발사는 배가 얼마나 부글부글 끓었으면, 가슴이 얼마나 틀올랐으면 대밭의 땅 바닥에 입을 대고 "우리 임금 귀는 당나귀 귀요." 했겠는가.

조선조 연산군은 만고 폭군답게 무오사화, 갑자사화를 일으켰지만 그보다 더 가혹한 것은 함구령이었다. 연산 자신은 무슨 짓을 하든 백성들에게는 함부로 입을 놀리지 말라는 표지판을 몸에 걸고 다니게 했다.

구시화지문 설시참신지부(口是禍之門 舌是斬身斧).

'입이란 화가 생기는 문이요, 혀란 몸을 베는 도끼다.' 이 얼마나 가혹한 형벌인가. 불에 달군 쇠도막을 밟고 다니게 했던 포락지형(炮烙之刑)보다 더했으면 더했지 못하다고는 할 수 없는 참화였다.

말이란 정신 · 생활의 목록이요 지표이기에, H · 하이네의 말과 같이 말로 인하여 죽은 자를 무덤에서 불러낼 수도 있고, 산 자를 묻을 수도 있다. 말로 인하여 소인을 거인으로 만들 수도 있고, 거인을 철저하게 두드려 없앨 수도 있다.

'어야' 말 다르고 '아야' 말 다르다는 속담과 같이 지혜로운 자의 말은 은혜로워서 천냥의 빚을 갚고도 만냥의 우의를 증진한다. 그러나 우매한 자의 입은 망신의 굴레가 되기도 하고 영혼을 가두는 그물이 되기도 한다. 나는 이십여 년 전에 지혜로운 말과 우둔한 혀의 실례를 경험한 바가 있다.

H고등학교 K선생은 그의 우람한 체구와는 달리 화술이 능란하고 언사가 부드러워 호감을 받았다. K선생이 학생 주임으로 있을 때 문제 학생(?) 하나가 밤중에 그의 대문을 때려부셨다.

다음 날 K선생은 그 학생을 붙들어 교무실로 데리고 가서 말문을 터 보려고 시도했으나 코만 씩씩 불 뿐 묵비권을 행사했다.

"○○야, 이제부터 선생님 월급을 더 타야 하겠지?"

그 때 그 학생은 K선생의 얼굴을 힐끔 쳐다 보았다. 무슨 뜻인지 어안이 벙벙했던 모양이었다.

"○○야, 생각해 보자. 선생님 월급 조금 타가서 여섯 식구 먹어 살리랴 대문 고치랴, 어디 지금 월급 가지고 되겠느냐?"

"……."

그 말을 들은 학생은 가타부타 한 마디 않고 교무실을 뛰쳐 나가버렸다.

K교사가 퇴근하여 집에 가 보니 어느새 대문은 새롭게 고쳐져 있었고 뒷마루 한쪽에 그 학생이 무릎을 꿇고 있었다.

또, H여고의 P선생은 몸이 바짝 마른 데다가 얄팍한 입술에 타고 나온 말끝이 솔잎처럼 날카로워서 말벗이 조금은 귀한 편이었다.

어느 날 P선생이 어느 교실에 들어가 출석부를 펴고 1번부터 끝번까지 호명을 마치고 출석부를 덮으려는 순간 세 학생이 동시에 일어서며 "선생님, 왜 저희들 이름은 안 불러요?" 하는 것이 아닌가.

P교사가 출석부 끝 부분을 봤지만 그들의 이름이 없기에 "너희들은 호적에 안 올랐어." 하고 출석부를 덮어 버렸다. 그 순간 세 학생은 고개를 책상에 떨군 채 한 시간 동안 울다가 쉬는 시간을 이용하여 어디론가 나가 버렸다.

그들은 고아원에 수용되었던 호적이 없는 학생들로 그 전날 전학을 왔었는데 담임 선생님이 출석부에 미처 이름을 올리지 않았던 것이다.

P선생님은 아무런 생각없이 출석부를 호적으로 지칭했지만, 호적이 없었던 그들의 아픈 데를 찌른 결과가 되었다. 그 학생들은 다음 날부터 결석을 하다가 두어 주 후에 학교에 돌아 왔지만 P선생님은 그로

인해 상당한 고통을 감수해야 했었다.

K선생님처럼 지혜로운 말은 은혜롭고, P선생님처럼 우둔한 혀는 화를 자초하게 되었으니 한 방울의 물이 우유가 되기도 하고, 독이 된다고나 할까.

나는 평소에 과묵한 편이다.

가정에서도 그렇고 직장에서도 마찬가지다. 그래서 나를 아는 사람들은 무심하다는 오해를 종종 하는 편이다. 내 본심은 그렇지 않는데 이런 오해를 받는 것은 분명 내 말버릇에 지을 수 없는 흠이 있다는 것을 고백하지 않을 수 없다.

말이 과묵할 바에야 희소 가치나 높게 매기려고 아무리 노력을 해도 고쳐지지 않는 것은 성격 탓인 모양이다.

집에서 아이들의 잘못을 발견하면 즉석에서 꾸짖지 않고는 베기지 못한다. 어떤 사람은 몇 달도 참고 몇 년도 참는다는데 나는 단 하루도 못 참는 것을 생각하면 나이는 먹었어도 수양은 풋것 그대로인 모양이다.

「춘추 좌전」에 '언신지문야(言身之紋也)' 란 구절이 있다. '말은 자기 몸의 무늬' 란 뜻이다. 말을 잘하면 자기를 곱게 장식한다는 뜻이리라.

'말은 마음의 거울' 이란 영국 속담이 다시 생각난다. 나의 말 버릇으로 미루어 내 마음의 그림을 그린다면 직선, 그것도 잣대를 대고 그은 것이 지반장이요, 그 나머지 절반이 투박한 옹기 그릇이나 될 것이며 그 나머지가 여백일 것이다.

나만이 누리는 위로

'자네의 취미가 무엇인가?' 혹시 누가 묻는다면 나는 서슴없이 무취미가 취미라고 말할 것이다.

그러나, 곰곰 생각해 보면 중학교 때까지는 축구를 공부보다 좋아했다가 고등학교 때부터 대학 입학을 위해서 그만 치워버렸다.

대학 시절부터 지금까지 독서를 제일의 취미로 자부하고 몇 천 권의 책을 읽었지만 워낙 닥치는 대로 남독을 해서 하나도 벙글지 못했을 뿐더러 근년에는 시력마저 떨어져 그 효용성이 반감되고 말았다.

또 자가운전을 몇 해 해보았지마는 신호 위반이다 속도 위반이다 주차 위반이다 해서 딱지 떼이기가 일쑤였고, 백여 km 달리고 나면 어지럽고 피로가 엄습해서 이또한 신통치 않다.

그러나 한 가지 비교적 오랜 연조를 가지고 있는 취미가 있다. 그것은 빼무락질(연장, 공구 등을 다루어 물건을 만드는 것 곧 공작)을 잘하는 것이다. 어렸을 적 빼무락질을 하다가 손을 베고 선친으로부터 매를 맞거나 꾸중을 듣는 날이 사흘을 거르지 못하였다. 그럴 때마다 선친께서는 내가 만든 물건–팽이, 바람개비, 연, 벼룻집, 개집, 게다, 필통, 문갑……–을 모로 새로 살피시고 고개를 갸웃거리시면서도 빼무락질은 집어치우고 공부만 하라고 타이르셨다. 그러나 그 취미는 지금까지 이어져 오기에 어지간한 집안 수리일은 목수나 토공, 전공, 잡부 등을 사지 않고 내가 해치운다. 그러기에 우리 집엔 없는 연장이나 공구가 거의 없다. 톱, 자귀, 끌, 대패 등 목수 연장을 비롯하여 각종 공구까지 구비했는데 나이가 천명을 넘고 보니 그 빼무락질은 그만 팽개치고 고상한(?) 취미로 눈을 돌려 본다는 것이 분재였다.

그러나 막상 분재를 해 보려고 하니 어려움이 한두 가지가 아니었다. 시간이 필요했고 건강한 체력이 필요했으며, 분을 관리할 온실 등이 필요했다. 그럭저럭 분재 도구를 갖추어 이삼 년 친구들을 따라 다니면서, 친구들이 수형이 나쁘다고 버린 것, 또는 선심 쓴 것, 내가 손수 한 것 등등 몇 십 분을 만들어 놓고 주먹구구식 관리에 열중했다. 소사, 소나무, 동백, 단풍, 물푸레나무, 먹나무 등 십여 종을 모았으나 수형은 내가 보아도 말뚝 같은 화목인데도 한여름이면 잎은 무성하였다.

어쩌다가 분재에 일가견이 있다고 자부하는 친구들이 놀러와서 분재를 훑어 보고 한다는 말이 천편일률적으로 수거료 이삼만 원씩 채워서 버리라는 것이다. 그렇지만 후한 점수를 매기는 친구들도 더러는 있었다. 분재에 대해서는 '분' 자도 모르는 그들이 제법 조예라도 있는 양 이리 갸웃 저리 갸웃하면서 쓸 만하다고 지절거리면 나는 내심 실소를 금치 못한다. '원, 무식한 친구들, 입이나 다물고 있으면 중간이나 갈 텐데…….'

아무리 보아도 뭉떵한 말뚝에 잎사귀만 줄레줄레 달고 있는 무뚝

뚝한 모습을 어떻게 해서 예술미가 절절 넘치는 작품으로 변용시켜 볼까, 무던히 애도 써 봤지만 수형만 점점 망가져갔다. 그래서 나는 내 소질이나 능력의 한계를 느꼈다. 공구를 가지고 개집이나 새집, 문갑 같은 생명력이 없는 것은 제법 만들어내지만, 화훼나 관상목을 분에 담아 예쁘게 가꾼다던가, 분재나 관상수의 수형을 가다듬는 등 생명력이 있는 것을 다루는 재간은 아무리 해도 트이지 않았다. 가끔 분재원이나 분재 전문가들의 집을 방문하다 보면 인간의 다양한 재능에 경탄을 금치 못할 때가 있다. 거대한 자연을 가장 작은 공간에다 어떻게 저리 압축해 놓을 수가 있을까 하고.

내게는 선천적으로 미적 창의력이나 심미감 같은 것이 결여된 것 같다. 그래서 나는 혼자만의 위로를 갖기로 했다. '되도록 인공이 가미되지 않는 자연 그대로의 사물에 친숙해 보자. 자연에 인공이 가미되면 그것은 순수한 자연이 아니다.' 현대문명을 한마디로 탈자연이라 말한다면 이것은 지나친 필자의 독단일까? 어디를 보나 어디를 가나 규격화된 콘크리트의 공간에 금속성 파열음의 중압을 떨쳐버릴 수가 없지 아니한가? 나는 노자에 심취한 반문명론자는 아니다. 그러나 우리의 일상이 바늘 하나 꽂을 수 없는 인공 투성이고 보니 이러한 데서 잠시 눈을 돌려 볼 공간을 찾다가 엉뚱한 생각을 하게 되었다.

정원이고 분재고 가꿀 것이 아니라 그대로 내버려 두면 어떨까? 모든 규제를 해제하고 초목에도 민주화(?)를 시키면 어떠할까? 그래서 수삼 년을 내버려 두었더니 식물계에서도 약육강식의 생태계 현상이 조금씩 나타나기 시작했다. 정원은 동백, 향나무, 목련 등을 마구잡이로 움켜 잡고 키만한 잎을 펴서 햇볕을 독식하는 호박줄기, 정글의 강자답게 위로만 솟아오른 히마리아시다, 감나무와 먹나무의 갈등, 무화과에 짓밟힌 철쭉, 석류나무와 유자나무들이 세도 다툼하는 치열한 생존의 장이 되어 버리고 그 맞은 편에 제멋대로 자란 문제의 분재 몇 십 분이 있다.

나는 아침저녁의 한가한 시간이면 갈등을 느끼는 듯한 분을 골라 감로 같은 생명수를 흡족하게 주기도 하고, 공휴일이나 휴가 등의 말미에는 푸르름이 뚝뚝 듣는 것 같은 잎을 마주하고 어설픈 무념무상의 삼매경이랄까 선적 경지를 흉내내기도 한다. 이것이 나만이 누리는 위로다. 어찌 그뿐이랴? 귀에 얻어 들은 것은 있어서 초목과 대화할 수 있는 언로를 튼답시고 스스로 도취하다 보면 초여름의 긴 한나절도 가뭇없이 사라져 버린다.

일미칠근(一米七斤)

태양의 계절이라고는 하지만 장마철이라서 검은 구름이 무겁게 드리워 해거름처럼 캄캄한 오후다. 가뜩이나 무더운 날씨라 무료도 달랠 겸 한 자락 녹풍(綠風)을 찾아 집에서 500여 m 떨어진 체육 공원을 산책했다.

예각과 직선의 회색 문명 속에 사시장철 푸른 잎과 산새소리를 들을 수 있는 공원 가까이에 산다는 것이 얼마나 청복(淸福)인지 모른다. 공원을 직접 거닐지 않고 아파트에서 내려다보는 야경도 썩 흥취가 있다. 어떤 사람은 달리고, 어떤 사람은 거닐고, 노부부는 느긋하게, 젊은 엄마는 아이의 손을 잡고, 아빠는 어린 아이를 안고 다니는 모습이 흡사 만화경을 보는 듯하다.

공원의 초입에 들었다. 비릿한 푸른 생명의 내음이 폐부 깊숙이 스며 들었다. 녹음도 녹음이지만 제멋대로 자란 억새 쑥부랭이가 사람의 키보다 웃자랐다. 그래서 돌멩이도 자란다는 성하(盛夏)라 했는지 모른다. '장마철에 오이 자라듯' 이란 속담을 실감케 하는 성장(成長)이다. 위대한 여름의 역사(役事)를 실감하면서 얼마 쯤 걷다 보니 사람의 키를 재는 풀숲 속에서 개 짖는 소리가 났다. 이런 풀숲 속에서 어떤 사람이 살까 하고 개 짖는 곳으로 가 보았더니 그곳은 생활 폐기물 집적

소였다. 아마 시에서 공원 여기 저기 뒹구는 쓰레기를 한곳으로 모아 놓은 모양인데 그 가짓수와 수량에 아연실색하지 않을 수 없었다. 냉장고, TV, 시계, 농, 책상, 의자, 플라스틱 통, 우산, 이불, 옷가지, 신발, 신문지, 헌 책 등 천종만류(千種萬類)였다.

그런데 가슴 아픈 것은 아직도 쓸 만한 가구를 마구 버린 것이다. 냉장고나 TV만 하더라도 신형(대형)이 나오니까 다투어 들여 놓고 구형(소형)을 버린 것 같다.

며칠 전 TV에서 어느 명사가 독일 사람들의 절약 정신에 대해 침을 툭툭 튀기며 열변을 토하던 장면이 생각났다. 내용인즉 그가 독일 어느 가정의 초청을 받았는데 초청 날짜에 가 보니 초청했던 할머니와 그 집에 세들어 사는 한국 여학생 사이에 심한 언쟁이 벌어지고 있었다는 것이다. 원인은 우리나라 여학생이 한 번 신고 쓰레기통에 버린 스타킹을 그 할머니가 전부 모아서 깨끗이 빨고 꿰매어 다시 신으라고 했더니 우리나라 여학생이 거지 취급을 하느냐고 대들더란 것이다. 너무도 민망하여 자기가 사과까지 했다는 것이다.

「채근담」에는 '마음 바탕이 밝으면 어두운 방안에도 푸른 하늘이 있고, 생각머리가 어두우면 백일 아래서도 도깨비가 나타난다' 고 했는데 우리나라 사람들의 소비문화에 대한 생각머리는 왜 그렇게 헤플까? 체육공원의 골짜기에 쌓여 있는 쓰레기는 음식 쓰레기에 비하면 빙산의 일각인지 모른다. 음식 쓰레기로 사라지는 돈이 연간 8조 원이 된다고 한다. 8조 원이 얼마나 되는 돈인지 모르지만 2천 억짜리 올림픽 축구장을 40개 지을 액수란다. 그뿐인가. 윤전기에서 막 나오는 무가지 값이 1년에 몇 천 억이라니 이렇게 지구 자원을 마구잡이로 써버리면 그것이 없어지는 것도 문제지만 그것이 고스란히 쓰레기가 되어서 지구를 오염시킨다는 것을 왜 모른다는 말인가.

우리가 언제부터 이렇게 잘 살았다고 이런 마구잡이식 소비 생활을 하는가? 불과 30여 년 전만 하더라도 '보릿고개'란 가난 속에서 생쥐 볼가심할 것조차 없이 살아왔다. 쌀 한 톨이나 천조각 하나가 그대로 금조각처럼 귀히 여겨졌다. 그래서 거기에는 삼격(三格)과 삼경(三敬)의 사상이 있었다. 신격과 인격 그리고 물격(物格)이 똑같은 것으로 여겨졌다. 물건을 하늘과 사람처럼 귀하게 여겼다. 그러던 것이 봇물처럼 밀려 온 산업사회의 풍요 때문에 삼격이 무너지고 삼경이 깨어진 것이다. '흉년 떡도 많이 나면 싼 것' 처럼 신이 천해지고 사람이 천해지고 물건이 천해진 것이다. 여기에 무슨 감사를 알며 고마움을 느끼겠는가. 탓만이 웃자라고 감사나 고마움은 열병을 앓을 뿐이다.

감사는 천도(天道)를 깨치는 문이다. 수탉이 물을 먹는 모습을 보고 자칭 인도주의란 사람이 "저렇게 고개를 숙였다 올렸다 하니 얼마나 힘이 들까? 참으로 측은한 일이로다."라고 말하자 곁에 있던 현실주의자가 이를 받아서 "다 먹고 살자고 그러는 게 아니겠습니까, 목을 쳐들지 아니하면 그나마 한 방울의 물이라도 목구멍으로 넘어가겠습니까?"라고 했다. 이 소리를 들은 성자가 "두 분의 말씀이 다 맞습니다만 저 수탉은 물 한 모금을 마실 때마다 하늘을 쳐다보며 하느님(신불)

께 감사를 하고 있는 것이올시다."라고 했다고 한다.

한 가지 사물이나 현상을 두고 해석은 다를 수 있는 것이다. 이른바 사물의 이중성인 것이다. 성자는 사물을 볼 때 감사를 바탕으로 사물을 본 것이다.

일미칠근(一米七斤)이란 말이 있다. 쌀 한 톨의 무게가 일곱 근, 곧 420g 란 말이다. 너무 심한 과장법 같다고 생각될 지도 모른다. 그러나 곡식 한 톨을 얻는 데 많은 햇빛과 공기와 물이 필요하다. 여기에 농부의 무한한 고뇌와 여든여덟 번의 손이 닿는 많은 땀이 베어 있는 것이다. 그래서 쌀 한 톨의 무게가 일곱 근인 것이다.

오늘 아침 우리 집의 식단에서는 얼마 만한 음식 쓰레기를 버렸을까?

두 사람 이야기

요사이 만나는 사람마다 인정이 너무도 메마르고 세상이 너무도 각박하다고들 한다.

아침저녁 매스컴에서는 5악(五惡; 살생, 도적질, 음행, 탐욕, 사기, 음주)과 10악(十惡; 도적질, 살생, 사음, 망언, 허언, 욕설, 두 혓바닥말, 탐욕, 진에, 사견) 외에 대형 교통 사고, 무차별한 환경 파괴, 집단 폭력 등 실로 총체적인 무질서의 세태를 보도하기에 바쁘다.

식자들 간에는 이러한 무질서의 원인을 서구 물질문명의 무분별한 수입에 있다고들 한다. 대체로 설득력이 있는 말인 듯하다.

본디 동양 사람들은 '창조력은 자연에만 있다' 고 믿었다. 그래서 '자연과 사람의 관계' 로 보는 중용적 · 도덕적 이성이 강조된 순응 문화를 이룩했다. 자연의 움직임을 섭리로 수용하는 천명에 순종하였으니 비록 물질적으로는 빈곤했지만 정신적으로는 유족한 생활을 했던 것이다.

이에 대하여 서양 사람들은 '창조력은 인간에게도 있다' 고 믿었다. 그래서 '자연 대 사람의 관계' 로 보는 변증법적 · 과학적 이성이 강조된 정복 문화를 이룩했다. 자연의 움직임을 법칙으로 수용하는 자연에 대한 도전과 정복 문화를 이룩했기 때문에 비록 물질적으로는 풍요했으나 정신적으로는 빈곤한 생활을 하였다는 결론이 도출되기 때문에 오늘날 인화물(人化物)의 황폐한 산업사회가 된 것이다.

이와 같이 도덕적 정신주의는 무소유를 인정하고, 과학적 물질주의는 소유욕 즉 성취를 인정하기 때문에 인간성의 상실은 극에 달하고, 인간을 물질의 노예로 야수화한 것이다.

나는 매스컴에 이러저러한 사건 사고나 패륜이 방송, 보도될 때마다 인성의 황폐화에 따른 도덕적 위기 의식을 느끼며 좀 엉뚱한 생각을 하곤 한다.

벌써 십 수 년 전에 작고한 두 분의 얼굴을 되살리며 그분들의 살아 생전의 언행을 흠모해 본다.

먼저 H씨의 이야기다.

그는 너무나 가난한 집에서 태어났기 때문에 철이 들면서부터 지천명의 나이에 이르기까지 남의 집 머슴살이로 일관한 분이다. 가난한 집 장남이기 때문에 많은 동생들과 자기 자식들의 여우살이며 분가를 오로지 등골로 해결한 사람이다. 보통 사람 같으면 한평생의 머슴살이에 비관이나 좌절도 했겠지만 명랑한 얼굴로 일관하면서 동생들에게 또는 자식들에게 좀 더 잘해주지 못한 것만을 항시 탄식하였다.

마을에 궂은 일이 생기면 발을 벗고 뛰어 들었다. 초상이 나면 차일을 치고 멍석을 깔고 나무를 모아 불을 피고 밤을 도와 부고를 돌렸다. 아이들이 죽으면 지게에다 괭이와 삽을 얹고 와서 어린 시신을 져다가 혼자 묻기도 했다. 마을 사랑방에서 어쩌다가 늦은 밤 술추렴 공론이라도 돌면 비가 오나 눈이 오나 가리지 않고 십여 리를 달려서 술을 받아 오곤 했다. 마을에 울력이 있을 때는 젊은이 제쳐 놓고 힘들고 어려운 일은 혼자 도맡았다. 혼사가 있는 집을 찾아 사주 단자를 도맡았기 때문에 H씨 집안에서 남의 하인살이 하느냐고 논란도 많았지만 워낙 남을 돕기를 좋아하는 그에게는 마이동풍이었다. 그의 집을 거쳐 가는 마을 골목길이 좁다는 말을 듣고 자기 집 담을 헐어 석자를 들여 쌓는 바람에 그렇지 않아도 좁은 마당이 손바닥만하게 되었다.

한 인간의 삶은 보기에 따라서 아름답기도 하고, 추하기도 하며 희극일 수도 있고, 비극일 수도 있는 것이다. 비록 찢어지게 가난하고 배우지는 못했지만 그의 삶은 백만장자나 석사, 박사의 삶보다 아름답기 그지 없다.

「노자」를 읽다 보면 '성(聖)을 폐하고 자(慈)를 얻는다. 기교를 버리고 이익 추구를 버리면 도덕이 생겨나지 않는다. (중략) 수수하고 꾸밈없는 생활로 사(私)를 적게 하고 욕심을 줄이는 것이 백성이 따라야 할 것이다' 라는 구절이 있는데 H씨가 바로 이러한 것을 실천한 사람이 아닌가 한다.

무릇 사람의 집단에는 세 가지 유형(꼭 있어야 할 사람과 있어도 무방 없어도 무방한 사람, 없어야 할 사람)이 있다고 하는데 H씨는 꼭 있어야 할 사람이었다.

다음은 Y씨의 이야기다.

그는 지체 있는 유족한 가문의 가장이었다. 철저한 유교풍이 체질화된 분으로 근동 몇 마을 사람들의 존경을 한몸에 모았다. 사람은 각 개인으로서는 생물학적으로 독립된 개별적 단위를 이루나 인간으로서는 반드시 어떤 사회 속에서만 의미를 갖는 것이다.

이렇듯 사람은 사회적 관계를 떠나서 존재할 수 없다는 명제를 곰곰이 음미할 때 Y씨야말로 사회 생활에 모범이 된 분이다.

그는 수신제가를 철저히 한 분이었다. 공자나 맹자의 수기(修己)를 철저히 실천한 분이다. 앎을 철저하게 이룩하였기 때문에 뜻이 성실하고 고귀하였다. 뜻과 행실이 고귀하였기 때문에 많은 사람의 존경을 받은 것이다.

한 인간의 참다운 유교적 이성은 그가 자율적으로 즉 하나의 인격자로서 갖추고 있는 태도와 행동을 했을 때만 의미를 갖는 것이다.

Y씨의 말씨는 국어 순화에 본을 보인 것 같다. 욕설과 은어, 비어, 외래어가 난무하는 지금 그의 말씨는 유물관에라도 보존하고 싶은 값진 것이었다.

아들뻘되는 어린 사람에게도 항시 존경어를 쓰는 것이었다. "자네씨 언제 오셨는가?", "자네씨 어디 가시는가?", "춘부장님 안녕하신가?", "잘 가시게" 등등 말로써 그의 아름다운 인품을 유감없이 표현하였다.

유가에서 똑똑하고 못 된 것보다는 어리석은 면이 있더라도 착한 것을 강조했기 때문에 때로는 어리석은 것을 자랑으로 삼기도 했으며 체면 때문에 자기 물건을 도둑맞으면서도 말을 하지 않았다.

Y씨의 논밭 가는 길에 그의 산이 있었다. 산자락을 타고 논밭에 가면 아주 가까운 거리였으나 산에 나무를 베는 사람이 있으면 그를 보지 않으려고 멀리 돌아서 다녔다. 인근 사람은 다 아는 터라 산에서 나무를 베는 사람이 무안할까 보아 역시 먼 길을 돌아다닌 것이다.

물질문명의 발달로 인간의 탐욕만 한없이 확대된 시각으로 볼 때 꿈 같은 이야기만 같다.

찌그러진 초승달 하나 없는 늦가을 같은 쓸쓸한 밤에도 거기에는 희미하나마 반짝이는 별들이 박혀 있는 것이 세상이 아닐까?

복(伏)날의 반항

우리 집에는 10여 평 되는 조그만 정원이 있다. 그러나 말이 정원이지 규모나 축조 방법이나 조경은 내가 봐도 엉성하기가 그지없다. 적어도 정원이라면 수목과 암석과 물이 있어야 하는데 자연석 몇 덩어리를 둥그렇게 박아 놓고 그 안에 흙을 두어 자 보토하여 향나무, 배롱나무, 동백나무, 후박나무, 감나무, 유자나무, 모과나무, 주목나무, 회양목 등 10여 종을 심어 정원이라 가꾸고 있는 터다.

정원 축조 과정이나 정원수 식재도 조경사나 정원사의 도움도 받지 않고, 내가 일용 근로자 몇 사람을 데리고 했던 것이기 때문에 어떤 원칙이나 미적 배려는 철저히 배제된 손방의 솜씨 그대로다. 말하자면 남의 정원이 미적 구도로 잘 그려진 명화라면, 우리 집 정원은 삼분법도 원근법도 철저히 무시된 민화와 비슷한 그런 것이다.

그것은 그렇고 남이야 '그것이 정원이냐?' 고 빈축을 하건말건 나는 자화자찬하면서 5~6년을 열심히 가꾸었다. 인근 산에서 부엽토를 몇 가마니씩 모아다가 뿌려도 보고, 나무 거름도 몇 가마씩 싸다가 시비도 하고, 어언 20여 년을 가꿨더니 나무의 성장 상태가 너무도 왕성했다.

'작물은 주인의 숨소리를 듣고 자란다' 는 옛 사람들의 말이 실감으로 느껴졌다. 좁은 공간에 많은 나무들이 자라고 있으니 이것은 정원이 아니라 하나의 잡목림이 되어 버렸다. 이렇게 정원이 무의식의 숲으로 변하자 뒷산에서 사는 새들이 종종 찾아오기 시작했다. 참새를 위주해서 박새, 동고비, 까치, 멧비둘기, 방울새 등이 왔다가는 훌쩍 날아가곤 한다. 나는 녀석들과 친해 보려고 뜰 한 쪽에 좁쌀을 조금씩 뿌려 놓지만 참새 이외에는 나뭇가지에서 내려오지도 않았다. 그뿐 아니라 여름이면 온갖 매미가 와서 한낮의 정적을 깨기도 하고, 겨울이면 설화가 하얗게 피기도 했다.

나는 이러한 진객들의 내방이 좋아서 4~5년째 정원수의 전정을 방치해 두려는데 집사람의 의견은 그것이 아니었다. 나무가 너무 우거져서 답답하다거니 나간 집구석 같다거니 바람이 안 통한다거니 모기가 많다거니 갖은 불평을 했지만 이렇게 문명에 찌든 세상에 자유롭게 자란 나무라도 보고 사는 것이 얼마나 행복하냐고 집사람을 다둑거렸다.

그러나, 집사람은 그의 주장을 관철하려는 듯 6월로 접어들면서 전정타령을 더 하였다. 나는 무언이 상책이라고 그때마다 침묵으로 일관했지만 여름 휴가 때 아이들이라도 오면 전정을 하고야 말겠다는 눈치였다.

사단이 이렇게 된 바에야 전정을 하지 않을 수 없었다. 그래 전정을 하자! 그러나 자의가 아니라 타의에 의해서 하는 만큼 어떤 반항의 메시지라도 남기고 싶었다.

7월 26일 집사람이 출타했다. 달력을 보니 하지 후 네 번째 경일(慶

日)인 중복날이다. 아침 라디오에서도 34~35도의 염열에다 밤에도 열대야 현상으로 잠을 설치겠다는 뉴스를 듣고 급기야 모험(?)을 개시했다. 이열치열(以熱治熱)의 피서 정공법을 실천에 옮긴 것이다. 톱과 한손용 전지가위(소형), 양손용 전지가위(대형), 사다리, 의자 등을 찾아 놓고 일을 착수하였다.

먼저 톱으로 웃자란 나뭇가지를 대충 잘랐다. 다음은 한손 전정 가위로 잘라야 할 가지를 잘랐다. 그리고 양손 전정 가위로 나무를 예쁘게 모양새를 내었다. 땀이 비오듯했다. 향나무 가시가 살갗에 박히고 더러는 가슴과 등에 들어가 찔렀지만 한번 오기를 부린 일이니 물러날 수는 없는 일, 죽기 아니면 살기로 닥다리하는 동안 됫병의 사이다를 비워야 했고, 두 번의 땀몰이와 세 번의 샤워를 해야만 했다. 정말 가마솥 더위였다. 잘라낸 나뭇가지만도 실머슴 지게로 한 짐 정도는 족히 되었다.

내가 정원을 바라보아도 마음이 시원했다. 몇 달 간 이발을 하지 않던 사람이 깨끗하게 이발을 한 느낌이다. 그러나 불만이 있다. 전정하기 전의 나무가 무의식의 숲이고 자연이라면 전정 후의 정원은 일체의 자연이 규칙에 복종하여 폐쇄적 질서에 봉사하는 인공이다. 또 나의 미적 감각이 둔해서 이웃집 정원수는 가지고 놀고 싶도록 예쁜데 내가 한 것은 예쁘기는커녕 나무나 안 버렸는지 모른다.

나는 선천적으로 미술과 음악에 소질이 없는 것 같다. 아마 초·중·고등학교를 통하여 미술·음악의 평점은 '가'의 불명예를 씻지 못했던 것 같다. 도구 과목만 시험본 때는 학급이나 학년에서 두각을 나타냈지만 전 과목 종합 성적을 낼 때에는 학급이나 학년에 수석을 포기해야만 했던 기억들이 떠올랐다.

오후 6시가 지나서 집사람이 돌아왔다. 마당에 가득 쌓인 나뭇가지며 전정한 정원을 보고 반색이다.

"이런 찜통 더위 속에서 어쩌자고 이런 일을 했어요. 얼마나 더웠어요?"

"잔소리 듣는 것보다는 낫습디다. 그리고 이런 날 일을 해보아야 일미칠근(一米七斤)의 땀방울을 쏟는 농부의 수고도 알 수 있고, 염열 속에서 일하는 노동자들의 노고도 알 수 있을 듯 해서……."

집사람은 말이 없었다. 옷을 갈아 입더니 곧 빗자루를 가지고 나와서 마당을 정리하기 시작했다. 사자새끼 냄새를 풍긴다는 7월의 태양도 그 위엄을 접는지 서산에 걸린 낙조가 그리 고왔다.

진달래꽃

꽃이 없는 세상을 상상하기만 해도 소름이 끼치고, 가슴에 닭살이 토실토실 돋는 것만 같다.

사막의 아사브란 꽃의 씨는 10여 년을 열사 위에서 타들어 가다가도 비를 만나면 싹을 틔우고, 자라서 꽃을 피우고 이내 씨를 남긴다고 하며, 혹한에 얼어 들어간 동토에서도 1년에 한 번씩 꽃은 핀다고 하니 꽃은 지구의 중심 이미지며 영원의 원형인 것 같다.

그런데 언제부터인가 자본 바이러스란 놈이 꽃을 우주의 변방으로 쫓아버리고 우주의 중심에 앉아 갖은 포악과 행패를 자행하니 세상이 팍팍하고 인정이 메말라 가는 것이다. 인간은 인간의 지식이 신의 지혜보다 우월한 것으로 착각하고, 신을 대신해서 자연을 지배하고 파괴와 건설도 인간의 뜻대로 할 수 있는 것처럼 행동하기 시작했다. 이러한 인간의 교활한 지식과 탐욕이 인간성을 파괴하고, 물질 지상의 바벨탑을 쌓게 하는 것이다. 발부리에 밟히는 민들레꽃도 신이고, 그 위에서 춤추는 벌 · 나비도 신이며, 민들레 홀씨의 흰색도 신으로 생각하는 겸손한 마음가짐이 있어야 꽃의 아름다움을 볼 수 있을 것이다.

그러면, 꽃은 우리와 어떤 관계가 있는 것일까? 이규경의 「오주연문」에는 '사람이 아름다운 꽃을 사랑하는 것은 풍류의 하나다. 청복(淸

福)이 있는 사람이라야 능히 꽃을 사랑할 수 있는 복을 누리는 것이다'라 했다. 또 이어령은 '꽃은 인간의 마음을 아름답게 만들어 준다. 꽃은 침묵의 언어로 가히 사랑을, 평화를, 인정을, 그리고 꿈을 가르쳐 준다'고 한 것을 참고하면 꽃이 없으면 세상에 멋이 없고 사랑과 평화가 없고, 인정과 꿈이 없게 되는 것이다. 그렇게 되면 사람의 생활은 짐승의 그것으로 전락하고 말 것이다.

꽃의 상징은 아름다움과 일시성이다. 생명의 짧음과 쾌락의 덧없음이다. 황색꽃은 태양과 성장을, 붉은 꽃은 생명과 피, 격정을, 그리고 푸른 꽃은 전설 속에서 불가능을 상징하지만 꽃은 아름다움의 이미지가 가장 크다.

진달래꽃은 우리나라에서 가장 흔한 꽃이다. 낮은 산 높은 산의 구별이 없다. 한라산 남쪽 자락에서부터 백두산의 북쪽 자락을 넘어 저 연변까지 자생한다니 가히 '진달래 반만리'인 것이다. 그래서 한때 북한에서 진달래를 그들의 국화로 정했다는 말이 있었지만 그것은 사실이 아니다.

내가 어렸을 때만 해도 진달래는 많은 사람들의 사랑을 받았다. 나물 캐는 처녀들의 머리 위에 진달래 한두 송이가 꽂히는 것은 다반사요, 나무꾼의 지게 위에도 꽂히고 학동들의 공부방에도 빈 병에 꽂히어 글방의 분위기를 밝히었다. 화창한 봄날 마을 아낙들이 뒷산에서 화전놀이 할 때도 진달래 꽃잎이 사랑을 독차지했다. 민가에서는 진달래 꽃잎과 뿌리를 이용하여 두견주, 두견화채, 두견화면, 두견화주를 만들어 먹기도 했다.

진달래는 우리의 산하에 널리 분포되었을 뿐만 아니라 이처럼 우리의 생활 정서와 가까웠기 때문에 그 이름도 10여 가지나 된다. 돌외(달래), 진달래, 참꽃(개꽃), 산척촉, 산철쭉, 두견화, 홍두견, 백두견, 영산홍(迎山紅) 등으로 불렸으며 중국에서는 두견화 산척촉이라 불린다 한다.

그런데 진달래의 이름을 들추다 보면 두견(소쩍새)의 이름이 나온다.

옛날 촉나라의 임금 망제(望帝)가 왕위를 빼앗기고 서산에 들어가 숨어 살았다. 왕위를 빼앗긴 원한을 가슴에 묻고 죽었는데 그 원혼이 두견새가 되었다는 전설이다. 두견새는 한밤을 울고 또 울다 보면 목에서 피가 넘어 오고, 새끼들은 그 어미새의 피를 받아 먹고 자란다는데 그 들긴 피가 진달래가 되었다는 슬픈 전설이다. 그래서 옛날의 시인들은 두견새를 '단장(斷腸)의 애물(哀物)'이라 하여 슬픔과 한의 시상이 떠오르면 두견을 소재로 했던 것이다. 두견새와 두견화의 연상 정서는 밝음보다는 어두운 한을 상징했다.

두견새도 진달래만큼 그 이름이 많다. 소쩍새, 귀촉도, 두견, 두백, 두우, 망제, 망제혼, 불여귀, 시조, 자규, 촉백, 촉조, 촉혼, 제결 등이 그것이다.

꽃에 대한 사랑은 나라마다 다르다. 중국 사람들은 모란이나 매화를 사랑하고, 일본 사람들은 국화나 벚꽃을 사랑한다. 서양 사람들은 장미를 가장 사랑한다. 우리나라 사람은 국화인 무궁화보다도 진달래를 더 사랑한다. 모르거니와 우리나라 사람들의 마음 속 깊은 곳에는 진달래꽃 한 송이가 1년 열두 달 피고 있는 지도 모른다. 900여 회의 외침을 받은 한, 6 · 25 때 산하를 붉게 물들인 시산혈해, 봉사 3년, 귀머거리 3년, 벙어리 3년의 한들이 삭아서 봄밤에 두견이 울면 우리도 따라서 울었을 것이다. 두견의 울음소리를 들으면 진달래가 생각나고, 진달래를 보면 바위고개를 울고 넘던 전통적인 한국의 여인상이 머리에 떠오르는 꽃이다.

몇 년 전에 시인 L씨가 진달래꽃을 소재로 한 수필 한 편을 써 가지고 와서 좀 보아 달라고 했다. 대충 읽어 보고 두어 군데 지적을 해 주었다. 그 중의 하나가 '진달래꽃 같은 행복, 진달래꽃 같은 웃음' 이다. 진달래꽃은 척박한 땅에서도 갖은 악조건을 극복하고 사는 꽃이며 정서나 꽃말이 행복과 웃음과는 좀 먼 꽃이니 '진달래꽃 같은 끈기, 진달래꽃 같은 생존의 가열성' 으로 고치면 어떻겠느냐고 했더니 그미(그녀)는 그리하겠다고 대답은 했는데 막상 지상에 발표된 것은 '진달래꽃 같은 행복, 진달래꽃 같은 웃음' 이었다. 나는 내 견해만을 고집하지 않는다.

'낯설게 하기', '모순어법', '시적 자유' 가 설득력을 얻고 있는 마당에 그까짓 은유나 사비유 하나가 문제될 것은 없다. 독자의 판단에 맡긴다.

두 달 후면 남북공동선언 1주년이 된다. '진달래 반만리' 의 꿈이 꼭 실현되기 바란다.

민천(旻天)의 암영(暗影)

민천이란 가을 하늘의 다른 이름이다.

우리나라 기후는 비교적 사계절이 분명하여 봄, 여름, 가을, 겨울의 하늘 모양이나 빛깔이 완연히 다르다. 그래서 봄의 하늘을 창천(蒼天), 여름 하늘을 호천(昊天), 가을 하늘을 민천(旻天), 그리고 겨울 하늘을 상천(上天)이라 하여 사천(四天)으로 호칭하기도 했다.

사천 중에서 가을 하늘은 유난히 높고 맑으며, 청자빛을 닮은 취색은 세계에서 그 유례를 찾아 볼 수 없다고 한다.

이러한 가을 하늘을 닮은 우리 겨레의 마음씨는 착하고 고와서 오천 년 간 평화를 지상의 가치로 여기며 살아왔다.

동으로 보나 서로 보나 남으로 보나 북으로 보나 구름 한점이 없다. 한참 동안 하늘을 쳐다 보고 있으면 푸르다 못해 검어진 물이 주르륵 주르륵 흘러 내려서 몸도 마음도 그 물 속에 빨려 들어가는 기분이다.

외경스런 하늘, 시원의 빛이다.

그래서 어느 시인은 '옥에도 티가 있다는데 가을 하늘엔 티 하나 없다' 고 읊었으며, 우리만 보기에는 너무나 아까워서 깡통에 밀봉하여 수출하고 싶었다고 외쳤는지 모른다.

서편 하늘 한 모서리에서 불어오는 삽상한 바람은 지상의 영광인 오곡백과의 결실을 축제의 물결로 부추긴다.

가진 것이 없어도 넉넉하기만 하고, 먹지 않아도 배가 부르며 일상에서 우리를 구속하던 오욕칠정도 오직 즐거운 노래의 음계로 변하고 만다.

가을은 분명 축복의 계절이다. 그러나 한글날에 느끼는 민천의 정감은 조금은 묵직한 편이랄까 우주의 윤기가 말라가는 느낌이다.

지난 해 유럽을 여행하면서 느낀 일인데 프랑스 사람들의 자국어에 대한 사랑은 세계에서 모범이며, 조그만 네덜란드 사람들도 자국어와 자국의 문자가 있다는 것을 여러 차례 자랑하였다. 정치적으로나 경제적으로 완전 독립을 하였다 하더라도 그 나라의 말과 글이 없으면 문화적 사대주의나 문화적 식민지 상태를 극복할 수 없다는 함의로 느꼈다.

요사이 유행어처럼 국제화나 세계화란 말이 나돈다. 무한경쟁을 모토로 하는 국제화가 됐건 지구촌의 공존을 이념으로 하는 세계화가 됐건, 거기에 적응하려면 우리의 문화 기반부터 튼튼히 해야 한다는 것은 우리의 상식이다.

말과 글은 문화 창조나 전수의 도구인데 그에 대한 우리의 관심은 나날이 시들해지는 것은 아닌지 오늘 하루만이라도 되짚어 보고 싶은 심정이다.

한글은 제작의 독창성과 음운 구조의 과학성, 그리고 실용성에 있어서 세계의 학계가 공인한 우수한 글자라고 한다.

일본어를 조금이라도 배워 본 사람이라면 일본의 카나는 한자에서 빌어온 것임을 곧 알 것이다. 세계에서 가장 널리 쓰이고 있는 알파벳은 원래 이집트의 신성 문자가 페니키아로 들어가서 페니키아 문자가 되고 이것이 실용성이 뛰어난 로마로 들어가 로마 문자가 되었으며 이것이 알파벳으로 발전한 것이다.

그러나 우리 한글은 세계의 어느 문자도 모방하지 않고 발성 기관의 모양을 본뜬 독창적인 글자이다. 또 음운 구조에 있어서 5음이나 평음, 경음, 격음 등의 배열도 오늘날 음성학적인 입장에서 볼 때 아주 과학적이라고 한다.

한글은 독창성과 과학성 이외 그 실용성이 뛰어나다고 말한다. 배우기 쉽고 쓰기 쉬우며 음가가 풍부하여 못 적을 소리가 없다고 하니 한글이야말로 우리 문화유산의 으뜸 목록이 아닐 수 없다.

속담에 '제 고을 무당은 영하지 않다' 고 한다. 인류의 스승 공자님도 동가구(東家丘)쯤으로 푸대접 받았다니 사돈네 밥에 든 콩이 커 보이는 것이 인간들의 솔직한 심리인지도 모른다.

이렇게 훌륭한 우리 글을 두고도 국제화에 부응(?)해서인지 세계화의 집단 최면에 걸려서인지 국적 불명의 외국어가 홍수를 이루고 있다.

거리의 간판이 그렇고 대중 매체가 그렇고 심지어 앞가슴에 'Touch me' 라고 쓴 옷까지 입고 다니니 글자를 함부로 남용해도 되는 것인가.

글자는 모름지기 두려운 마음으로 정확히 써야 할 것이다.

제정 러시아 때 어느 청년이 중죄를 지어 사형을 받게 되었다고 한다. 각계의 사면 청원에도 불구하고 황제는 '사형, 불가 사면'의 판결을 내렸다. 지혜로운 황후가 이 청년을 살리기 위해서 판결문에 들어있는 캄마의 위치만 살짝 옮기도록 하여 '사형 불가, 사면'이라 바꾸어 그 청년을 살렸다고 하니 캄마의 위치 하나가 사람하나를 살린 셈이다.

몇 해 전 음력 10월 말경 다음과 같은 초대장을 받았다

"중동가절(仲冬佳節)에……"

남이 잘 쓰니까 따라서 썼는가 유식을 가장하려고 썼는가는 모르지만 터무니 없는 무식의 폭로가 아닐 수 없다.

가을은 음력으로 7, 8, 9월 석 달이다. 음력 7월은 맹추(孟秋), 8월은 중추(仲秋), 9월은 계추(季秋)이다. 음력 10월은 맹동(孟冬), 11월은 중동(仲冬), 12월은 계동(季冬)이니 중동가절(仲冬佳節)이 아닌 맹동지절(孟冬之節)로 써야 옳았을 것이다.

이왕 우수운 이야기가 나왔으니 하나만 더 하자. 십 년도 훨씬 더 된 이야기인데 오자가 쓰인 인쇄물을 보면 지금도 그 안내장 이야기가 생각난다.

어느 유지가 무슨 개업 인사장을 돌렸는데 "귀하의 건강과 고당의 명복을 빕니다." 했다는 것이다. 개업 첫날부터 욕을 섬으로 얻어 먹

은 망신을 산 것이다. 쓰기 쉬운 우리말을 쓸 일이지, 뜻도 모르는 한자어를 구태어 써야만 사회적인 대우를 받는 것인가.

글은 사람이라고 했으니 분명한 뜻을 알고 써야 할 것이 아닌가.

오전 한참 때까지 청명했던 하늘엔 비를 먹음은 듯한 검은 구름이 깔리기 시작한다. 때리면 쨍그렁 소리라도 날 듯했던 취색은 푸나무 땐 굴뚝에서 나온 연기 같은 구름으로 도배를 했다. 망치로 때려도 둔탁한 소리조차 나지 않을 하늘이다.

푸르렀던 하늘에 짙게 드리운 음영, 그것이 한글의 태몽이 아니기를 빈다.

노년의 보모(保母)

내가 가깝게 교유하고 있는 문인은 기껏해야 10여 명에 불과하다. 그 중에서도 내가 존경하는 작가는 G선생과 K선생이다. 그런데 이 두 분 모두 사모님이 없거나 별거 상태다.

G선생은 나보다 10여 세 연상으로 원로 희곡 작가다. 문학 예술뿐만 아니라 인문학 전반에 조예가 깊기로 유명한 분이다. 10여 년 전에 사모님과 사별하고 혼자-자제분은 전부 객지 거주- 그런 대로 의식(衣食) 문제를 해결해 왔다. 워낙 술을 좋아하는 분이라 아침은 드는 둥 마는 둥 하고 점심이나 저녁은 거의 외식에 의존했다. 외식할 때도 밥보다는 술을 즐겨 마셨다. 어쩌다 술이 만취되면 간혹 댁까지 모셔다 드린 일도 몇 번 있었다. 그런데 술이 취했던 다음 날은 더 일찍 출근하기 때문에 우리들 사이에서는 술에 대한 달인이라고 불렀다. 선생은 요리에 대해서도 조예가 깊었기 때문에 기본 재료만 있으면 먹고 싶은 대로 음식을 만들어 먹었다. 그러나, 신이 준 선물(조강지처)을 잃고는 얼굴 한 곳에 엷은 고독의 그림자가 드리운 것만 같았다.

그런데, 지난 해 4월, 재미 작가 L씨 영접차 해남 터미널을 나갔다가 거기서 쓰러져 5~6개월 동안 서울에서 치료를 하고 해남에 돌아왔지만 거동이 자유롭지 못했다. 자식들이 마땅히 부모의 간병을 해야 했으나 형편이 여의치 않아 중년의 부인을 간병사 겸 식모로 맞아 들였다. 그러나 아무리 나이를 먹어도 남녀가 유별한지라 식모가 하는 일에는 한계가 있었다. 내의를 빨아서 갈아 입히는 일이며, 용변을 할 때 도와 주는 일은 식모가 하기에는 여간 어려운 일이 아니다. 효자가 악처만 못하다고 이런 때에는 소크라테스 부인 같은 악처라도 있었으면 좋으련만 그렇지 못해 그는 불행하다. 아내 없는 병든 노구의 생활은 말이 생활이지 그것이 어디 사람의 생활이겠는가. G선생을 뵐 때마다 안쓰러운 생각뿐이다.

또 K선생은 지난 해 건강상 이유로 교직에서 명퇴를 했다. 심한 관절염과 시력 장애가 원인이었다. 그런데 그에게는 구순이 훨씬 넘는 노모가 계셨는데 사모님이 시어머니를 모시지 않겠다고 결사 반대하는 바람에 사모님과 별거 상태에 이른 것 같다. 나이가 젊고 무병한 몸이라도 남자가 치매 상태의 노모를 모시기가 어려울 텐데 늙고 병든 몸으로 어머니를 모신다는 것은 전래의 지극한 효성이 아니고서는 불가능한 일이다.

얼마나 고생이 심하느냐고 물으면 다른 것은 괜찮은데 목욕시켜 드리는 게 여간 힘이 드는 일이 아니라고 했다. 아들도 잘 몰라보는 그런 정신 상태에서도 아들의 손이 닿으면 외간 남자의 손이라도 닿는 듯 질겁을 한다는 것이다.

나는 K선생 말을 들을 때마다 그의 지극한 효성 앞에 머리가 수그러진다. 나도 10여 년 전까지 어머니를 모셨지만 목욕을 시켜 드리기는커녕 어리광만 부린 것 같아 참으로 부끄럽다.

K선생의 사모님이 어떠한 분인지는 모르나 이러한 아내를 두고 악처는 물과 불과 더불어 삼재(三災)라 했는지 모른다. '된장 신 것은 1년의 원수요, 아내 나쁜 것은 100년의 원수' 라고 했지만 결국 아내 없는 남자는 지붕 없는 집이 아니고 무엇이겠는가.

나는 지금까지 집사람에 대해서 철저히 무관심으로 일관해 왔다. 그저 조강지처니까 지워도 다시 돋는 봉숭아 꽃물처럼, 잘라도 다시 자란 풀잎 같은 것이 부부 관계가 아니겠냐고 믿어왔다. 그저 덤덤하게 지내왔다. 지금까지 꽃 한 송이나, 이렇다 할 선물 하나, 옷 한 벌, 보약 한 첩 사주지 못했다. 지금까지 그 흔해 빠진 '당신 사랑해' 란 말 한 마디 못하는 위인이다. 어쩌면 집사람에게 베푸는 것보다 수놈의 물총새 철학으로 살아왔는지 모른다. 물총새는 넓은 바다를 날다가 수놈이 지친 것 같으면 암놈이 수놈을 등에 엎고 날아간다고 하는데 나도 지금까지 집사람의 등에 업혀 살아온 바나 진배없다.

나는 G선생과 K선생의 생활을 통해 내가 얼마나 행복한 사람인지 깨달았다. 집사람이 현명해서 계명지조(鷄鳴之助)를 한 것도 아니요, 남달리 정숙해서 거안재미(擧案齊眉)한 것도 아니다. 남의 부인들과 비교해서 더 현명하다거나 많이 배웠다거나 더 예쁘다거나 어딘가 특출한 데가 있는 것은 아니다. 그저 평범한 아내일 뿐이다. 다만 소크라테스의 부인 같은 악처는 아니다.

나는 고운 얼굴이나 아름다운 장식에 마음이 끌리기보다는 가식

없는 상냥한 얼굴에서 행복을 느끼고, 눈을 즐겁게 해 주기보다는 귀를 즐겁게 해 주기를 바랐다.

'어릴 때 옛 친구는 내 곁에 늙은 아내 한 사람이 남아 있다. 글도 지을 줄 모른다. 음악 미술은 더더욱 모른다. 다만 된장찌개를 내 밥상 위에 올려놓아 줄 줄 아는 것밖에는 없다. 그러나 단지 하나 남은 친구다.' 라고 월탄은 만년을 회고했지만 나는 무척 행복하다. 목이 마르면 물을 떠다 줄 친구가 있어 행복하고, 옷이 더러워지면 빨아 줄 친구가 있어 행복하고, 배가 고프면 밥을 차려 줄 친구가 있어 행복하고, 등이 가려우면 긁어 줄 친구가 있어 행복하다. 말하자면 노년의 보모가 있어서 행복하다. 그런데 그 친구가 어젯밤에는 많이 앓은 것 같다. 다리가 쑤시고, 허리가 아프고 속이 더부룩하다고.

양처와 건강은 최고의 재보라고 했는데…….

움직이지 않는 내림대

파리 소르본대학 종교학 교수 마르치아 엘리아데가 쓴 「샤마니즘」을 닷새만에 일독했다.

이 책을 읽은 느낌은 한 마디로 거룩한 것과의 만남이었다. 장자가 똥에도 도가 있고 조주종염 선사가 개에게도 불성이 있다고 했듯이 엘리아데의 성속(聖俗)도 똥을 통해서건 개를 통해서건 거룩한 것의 드러남[聖現]은 가능하지 않을까 하는 미망에 사로잡힌다.

샤만이 맨발로 빨갛게 단 쇠 위를 걷기도 하고, 빨갛게 단 쇠붙이를 혀로 핥기도 하며, 면도날 같이 예리한 칼로 자기 얼굴을 긋기도 하지만, 맨발이나 혀나 얼굴에 아무런 상처도 입지 않는 현상을 어떻게 해석해야 할지…….

사실 과학과 합리라는 마성에 얽매어 인간을 너무 단순하고 편협하게 보아온 것은 아닌지……. 나는 샤만에 대한 무지와 편견을 고백하지 않을 수 없다.

나그네가 길을 걷다 보면 예쁜 색시도 만나고 미운 총각도 만날 수 있는 것처럼 사람이 한 세상을 살다 보면 행복했던 시절도 있을 수 있고, 불행했던 세월도 있을 수 있을 것이다.

그러나 나에게는 행복했던 시절보다도 불행했던 세월이 더 길었던 것만 같다. 불행했던 기간이 일이 년도 아니요 십여 년에 이르고 보면 아무리 합리적인 낙관론자도 끝내는 과학적 결정론에 회의를 품고, 신비적인 운명론에 솔깃한 추파를 보낼 것이다.

'불행 앞에 굴복하지 말고, 그 불행을 이용하는 사람이 되라' 고 점잖은 충고들을 하고 있지만 힘에 겨운 하중의 십자가를 매고 살점이 튀기는 무릎걸음으로 골고다의 언덕을 오르는 사람에게 얼마나 설득력이 있는 말이 될까는 나로서는 의문이다. 차라리 그들에게는 썩은 지푸라기 하나가 희망이라면 희망일 것이다.

생각하면 몸서리치고 말하기도 부끄러운 이야기지만 나는 십여 년의 긴 불행의 터널을 헤맨 적이 있었다.

고희를 두어 해 앞둔 선친께서 보리 누름에 돌아가셨다. 혈육은 물론이고 마을 사람들까지도 몇 해 더 사셨더라면 하는 아쉬움 속에서 장례를 치뤘지만 자친께서는 눈물 한 방울 흘리지 않으셨다. 마을 사람들은 독한 양반이라고 했지만 당신께서는 자식들 앞에 눈물을 보이기 싫었기 때문이었다.

유택은 선산 조부님의 발치 아래 모셨다. 자오좌(子午坐)로 문필봉을 안산으로 했으니 문운이 연면할 것이요 주위의 노송에 까치들이 집을 지었으니 자손이 창성할 것이라는 지관의 말이었다.

그러나 이러한 미화는 인간이 화를 멀리하고 복을 가까이 해보려는 자연스런 심리일 뿐 아무도 화복길흉은 예측하지 못했다.

선친의 삼년상이 나기 전에 내가 객지에서 악상을 당했다. 중국 속담에 젊어서 아버지를 잃는 것과 중년에 아내를 잃은 것 그리고 늙어서 자식이 없는 것을 세 가지 불행이라 했지만 올벼상처의 아픔은 당해 본 사람이 아니면 상상도 못할 것이다. 이로부터 한 해가 지나자 이번에는 뇌성에 벽력이었다. 생때 같던 아우가 비명횡사한 것이다. 어머니의 피눈물이 지금도 가슴을 에인다. 아우는 어머님의 품에 묻히고 그때부터 명당이라고 굳게 믿었던 선친의 묘지가 불행의 변수로 마을 사람들의 입에 얹히기 시작했다.

손윗누이들과 자당께서는 나 모르게 점쟁이를 찾았고 무당을 불러 묘굿을 하였다. 호랑이는 피해도 운명은 피하지 못한다고나 할까 설상에 가상이라고나 할까 다음 해에는 형님께서 또 비명에 가셨다. 자당께서는 "이 무정한 놈아, 이 무정한 놈아"하는 말을 한없이 되뇌었을 뿐, 눈물의 샘은 이미 바닥이 말라 있었다.

두 번째 묘굿은 한 낮과 한 밤을 이었지만 영험은 전혀 없고 오히려 액운을 또 몰고 왔다. 이 년 사이에 미장년의 조카 둘이 또 갔다.

적벽가 어디쯤이던가 조조의 백 만 군사가 제갈량의 십 만 군사에게 패할 적에 "앉아 죽고 서서 죽고, 타서 죽고 빠져 죽고, 창에 죽고, 칼에 죽고……, 무단히 죽고……."란 사설이 십여 년 간 우리 집안의 참상을 묘사한 것만 같았다.

포연탄우 속을 용케 피하고 있구나 조마조마하던 판에 내가 입원하게 되었다. 병명은 신체 어느 한 곳도 성한 곳이 없다는 것이다. 그도 그럴 것이 십여 년 동안 술로 위안을 찾았으니 말이다.

내가 입원하고 있을 때 세 분의 손윗누이들께서 영험하다는 점쟁이를 찾아 점을 치고 큰 굿을 하기도 했다.

한밤중에 병원에서 세 손윗누이들께 이끌리어 집에 가 보니 마당 한가운데 차일이 쳐졌고 멍석이 서너 잎 깔렸으며 한가운데 굿상이 진설되었고, 굿상의 정면 아래에는 반말들이 양푼에 쌀이 가득히 담겼는데 그 한가운데에 사오 척쯤 되는 청죽이 꽂혀 있었다.

구경꾼들은 멍석 주위를 빙 둘렀으며 오십을 넘어 보이는 박수와 무당 그리고 며느리 무당이 굿을 하고 있었다.

박수는 앉아서 장구를 치고 무당은 뛰면서 주문을 외웠고, 며느리는 장구를 매고 춤을 추었다.

나는 내림대를 잡았다. 선대부터 미신은 믿지 않았지만 신이 내리고 내 입을 통한 신탁을 은근히 기대했었다.

내가 내림대를 잡자 굿은 그 절정에 이르렀다. 북소리 장구소리는 톤이 높아졌고 빛을 가른 양날이 내 눈동자를 찔렀다. 십 분, 이십 분 두어 시간이 지나도 내게 신은 내리지 않고 정신만 밤하늘의 별처럼 말똥말똥하였다.

무당들도 광란에 가까운 두어 시간의 사투 끝에 스스로 탈진하여 허깨비 빗자루 돌리는 것 같은 동작을 몇 차례 계속하다가 그치고 말았다.

은근히 기대했던 신마저 내리지 않아 "무당, 점쟁이 연놈들 제 죽을 날 몰라."하며 일갈을 뱉고 병원으로 돌아갔다.

나는 그때부터 더욱 점쟁이나 무당이 하는 일은 전적으로 미신이라 매도했다.

그런데, 이번 샤머니즘을 읽고 십오륙 년 전 무당 일가에 결례했던 일을 생각하면 미안한 마음 금할 길이 없다.

유명한 샤만은 화살이 그 몸을 관통하더라도 피 한 방울 안 난다고 한다. 실증과 상징으로 열린 마음을 보편적인 우주의 마음으로 알고, 상징을 사는 것은 영원한 세계를 사는 것이라는 그들의 세계가 신비롭기만 하다.

윤달(閏月)에 있었던 일

한 나라 한 민족의 문화나 민족성을 이해하려면 먼저 그 나라 그 민족의 세시(歲時) 풍속과 습관을 알아야 한다고 한다.

농경 사회 때 우리나라는 주기전승적(週期傳承的)인 행사가 정월부터 섣달까지 풍성하게 있었으나 시대의 변화에 따라 더러는 없어지고, 더러는 변형되어 오늘에 이르렀다.

그러나 우리나라의 고유한 민족적 색깔은 언제나 간직하고 있으니 이는 변화도 있지만 뿌리도 튼튼하게 있다는 뜻이다.

지난 5월 23일부터 6월 20일까지는 음력으로 윤사월이었다. 예로부터 윤달은 여계(餘計)의 달이므로 액이 없는 달로 여겨 왔다. 그래서 택일(擇日)이나 택길(擇吉) 없이 집을 짓거나 고치기도 하고, 이사나 운반(주로 가재도구)도 자유롭게 하였다. 또 연로한 부모를 모시고 있는 집안에서는 이 윤달에 수의나 관을 준비해 두기도 했다. 윤달에는 무슨 일을 하든지 기피하는 바가 없었으므로 이장이나 입비 같은 산일[山役]도 많이 하였다. 그래서 윤달이 드는 해에 석물 업자들은 속된 말로 '노가 난다' 고 한다. 그뿐 아니다. 부처님은 윤달에 받는 불공을 특히 기뻐한다는 속신(俗信)도 있어서 사찰에는 부녀자들이 북적거려 그야말로 잡답(雜踏)했다고 한다.

우리 문중에서도 지난 윤달에 큰 산일을 하였다. 나로 해서 8대, 9대, 10대의 할아버지, 할머니가 같은 산역(山域)이기는 하지만 서너 곳에 모셔져 있어 묘 관리나 시제 때 여간 힘드는 일이 아니었다. 예전에는 묘소로 통하는 산길이 나 있어서 어려움이 덜했지만 가정에서 연탄이나 석유 전기(보일러)를 사용하면서부터 땔감이 필요 없다보니 자연히 산에는 나무나 풀이 제멋대로 자라서 옛 길을 메웠고, 또 어느 골짜기에 윗대의 묘가 있는지조차 분간하기 어렵게 되었다.

옛날 고 박정희 전 대통령도 사정이 이쯤 되어서인지 한글 학자 H씨를 시켜 그의 윗대 묘를 이장하려다가 문중의 반대에 부딪쳐 이장은 못하고 그 대신 묘역까지 큰 길을 냈었다는데 그처럼 큰 길을 낸다는 것은 우리 같은 민초들은 감히 꿈도 꿀 수 없는 일일뿐더러 설령 길을 낸다면 산이 온통 만신창이의 길 천지가 될 것이다. 이러한 이유로 종손을 중심으로 몇 년을 벼르던 산일을 지난 윤달에 한 것이다.

그런데 그 과정에서 풍수나 명당에 관한 얘기가 주종을 이루었고, 풍수(지관)의 말 한 마디는 대단한 위력을 발휘했다. 나는 최창조나 최영주 외 몇 개의 풍수지리서를 섭렵하고 그러한 이론이 있다는 것은 인정하나, 명당을 얻으면 후세에 발복한다는 맹신은 철저히 경계한다. 그러나 짐승도 사는 자리를 가리는데 죽은 사람이라고 해서 함부로 할 수는 없는 일이다. 무덤은 물질로서의 육체, 그 변형, 무의식을 상징한다고 하지만 우리에게는 숭조(崇祖) 사상으로서의 뜻이 크다.

이론상 명당은, 태조산, 중조산, 근조산, 주산 아래의 혈(穴) 아래편에 있고, 그 앞에는 안산과 조산이 있으며, 좌측에는 내청룡, 우청룡이, 우측에는 내백호, 우백호가 있어야 한다니, 이런 명당을 얻기가 그렇게 쉽겠는가?

무덤을 열고 유골을 수습했다. 200~300년 전의 것이라서 관과 수의는 썩어서 없어졌고 두개골과 이빨을 비롯한 사지의 큰 뼈만 있었다. 놀미한 뼈를 보자 사람들은 한결같이 파묘 자리가 명당 자리였다고 쑥덕거렸다. 유골은 부위별로 수습했다. 이와 같은 시간, 굴착기 한 대는 광중(지실)을 파기 시작했다. 몇 삽을 떠내니 석관 두 개가 한꺼번에 들어갈 광중이 되었다. 바닥을 고르고 석관 2개씩을 맞춘 다음 유골을 안치했다. 아무리 전문가가 하는 일이지만 잔뼈의 위치가 혹 뒤바뀐다면 혼백이 불구는 아니 될른지 좀 죄스러운 생각도 들었고, 차라리 유골을 화장해서 유골 상자나 단지를 안치하는 것도 한 방법일 것 같았다. 유골 안치가 끝나자 천금(天衾)을 덮고 천개를 덮은 다음 명정을 펴고 그 위에 흙을 부었다.

흙이 평면과 비슷하면 이어서 둘레석을 조립하고, 거기에 흙을 더 얹어 장방형 묘를 성묘(조묘)하였다. 이어 둘레석 위에 흙을 도톰하게 쌓고 뙈를 입히면 무덤은 완성되는 것이다.

이렇게 해서 3기의 무덤이 완성되자 이번에는 비석과 상석, 망비, 동자석을 옮겼다. 이 과정에서 굴착기의 위력에 다시 한 번 감탄하였다. 수 톤씩 됨직한 비석이나 상석을 쑥 뽑아 삽 언저리에 걸고 그토록 경사진 비탈을 오르내린 것을 보면 문명이란 이렇게 편한 것이로구나

하는 느낌을 가졌다.

산일의 마지막 과정으로 벌마당에 골을 파고 잔디를 심었다. 잔디는 굿만 보는 사람까지 달려들어 몇 시간 내에 마치었다.

다음은 공사의 대단원의 막을 내리는 제사 순서였다. 음복을 하면서 '종손의 수고가 많았다', '우리 총생들이 편리하게 되었다', '후손들이 발복할 것이다' 라는 등의 대화가 오고 갔지만 진짜 풍수가 전하고자 하는 것은 '적선지가(積善之家) 필유여경(必有餘慶)' 이라는 주역적 윤리관이라고 한다.

그런데 사람들이 이러한 큰 뜻은 망각한 채 자신들의 입신이나 출세만을 기구한다면 이는 잡술(雜術)로 타락할 것이다. 이미 천도나 그런 사람의 부정한 죄를 알고 있는 터에 지리가 어찌 따라갈 것인가. '성서에도 온유한 사람이 땅을 기업으로 받는다' 고 했다. 아무리 좋은 명당-그것이 양택이든 음택이든-을 얻더라도 그 사람의 삶이나 마음이 바르지 못한다면 땅은 복을 허락하지 않을 것이다.

돌아오는 길이었다. 봄 장마가 지려는지 하늘에는 검은 구름이 무겁게 가라앉았지만 어려운 일을 해 냈다는 성취감 때문에 마음은 새털처럼 가벼웠다.

벽오동(碧梧桐) 논쟁

벽오동 나무는 중국, 한국, 일본이 다 좋아하는 동양의 나무인 것 같다.

예로부터 봉황은 사령(四靈)의 하나로 상상 속의 상서로운 새다.

봉황은 대나무 열매를 먹으면서 벽오동 나무에 둥지를 틀고, 벽오동나무에서만 운다는 새인데 이 길상의 새가 나타나면 천하가 태평하다는 신화적인 믿음 때문에 동양(중국, 한국, 일본) 사람들은 오동나무를 심고자 했으며 그 나무를 귀하게 여겼다.

우리의 청와대 문장(紋章)이 봉황인 것도 그렇고, 일본 황실의 문장이 벽오동나무인 것도 같은 맥락이다.

벽오동은 그 나무가 깨끗하고 푸르며 곧게 자라기 때문에 고결한 선비 정신을 나타낸다고 하여 서당이나 향교 근처에 심었다고 한다.

또 풍수지리설로 봉황의 지형에 사는 사람들은 벽오동나무나 대나무를 심고, 흙으로 둥글게 봉황의 알을 만들어 지세를 보비하였다고 한다.

벽오동 심은 뜻은 봉황을 보렸더니
내 심은 탓인지 기다려도 아니 오고

무심한 일편 명일이 빈 가지에 걸렸더라.

「가곡원류」에 전해오는 실명씨의 옛 시조다. 지체 높은 임을 간절히 기다리지만 끝내 임이 오지 않는다는 허전한 상실감을 노래한 것이다. 사랑을 위해서 모든 정성을 다했건만 매정한 그 임은 '오동잎 잎새마다 달이 져도' 아니 왔을 것이다.

주자의 〈권학시〉 전 · 결구에는

지당춘초미몽각(地塘春草未夢覺)인데

계전오엽이추성(階前梧葉已秋聲)이라.

즉, '연못의 봄풀은 꿈도 깨지 아니했는데 섬돌 앞 오동잎은 가을 노리로다'라 하여 소년들에게 시간의 빠른 순환을 일깨운 것이다. 옛날 사람들은 오동나무뿐만 아니라 모든 나무에는 우리의 생활 기호가 함축되어 있는 것으로 여겼다. 우주는 하나의 중심축에 세 개의 세계–천상, 지상, 지하–가 실재한 것으로 믿고 그 세계를 연결하는 통로를 나무로 생각하였기에 그 나무 밑에 희생 제물을 마련해 놓고 의식을 행했던 것이다. 우리의 신시와 당산나무가 그렇고, 제임스 플레저의 「황금가지」, 자크 브로스의 「나무의 신화」가 그런 것이다.

그런데 현대인들은 나무가 영원한 재생의 놀라운 선물을 소유한 동적인 생명의 상징이라는 사실을 잊고 있다.

가는 곳마다 나무를 베고 산을 흉물스럽게 깎아 채석장, 골프장, 러브호텔, 학교, 개인 별장을 지으면서 이것을 개발이라 강변한다.

나는 원래 환경보전론자이기 때문에 애당초 예술회관이나 군민의 광장 건설을 반대했다. 서구에서는 철근콘크리트 건물 수명을 100년 정도로 본다는데 지은 지 20년도 못 되는 군민회관을 헌다는 것은 그야말로 혈세의 낭비에 다름 아니다. 또 분별없는 상업주의와 영합해서 도심에 큰 건축물을 세운다는 것은 서민들에 있어서 교통 혼잡이란 급부밖에 받을 것이 없다. 지하주차장도 많은 문제성이 있기 때문에 되도록 큰 건물은 외곽으로 나가야 한다는 것이 나의 생각이었다.

그러나 예술회관의 신축과 군민광장 조성 공사가 시작된 마당에 끝까지 반대하기보다는 당초의 건설 목적에 부합한 성실 공사를 하도록 지켜 보는 태도가 중요할 것 같다.

그런데 또 벽에 부딪힌 것이 군청 앞 수십 주의 벽오동나무다.

이것을 보전하느냐(이식하느냐), 베어버리느냐 의견이 양분되고 있다.

보전하자는 측의 주장은 주로 정서적 측면이다. 우리 군민들은 오륙십 년 간 춘풍추우 좋은 일나 궂은 일을 군청 앞 벽오동나무와 더불어 같이 했기에 그것은 말만 못하지 우리와 똑같은 유정물일 수도 있는 것이다.

해남읍처럼 나무 한 그루 없는 소도시도 그리 흔하지 않을 것이다.

질식할 것 같은 직선과 회색의 횡포 속에서 한 그루 시원한 나무가 있고, 거기에 매미라도 한 마리 와서 울어 준다면 일상에 지친 읍민들에게 그것이 얼마나 큰 축복인지 모른다.

그러나 우리는 정서의 역기능도 한 번 생각해 볼 필요가 있다. 많은 반대를 무릅쓰고 시작한 공사가 기형으로 끝나서는 아니 된다.

우리가 정서 운운하지만 군청 앞 벽오동은 벽오동이 아닌 청오동이며, 일본인들이 심어서 역사적 보전 가치도 없고, 희귀한 수종도 아니며 속성의 가로수였기에 6·25직후 베어버리자는 여론이 있었던 것도 사실이다. 그런 나무를 그대로 두고 군민광장을 조성할 경우 이것은 가로왈자(曰)도 아니고 날일자(日)도 아닌 반쪽 작품이 될 수밖에 없다.

정서라고 해서 묵수만이 능사는 아닌 것이다. 서울대학교는 동숭동의 역사와 전통 정서를 버리고 관악으로 이설하여 큰 발전을 이룩했는데, 몇 해 전 서초등학교는 정서 운운하다가 이설을 못했다. 그 때 서교를 외곽으로 이설 못한 것은 두고두고 우리의 후회가 아닐 수 없다.

아깝기야 한없이 아깝지만 청오동나무는 베어 내고, 광장조성 계획에 적합한 수종으로 대체해야 한다. 이것이 이른바 충감적 정서를 지양하고 조감도적 발전을 도모하는 것이다.

끝으로 청오동나무를 휴양림 같은 곳으로 옮겨 심는 누를 범해서는 안 된다. 청오동나무 한 주를 옮겨 심는 데에 백삼사십 만 원이 든다는데 그 돈 가지면 그보다 수종이 좋은 십 년생 정도의 녹나무, 후박나무, 칠엽수, 은행나무, 느티나무, 동백나무, 단풍나무 등으로 수십 배를 심을 수 있다고 하니 그런 쪽으로 나가야 한다. 수령도 다 되가는 노거수를 정서 운운의 명분으로 이식하는 것은 또 다른 혈세의 낭비일 뿐이다.

미켈란젤로가 설계한 베드로 성당은 짓는 데에 120년이 걸렸다고 한다. 나무 한 주를 심는 일이나 집 한 채를 짓는 일에 있어서 이제는 좀 더 멀리 바라보는 거시적 시각이 필요한 때다.

복중만상(伏中漫想)

1년 중 가장 심한 더위를 삼복더위라고 한다. 삼복은 하지 후 세 번째 경일(庚日)인 초복과 네 번째 경일인 중복, 그리고 입추 후 첫 번째 경일인 말복을 이르는 말이다.

우리 민속에서는 복날에 복달임(복달음, 복다림)이라 하여 삼계탕이나 보신탕을 먹기도 하고, 참외나 수박, 술 같은 음식을 준비하여 계곡이나 산정, 수림을 찾아 하루를 청유(淸遊)하거나 탁족회(濯足會)를 열기도 했다.

요사이는 해수욕장을 찾거나 수승한 경치를 찾기도 하고, 하다못해 민박지를 찾는 것이 하나의 풍속도가 되었다. 그러나 웬만한 집이면 에어컨이라는 문명의 이기가 있어서 집안에서도 훌륭한 피서를 할 수도 있다.

나는 나이를 먹어가면서 집안에서의 피서 즉 재가피서를 즐긴다. 재가피서를 하면 적이한 시간에 TV도 볼 수 있고, 음악도 들을 수 있지만 독서를 실컷한다는 이점이 있다.

사람에 따라서 다양한 취미의 차이는 있겠지만 나에게 있어서는 독서만큼 지중한 과업이 없고, 독서만큼 중요한 지적 쾌락이 없으며, 독서만큼 절실한 위안을 다른 어디에서도 찾지 못한다. 독서를 하면서 그 책의 내용과 어울리는 만상을 하는 것 또한 지적 성숙이라면 성숙이고, 쾌락이나 위안이라면 쾌락이나 위안이 되는 것이다.

오늘은 '대통령학'을 읽었기 때문에 그에 관한 만상을 해보았다. 이승만 전 대통령은 신접살림을 하기 위해 가마솥 하나를 만들었다. 그러나 쌀이 없어서 그림자가 비친 죽만 조금씩 쑤어 먹었다. 그러다가 박정희 전 대통령이 밥 한 솥을 지어놓고 갑자기 변사했는데 느닷없이 전두환 전 대통령이 나타나 그 밥을 독식했다. 옆에 있던 노태우 전 대통령은 누룽지를 조금 긁어 먹었는데 김영삼 전 대통령이 그 솥을 잃어버렸다. 김대중 전 대통령은 그 솥을 찾으려고 허둥댔고, 노무현 전 대통령은 잃은 솥을 찾을 생각은 않고 밥을 지으면 골고루 나누어 먹을 생각만 했다.

그런데 정작 이명박 현 대통령에 대해서는 마땅한 생각이 나지 않아 끙끙 거리다가 어느 목사님의 설교지를 접했다. 거기에 왈 '노무현은 조 · 중 · 동과 싸웠고, 이명박은 초 · 중 · 고와 싸운다. 노무현의 정책은 야당이 발목을 잡았지만, 이명박의 정권은 국민들이 발목을 잡았다. 노무현은 국민이 욕하면 경청하는 것도 의무라 생각했고, 이명박은 국민이 욕하면 진압이 최선이라 생각한다. 노무현에게는 거짓 찾기가 어렵고, 이명박에게는 진실 찾기가 어렵다…….(이하 생략)

이명박 정권 4개월의 단면들이다. 만평이지만 너무도 가혹하다. 그러나 이명박 대통령은 여기에 귀를 기울려야 한다. '양약은 입에 쓰나 병에 이롭고, 고언은 귀에 거슬리나 행에 이롭다'는 아포리즘을 되새겨야 한다. '내가 길이요, 진리요, 생명이니 나를 따르라' 식의 CEO 리더십은 깨끗이 버려야 한다. 불도저식 성과지상의 오만은 깨끗이 불식해야 한다. 청와대의 주인이 아닌 세입자가 되어야 한다. 그러기 위해서는 융통성과 민주적 리더십을 발휘해야 하고, 카리스마와 결단을 통한 선구자적 리더십을 발휘해야 하며, 국민통합의 리더십을 유감없이 발휘해야 한다. 그래서 이명박 대통령은 꼭 성공한 대통령이 되어야 한다. 그가 만약 실패한 대통령이 되면 우리 모두가 불행해지기 때문이다.

식탁촌상(食卓寸想)

지난 5월 하순 자매학교인 미국의 옥스미들스쿨에서 웬트로스교장 선생님과 마크 과학 담당 선생님 두 분이 답방차 우리 학교에 왔었다.

옥스미들스쿨은 미국의 중남부 지방에 있는데 지난 봄 그 유명한 태풍 호네이도가 휩쓴 오클라호마시티가 바로 그곳이라 한다. 학교 규모나 학생 수(약 800명)가 우리 학교와 비슷하다고 한다.

우리 학교는 세계화의 추세에 따라 2년 전에 그 학교와 자매결연을 맺고 방학 때를 이용하여 교사나 학생들이 희망에 따라 미국의 생활 문화나 간단한 어학연수를 해 오고 있는 터였다.

학교에서는, 한국에 대한 인식이 전무한 그들에게 어떻게 하면 올바른 한국의 이미지를 심어 줄까 고심을 아니할 수 없었다.

다행히 학교운영위원장 J씨가 숙박업을 하고 있을 뿐만 아니라 여행에 조예가 깊은 분이었기에 숙박과 교통 편의는 전적으로 그가 맡기로 하고, 통역은 남녀 두 선생님이 교대로 하기로 하였다.

모든 스케줄이 주위 사람들, 이를 테면 학교운영위원회, 학부모회, 연수에 참여했던 학부모님들, 그리고 교육청과 군청의 협조로 원활하게 잘 추진되었다.

그러나, 그 과정에서 식사 문제에 대해서는 조금 신경을 써야 했다.

아침은 우유나 빵 몇 조각으로 쉽게 떼우기 때문에 전혀 문제가 되지 않았지만, 점심과 저녁은 되도록 골고루 메뉴를 바꾸었다. 한정식, 숯불갈비, 어물딩, 생선회, 각종 탕류, 중국 음식 등등으로 했지만 그들의 의향도 자꾸 물어 보아야 했다.

어느 날 저녁 식탁에서 있었던 일이다.

보통 한정식집은 의자가 있는 홀은 없고, 의자가 없는 방에서 손님을 맞이하기 마련이다.

7~8평 됨 직한 큰 방에 정사각형 교좌상이 2개 나란히 자리하고 양쪽에 방석이 4개씩 놓여 있었다. 우리는 익숙하게 방석 위에 평좌를 쳤지만, 그들은 이물쩍이물쩍 앉지를 못하였다. 간신히 정좌한다는 것이 두 발을 쭉 뻗고 몸통은 발끝을 따라 비스듬히 굽힌 자세였다.

우리들의 좌식 문화와 그들의 입식 문화의 차이인 것이다.

한 상에 30여 가지가 진설된 상을 보고, 그들은 입을 딱 벌리며 "원더풀"을 연발하기도 하고 "맛있어요"라고 서투른 한국말로 좌중을 웃기기도 했다.

중국인은 맛으로 음식을 먹고, 일본인 눈으로 음식을 먹으며, 한국인은 배로써 음식을 먹는다는 말과 같이, 한국 사람들이 아무리 짜구나게 먹어도 상 위에 오른 음식은 다 먹어 치우지 못하고 절반 가량이 남았다.

"이렇게 먹다 남은 많은 음식을 어떻게 처리합니까?" 그들의 질문에 좌중을 당황하였다. 쉽게 대답할 문제가 아니었다. 농담조로 받아 넘기기에는 질문자의 푸른 눈이 너무도 진지했다.

버린다고 대답하면 분수에 어울리지 않는 과소비 국민으로 낙인이 찍힐 것이고, 다시 먹는다고 하면 먹다 남은 것을 다른 사람이 먹는 비위생적인 야만스런 국민 취급을 받을 소지가 다분했다.

"아, 이 남은 음식은 대부분 돼지가 먹습니다. 주방에서 큰 짬뽕통에 모으면 매일 아침 이른 새벽에 양돈업자들이 가져 갑니다." 그러면서 나는 밥상 위에 있는 푸른 이쑤시개를 하나 뽑아 들었다.

"이것은 녹말로 만든 이쑤시개입니다. 이것이 나오기 전까지는 대가지로 이쑤시개를 만들었는데 그것이 짬뽕에 섞여 들어가 돼지가 먹을 경우에 돼지는 죽었습니다. 하지만 이 녹말 이쑤시개가 나온 뒤로부터 돼지의 변사(?)는 없어졌답니다. 그리고 돼지가 먹지 못할 것은 비료 원료로 재활용도 합니다." 하고 자신있게 답하자 그들은 "굿 아이디어"라며 흐뭇한 표정을 지었다.

이들의 현명한 질문에 진답(眞答)을 했는가 가답(假答)을 했는가는 필자와 독자의 양식이 판단할 것이다. 그러나 현문에 대한 가답쪽이라는 것이 솔직한 우리의 고백일 것이다.

이러한 일이 있은 지 며칠 후 어느 결혼식 피로연에 참석했다.

피로연 식당에서는 보통 한 상에 네 사람씩 앉게 되어있다. 네 사람이 차지 않을 경우 조금 기다렸다가 네 사람이 차면 수저나 젓가락을 들고 음식을 먹는 것이 상례다.

그런데 이런 상례마저 근자에는 실종되어 가는 것 같다.

우리 옆에 새 상이 하나 차려져 있었는데 젊은 부부가 불쑥 자리를 했다.

남편은 안고 왔던 어린애를 자기 옆자리에 뉘여 놓고, 부인은 들고 왔던 커다란 기저귀 가방을 자기 옆에 내려 놓았다. 부부는 앉기가 무섭게 불판에 불을 켜고 이것저것 먹기 시작하는 것이다. 이들의 행동이 너무나 눈에 거슬렸다. 몇 번을 참으려고 했지만 다혈질인 나의 기질상 참지 못하고 한 마디 뱉어 버렸다.

"여보시오, 젊은이들, 그 상은 네 사람이 먹어야 할 상 아니오?"

"……."

대답이 없었다.

"조금만 기다리면 네 사람이 찰 텐데……."

"……."

이것은 진문(眞問)에 무답(無答)이다.

역시 대답이 없고 코만 씩씩거리며 한참 먹더니 일어서서 훌쩍 가 버리는 것이었다.

내 눈이 그 상에 머물렀다. 다른 것은 고사하고 불판의 고기와 국물이 절반은 남아 있었다.

이 음식 쓰레기가 어디로 갈 것인가. 휴전선 이북에는 200만 명 이상이 배가 고파서 쓰러져 가고 있다는데……. 10억 이상의 인류가 기아선상에서 허덕이는 판에 우리 국민 소득이 조금 올랐다고 이렇게 무분별한 낭비를 해도 되는 일인가!

「한서」에 민이식위천(民以食爲天)이라 해서 백성들은 먹는 것을 하늘로 생각한다는 말이 있다. 사람이 목숨을 이어가는 데 있어서 먹는 것이 가장 중요하고, 따라서 백성들이 배불리 먹을 수 있도록 하는 것이 정치의 관건이었기에, 예제(禮制)가 음식에서부터 나왔고, 음식에 대한 절제를 강조했던 것이다.

독일의 시인 괴테는 "눈물과 더불어 음식을 먹어 본 사람이 아니면 인생의 참맛을 모른다"라고 했다. 교만으로 음식을 먹는 사람을 경계하는 아포리즘이다.

신뢰(信賴)는 섭리(攝理)다

토월 토일(土月土日)을 파자(破字)로 풀이하면 십일 월 십일 일(十一月十一日) 곧 농업인의 날이 된다. 다 아는 바와 같이 1996년부터 매년 11월 11일을 법정 기념일로 정하고, 농업유공자 표창, 농업인 큰잔치, 국제학술대회, 국제농기계 박람회, 식품전시, 친환경 농산물 전시와 판매 등의 행사를 통하여 농업이 국민경제의 근간임을 국민에게 인식시키고, 농업인의 긍지와 자부심을 고취시키려는 취지로 농민의 날을 제정 운영한 것 같다.

좋은 일이다. 이 기회에 흙과 쌀에 대한 전통적 가치를 관견(管見)해 보려 한다. 농업인의 터전은 흙이다. 흙은 신화에서 혼돈 모태 시원을 상징하며 민속이나 무속에서는 수호신이나 여성을 의미한다. 문화나 풍습상으로는 고향이나 어머니, 조국의 은유일 수도 있고 탄생과 재생의 원천이기도 하다.

이러한 성스런 흙에다 씨(생명)를 뿌리고 가꾸는 일이 농업이요, 그 일을 하는 사람이 농민이다. 그런데 농사(농업)가 생각처럼 쉬운 것이 아니다. 왜냐하면 작물은 가꾸는 사람의 발자국 소리를 듣고 자라는 속성이 있기 때문이다. 쌀미[米] 자는 가꾸는 사람의 손길이 팔십팔(八十八) 번 미친 뜻이라고 한다. 농사의 어려움을 은유한 말이다.

「법구경」에는 '열심히 수행하지 않으면 쌀 한 톨 먹을 때마다 그 죄가 일곱 근씩 늘어난다' 는 뜻의 일미칠근(一米七斤)이란 성어가 나오는데 혹자는 이를 쌀 한 톨을 생산하는 데 농민이 땀을 일곱 근이나 흘린다는 뜻으로 사용하기도 한다. 이어령 교수는 '농부는 평화를 사랑한 것이 아니라 싸움(작물을 가꾸는 일)에 지쳐있기 때문에 평화롭게 보일 따름' 이라고 역설을 쏟기도 했다.

이러한 땀과 정성의 산물인 쌀은 그저 단순한 곡물이 아니라 영혼을 지닌 인격체인 것이다. 상고시대부터 우리나라와 중국에서는 쌀 재배는 경제활동의 차원을 넘어 초자연적인 것과 관계가 깊은 종교행위로 생각했으며, 일본에서는 그들의 임금 다음으로 신성시했던 것이 쌀이다.

이러한 쌀농업이 '개방' 이라는 글로벌 폭력에 밀리어 질식 상태에 이르자 조그마한 숨구멍으로 처방된 것이 쌀직불제다. 쌀값 하락으로부터 농업인의 소득안정을 도모하기 위하여 당해년도 쌀값과 기준가격 차이의 85%를 보전하는 제도다. 고정적으로 70만원/ha를 지급하고 나머지는 변동직불제로 보전해 주고, 지급대상자는 농지를 실제 경작하거나 경영하는 농민이다.

그런데 여기에 기절초풍할 부도덕의 메가톤급 폭탄이 터졌다. 농지를 실제 경작하는 농민이 받아야 할 직불금이 농사를 짓지 않는 지주에게 돌아간 것이다. 그 중에는 5만 명으로 추산되는 공무원이 포함돼 있고, 거기에는 말단 공무원으로부터 장관도 포함돼 있다니 콧구멍이 둘이어서 다행이다. 실제 경작하는 농민에게 돌아가야 할 직불금이 불경작 지주에게 돌아간 것은 명백한 직불금이 아닌 착불금(搾拂金)이다.

액수의 다과가 문제가 아니라, 국가의 기본질서를 뒤흔든 망국적 처사로 공분을 뛰어넘는 저주의 대상이다. 역사상 명멸한 왕조나 제국의 제일 망인(亡因)이 공무담당자의 부패였다는 것을 우리는 상기해야 한다.

공무원이란 주권을 가진 국민의 수임자로서 언제든지 국민에 대하여 책임을 지며, 공익을 추구하고 맡은 임무를 성실히 추구해야 할 사람들이다. 이런 사람들이 소임을 방기하고 여기에 연루된 것은 명백한 범법행위다. 추상 같은 심판이 있어야 한다. 공무원의 자질을 이야기할 때 도덕성을 가장 중요시한 이유가 여기에 있는 것이다.

우리나라 사람들은 대체로 도덕성에 대하여 관용한 것 같다. 새정부 초기에도 각료 인선 때 이런 문제들이 있었다. 축재 과정에서 도덕적 하자가 노출되었음에도 '털어서 먼지 안 나는 사람이 누가 있느냐? 일만 잘하면 되지' 로 일관했다. 이것은 아니다. 도덕성을 상실하면 신뢰가 깨어진다. 신뢰야말로 우주의 섭리이자 모든 경영의 충체적 요체인 것이다.

독서의 달 촌담(寸談)

독서진흥법과 그 시행령에 의하면 매년 9월은 '독서의 달' 이다. 우리 군립도서관에서도 군민들의 독서 의욕 증진과 독서의 생활화를 통한 건전한 가치관 확립을 취지로 여러 가지 도서관 행사가 추진 중이다. '한 권의 책에 꿈 가득, 한 줄의 글에 힘 가득' 이란 주제 아래 읽은 책 바꿔보기, 기획도서 전시회, 독서통장 발급, 다독자 표창 등 도서인구의 저변 확대에 진력하고 있다.

먹고 살기에도 바쁜 세상, 책을 안 읽어야 도리어 잘 살 수 있다는 물질의 야만성이 팽배한 세상, 파우스트의 서재에 몰래 침입하여 그를 바깥 세상으로 끌어낸 메피스토펠레스의 권능이 미만(彌滿)한 세상에 왜 책을 읽어야 하는가? 이런 질문이 얼마든지 있을 수 있다. 그러나 가치관이 혼란한 사회일수록 독서는 필요하다.

독서의 목적은 한마디로 간접경험의 확충이다. 우리가 세상을 살아가는 데는 직접경험처럼 확실한 지혜는 없다. 눈으로 직접 보고, 귀로 듣는 것이야말로 세상을 살아가는 가장 확실한 지혜다.

그러나 우리의 일상에서 직접경험의 영역은 극히 제한적이다. 바꿔말하면 직접경험은 시간적 · 공간적 제약을 극복할 수 없다. 그러나 책은 이러한 제약에서 자유롭다. 2천여 년 전의 공자와도 대화할 수도 있고, 아프리카 밀림 속의 시바이쳐도 만날 수 있다. 이것이 간접경험이다. 사람은 영과 육이 조화된 동물이다. 우리의 육체는 음식물이란 영양소를 통하여 성장하지만 우리의 영혼은 책이라는 자양분을 통해서 성숙한다. 그렇기 때문에 독서하는 순간은 늘 현자와 함께 하고, 독서를 떠나면 우자와 교제하게 된다. 그러므로 독서는 완성된 사람을 만들고, 담론은 기지 있는 사람을 만들며, 기록은 정확한 사람을 만든 것이다.

역사상 위대한 지도자는 책과 깊은 인연이 있었다. 한나라 고조는 무식했지만 장량이라는 현자가 곁에 있었고, 칭키스칸의 곁에는 야율초재란 학자가 있었다. 세종 대왕은 눈병이 나도록 독서를 했기에 해동의 요 · 순이 되었다. 당나라 태종은 을야지람(乙夜之覽-밤 9시부터 11시까지 두 시간 책을 읽음)이란 고사성어를 남겼다. 나폴레옹의 마상독서도 유명하지만 링컨의 전방위 독서도 유명하다.

그러면 책은 어떤 방법으로 읽을 것인가? 일정한 틀이 있는 것은 아니다.

F · 베이컨은 어떤 책은 맛을 보고, 어떤 책은 삼키고, 소수의 책은 잘 씹어서 삼킨다고 했다. 이것은 구독(口讀), 안독(眼讀), 심독(心讀)의 다른 표현인 것 같다. 책에 따라 가려서 읽는 적독과 첫 면부터 마지막 면까지 읽는 통독이 있을 수 있으나, 독서 방법의 전형은 다독과 정독이다. 다독은 박이부정(博而不精), 즉 널리 많이 읽을 수 있는 것이 장점이고 세밀하고 깊지 못한 것이 단점이다. 당나라 시인 두보의 남아수

독오거서(男兒須讀五車書 – 남자는 모름지기 다섯 수레의 책을 읽어야 한다)가 그 예이다. 정독은 정이불박(精而不博), 즉 정밀하게 깊이 읽는 것이 장점이고 널리 읽지 못한 것이 단점이다. 공자의 위편삼절(韋編三絕 – 공자가 주역을 너무 많이 읽어서 책을 맨 가죽끈이 세 번이나 끊김)이 정독의 보기가 된다. 양주동은 다독과 정독의 장단점을 변증법으로 통일한 박이정(博而精)을 가장 이상적인 독서 방법이라고 했다.

우리는 어떤 책을 읽을 것인가? 책이라고 해서 다 좋은 것은 아니다. 양서와 악서를 구별해서 양서를 읽어야 하며, 자기의 소질계발에 도움이 되는 책을 읽어야 한다. 또 고전은 마음 놓고 읽어도 좋다. 왜냐하면 고전은 항구적인 가치가 있기 때문이다.

끝으로 우리 독서인들에게 한 권의 양서를 권하고 싶다. 「소학」이다. 이 책은 송나라 유자징이라는 사람이 주자의 가르침에 따라 편찬한 초학자의 교양서요, 자녀 교육의 지침이 될 고전이다. 고산이나 우암 그리고 다산 등이 수불석권(手不釋卷 – 손에서 책을 놓지 않음)한 책이다.

책을 읽자, 책 속에 길이 있다.

“군내 버스 뒤에 따라가요”

지난 여름의 일이었다. 평소 가까이 지내던 문우 7~8명이 해변 나들이를 하기로 했다. 장소는 해남읍에서 남쪽으로 40여 km 떨어진 땅끝 관광지의 사구미 해수욕장이었다.

내 차에 탄 1진 5명은 당일 오전 9시에 출발하여 10시 경에 약속 장소에 도착했다. 그런데, 목포에서 8시 경에 출발하기로 한 문우 L씨의 차가 도착 시간이 되었음에도 도착하지 않았다. 별 다른 일이야 없겠지만 조금은 걱정이 되었다. 전화 번호 수첩을 찾아 L씨에게 전화를 걸었더니 다행히 전화가 연결되었다.

“여보세요. 나 ○○인데 지금 어디쯤 오고 있는가?”

“예, 열심히 가고 있습니다.”

“아니 어디쯤 오고 있는가?”

“예, 군내 버스 뒤에 따라가요.”

“군내 버스 뒤라니? 군내 버스는 어디쯤 왔는가?”

“큰 차 뒤라서 앞이 안 보입니다.”

세상에 이런 싱거운 대답이 어디 있다는 말인가. “군내 버스 뒤에 따라갑니다”, 그러면 군내 버스는 어디쯤 오고 있을까? 생각할수록 싱거운 대답이었다. 문우 L씨가 외지 사람이라면 몰라도 그는 이곳 토박이라서 길가의 마을이나 다리, 주유소까지 그 이름을 다 알고 있는 터다. 그러한 그가 이런 웃기는 답변을 했으니 우리 일행은 배꼽을 잡고 웃을 수밖에 없었다. 그로부터 20여 분 뒤에 문우 L씨가 도착했다.

"군내 버스 뒤에 따라오느라 수고했네."

또 한바탕 웃었다. 사실 말이나 글은 '영혼의 파편', '마음의 부호', '폐부의 코머', '가슴의 종지부' 이기 때문에 사리에 맞도록 바르게 쓴다는 것은 그리 쉬운 일은 아니다. 가령 재판의 판결문에 '사면불가 사형' 이란 표현(말이나 글)이 있다고 하자. 대체 무슨 뜻인가? 사면을 하자는 말인가? 사형을 시키자는 말인가? 아니면 사면도 사형도 불가하단 말인가. 그 뜻이 모호해서 혼란을 일으킬 것이다. 그러나 '사면, 불가 사형' 이나 '사면불가, 사형' 으로 표기했다면 그 뜻은 명백하여 전자는 사면의 뜻이, 후자는 사형의 뜻이 된다. 이처럼 컴머 하나의 위치에 따라 사람이 살 수도 있고, 죽을 수도 있다는 것이 말이나 글이다. 또 이러한 수수께끼도 있다. 어느 지체 높은 사람이 산길을 가고 있었다. 산 중턱쯤 이르렀는데 웬 소년이 새로 쓴 무덤 앞에서 울고 있는 게 아닌가. 갑자기 측은한 생각이 나서

"애야, 이 무덤이 누구의 무덤인데 그토록 슬피 우느냐?"

고 물었는데 그 소년의 대답이 가관이었다.

"예, 이 무덤의 아버지가 우리 아버지의 장인이요, 우리 아버지의 장인이 이 무덤의 아버지입니다."라고 대답하는 것이 아닌가. 지체 높은 사람은 도무지 누구의 무덤인지 가늠도 못하면서도 아는 체하고

"오, 그러느냐? 안 됐구나!"하고 걷던 길을 다시 걸었다. 산꼭대기에 이르러서야 그 무덤이 소년의 어머니 무덤이란 것을 알았다. 이처럼 말은 쉬운 것을 어렵게 표현할 수도 있고, 이와 반대의 경우도 있다.

요사이 언중들의 언어 생활을 살펴 보면 가히 백화쟁명(白花爭名)이다. 무국적 외국어나 인터넷 언어는 차치하고, 국민의 지도급에 있는 정치인들의 언어 표현이 가관이다. 선별없이 함부로 말하는 어불택발(語不擇發), 함부로 경솔하게 지껄이는 솔구이발(率口而發), 종잡을 수 없이 마구 떠드는 치인설몽(痴人說夢), 여러 사람이 뒤섞여서 떠드는 와명선조(蛙鳴蟬噪)에 호설(胡說)이 난무하다. 지도층의 현하지변(懸河之辨)은 우리 사회를 혼란스럽게 한다. 말로는 애국 · 애족하면서 민생이나 치안을 구두선처럼 외치지만 그들의 행동은 당리당략이나 정파의 이익 추구뿐이다.

말은 말이 중요한 것이 아니라 실천이 중요하다. 무슨 사단이 일어날 때마다 법과 원칙을 내세우면서도 그 후문은 무실(無實)이다. 말을 이렇게 옮기고 저렇게 옮기는 행위가 얼마나 가증스러웠으면 일구이언자(一口二言者)는 이부지자(二父之子)라 했겠는가.

말은 인간을 형성하고 사회를 형성하며 문화를 창조 · 계승하기 때문에 사람은 말을 하지 않고는 살 수가 없다. 그러므로 말은 창조주가 인간에게 준 특권이다. 그러나 이 특권을 함부로 남용해서는 안 된다. 이 특권을 제대로 향유하자면 바르고 고운 말을 써야 한다. 그것은 맑은 정신의 파동, 참다운 마음의 파장, 티 없는 영혼의 울림이어야 한다.

그런데, 이와는 반대로 가장 충격적이고 막가파식인 화법이 만연하고 있어서 우리는 그러한 언어 환경에 식상해하고 있다. '김정일 2중대', '홍위병', '조폭 ○○', '등신 외교' 따위는 천박하기 그지없는 말이다.

정치인들의 말 한 마디는 국민을 즐겁게도 하고 반대로 불쾌하게도 한다.

옛날 중국의 주은래 수상이 외신 기자들로부터 '중국에도 홍등가가 있느냐?'는 질문을 받고 '중국에도 홍등가가 분명히 있다. 그러나 홍등가는 대만에만 있다'고 답변하였다고 한다. 간단한 것 같지만 이 말 한 마디가 중국은 하나라는 것을 웅변한 것이다.

우리 정치인들도 이러한 유머나 위트가 내포된 화법을 배워야 할 것이다.

관광 버스 수감(隨感)

요사이 문화인류학자나 민속학자들의 이야기를 들으면, 신화는 그 민족의 생활 문화의 원형(原型)이고, 그것은 그 민족의 집합적(집단적) 무의식 또는 집단적 최면이라고 한다.

옛날부터 중국 사람들은 '궁리화성(宮裏畵性)' 이라 하여 사물의 뒤에 숨겨진 이치를 파고 들어가서 그 속에 내재한 고유의 성품을 실현시키려고 노력한 결과 주자학과 같은 학문이 출현한 것이다.

이에 반해 우리나라 사람들은 '고무화신(鼓舞畵神)' 이라 하여 북을 두드리고 술을 마시며 신명나게 춤을 추었다.

아마 노래하고 노는 데는 우리 국민 모두가 국제 챔피언감이리라.

이러한 놀이 문화의 역사와 전통이 유구하다는 사실은 역사적 기록이 뒷받침하고 있다.

「삼국지 위지동이전」에 의하면 부여의 '영고', 고구려의 '동맹', 예의 '무천', 삼한의 '5월제', '10월제' 등은 농경 사회에 있었던 제천의식이었는데, 이 때 술을 마시고 노래하며 춤추기를 몇 날 며칠씩 했다고 하며, 부여나 고구려에서는 길거리에서도 연중 노래 소리가 끊기지 않았다고 한다.

우리 민족이 왜 이렇게 노래하고 노는 것을 좋아했을까?

어떤 학자들은 그 부분적인 해답(원형)을 무교에서 찾기도 한다.

왜냐? 다른 종교의 사제들에 비해 무교의 사제(무당)들은 망아의 경지에 들어가야 신이 제 몸에 내리기 때문이라 하는데 우선 망아의 경지에 들어가는 첩경이 노래와 춤이다.

무당들은 술은 삼가지만 한국인의 신명 문화가 바로 굿판에서 연유했다는 설이 설득력이 있는 것 같다.

이러한 영향 때문인지 1년 열두 달 관광철이 아닌 때가 없고 차 속에서는 뽕짝가락에 맞추어 차체가 흔들릴 만큼 몸뚱이를 흔들어 댄다.

관광의 종류도 헤아릴 수 없을 만큼 많다.

마을 단위 관광을 비롯해서 계모임 관광(갑계 · 동창계 · 반창계 · 부부계 · 친목계 · 상포계……), 기업체 관광, 효도 관광, 선거 때 선심 관광, 당원 관광, 심지어 퇴폐적인 '묻지마' 관광까지 있다니 기가 찰 노릇이다.

자연에도 사시의 순환이나 낮과 밤, 들숨과 날숨, 조석간만이 있는 것처럼 사람들의 생리사이클도 활동과 휴식으로 반복되어야 하지만 휴식에도 반드시 사회적인 룰은 있어야 할 것이다.

만약에 이러한 놀이의 건전한 룰이 지켜지지 않는다면 반사회적인 역작용은 눈덩이처럼 커지고, 청소년을 교육시킬 명분을 찾지 못할 것이다.

6월 6일이 무슨 날인지 유치원 원아들도 잘 알고 있다.

아침에 반기를 게양하고 음주와 가무를 삼가며 순국 선열의 숭고

한 얼을 기리는 날이다. 그런데 나는 매년 그날에 단체 대절 버스를 타고 참석해야 할 모임이 있다.

버스가 출발할 때쯤이면 어김없이 입담 좋은 친구가 반갑다는 일장 연설을 한 다음 돌림 노래 순서로 이어진다.

내심으로는 마땅치 못하지만 목구멍까지 치민 울화를 삼켜야 한다. 분위기로 미루어 음주나 가무는 하지 말자고 하면 덜 떨어진 사람으로 낙인찍히기에 안성맞춤이다. 그래서 나는 아예 일반 버스나 승용차를 이용하기로 했다. 그게 그렇게 마음이 편안할 수가 없었다.

심지어는 이런 일도 있었다.

몇 해 전에 25명이 유럽 여행을 갔었는데 독일에서 누군가가 차내에서 노래를 하자고 제의했다. 눈치 빠른 교민 가이더가 곧 제지하면서 세계에서 차 안에서 노래한 민족은 한국 사람밖에 없다는 것이다. 이것이 문화적 전통인지는 몰라도 속으로 나라 망신을 시켰구나하는 생각이 들었다.

입향순속(入鄕循俗)-로마에 가면 로마의 법을 따르라-을 실감했다.

학자들은 더러 "한국 사람들은 추상적인 사고와 논리를 따지는 데 약하다. 그래서 추상 명사가 발달하지 못하고 형용사가 발달했다"고 한다.

또 어떤 학자들은 이렇게 말한다. "한국 사람들은 우뇌가 지극히 발달하여 직관이나 사물을 전체적으로 파악하며 감정이 풍부한 반면, 좌뇌가 대단히 발달하지 못하여 이성이나 언어 등 추리와 논리적 사고력이 부족하다"고 한다.

이것도 전혀 근거가 없는 말은 아닌 듯하다.

어느 나라나 그 나라의 고유한 놀이 문화가 있다.

브라질에는 유명한 삼바쇼가 있고, 스페인에는 플라맹고가 있으며, 오스트리아에는 스케이팅 왈츠, 터키에는 배꼽춤, 아르헨티나에는 탱고, 피지에는 식인종의 춤, 독일에는 마치 퍼레이드, 프랑스에는 리도와 물랭루즈쇼 등이 있다.

브라질은 옛날 포르투갈 사람이 식민지로 개척할 때 아프리카 흑인 노예를 데려와 혹사를 시켰다고 한다. 이 지옥 같은 처참한 삶 속에 삼바라는 아름답고 흥겨운 노래와 춤이 있었기에, 그들은 이것에 의지하여 고달픔을 달랬다고 하니 삼바야말로 브라질 노예들의 삶의 등불이며, 그들의 희망이며 힘의 근원이었다고 한다.

우리나라도 반만 년 역사를 이어오는 동안 900여 회의 모질고 쓰라린 외침을 받고도 굳건히 살아오고 있는데 혹 그 참고 견디는 저력이 술과 노래와 춤이 아니었을까?

오늘도 ㅇㅇ도에서 대흥사를 찾아가는 관광 버스를 대여섯 대나 보았는데 어김없이 노래를 부르고 춤을 추는 모습이다. 냉방중이라 술 냄새는 차 속에 고압으로 농축되고 있으리라.

하루살이 문화의 첨병(尖兵)

'7월의 태양에서는 사자새끼 냄새가 난다' 고 어느 시인은 노래했건만, 실로 7월은 태양의 달이다.

태양은 훨훨 작열하기 때문에 녹색 식물들은 빛의 에너지를 이용하여 이산화탄소와 수분으로 전분, 당 등의 유기화합물을 합성하는 광합성 작용을 활발히 하지만, 사람들은 무더운 날씨에 적지 않은 싫증을 느낀다.

같은 일을 하더라도 날씨가 따뜻하거나 선선할 때는 그 능률이 오르나, 날씨가 덥다거나 추울 때는 그 능률도 오르지 않고 오히려 스트레스만 받는다. 특히 날씨가 추울 때보다도 더울 때 불쾌지수가 높아지기 마련이고, 신경질적인 행동 반응을 보이기도 한다. 그래서 돌발적인 행동을 날씨 탓으로 돌리기도 하는데, 사실 범죄심리학자들마저도 범죄의 발생률과 불쾌지수의 상관 관계를 의미 있는 것으로 보고 있다.

그날도 장마가 끝나려는 무렵이라 해는 구름 속에 숨어있는 것 같았지만 털털거리는 선풍기 옆에서도 땀은 줄줄 흘렀다.

내 기질이 원래 성급하고 인내력이 부족한 다혈질이라서 이 조그마한 무더위쯤 조용히 참지 못하고, 죄 없는 날씨에 신경질적인 불평을 연호할 때, 그날의 석간 신문이 배달되었다.

여느 때처럼 1면부터 24면까지 주요 타이틀만 죽 훑어보고, 덮어 두려다가 광고란을 차근차근 뒤졌다.

"순수로 돌아간다. 옷을 벗었습니다. 세상일로 찌든 가면을 벗었습니다. 부끄러움을 벗었습니다. 세월의 가식을 벗었습니다. 유년 시절로 돌아간 모두의 얼굴이 아름다웠습니다. 그렇게 밤은 깊어만 갔습니다. ○○○와 함께……. 말보다 먼저 입술이 간다."

어느 주류 제품의 광고문이다.

13면 하단에 가로 37cm, 세로 34cm의 9단 천연색 광고다. 중앙엔 4각형의 식탁이 있고 그 위엔 술병 세 개와 안주가 놓여 있었으며, 주위에 5명의 청년이 옷을 다 벗어버린 채 허리받침 없는 의자에 앉아 술을 마시는 장면이다. 고개를 뒤로 약간 젖힌 채 입이 찢어지도록 웃는다. 등만 보이는 청년은 술잔을 입에 댄 것 같고, 왼쪽 볼과 오른쪽 볼만 보이는 두 사람은 안경을 끼었는데 마주 보고 웃는다. 앞가슴이 보이는 두 사람의 뒤에, 반은 놀라고 반은 웃는 듯한 하얀 제복의 아가씨들이 서 있고 이들의 좌우에 각각 네 사람씩 정담을 곁들여 술을 마시는 장면이다.

실로 황당한 광고의 그림이다.

순수하기 위해서 옷을 벗었다? 옷을 벗어야만 순수해진다는 말인가?

성서를 보면 성의 수치심 때문에 사람들은 육체를 가리는 옷을 입게 되었다고 한다. 어떤 사회학자는 나체에 대한 수치심 때문에 옷을 입는 것이 아니라, 거꾸로 옷을 입었기 때문에 나체에 대한 수치심이 생겨나게 되었다고도 한다.

종교적인 가르침이나 사회학자의 논의는 그만 두더라도, 옷은 몸을 보호하고 인간으로서의 도덕성을 지키기 위해서 입는다. 그렇기 때문에 옷은 궁극적으로 자기가 입는 것이 아니라 남이 입히는 것이다.

가면을 벗기 위해서 옷을 벗었다? 열대지방의 토인들이 나체 생활을 하는 것은 그들의 문화가 그렇기 때문이지 가면을 벗으려고 옷을 입지 않는 것이 아니다. 중요한 것은 나체 생활을 하는 그들도 치부만은 가리지 않는가? 순수를 표방하는 히피족도 누더기로 몸을 가리지 않던가? 부처님 눈에는 부처만 보이고 돼지 눈에는 돼지만 보이듯이, 그들은 세상만사를 위선과 가면으로 보기 때문에 세상만사가 위선과 가면으로 보이는 것이다.

유년의 시절로 돌아가기 위해서 옷을 벗었단다. 유년에게는 유년의 문화가 있고, 장년에게는 장년의 문화가 있는 것이다. 노인들이 어린이짓을 하면 땅이 넓을 때 어서 죽으라고 하지 않던가? 아무리 발상의 전환이 존중되고, 창의성이 요구되는 사회라 하더라도 반사회적인 언행은 지탄받아야 마땅하지 않을까?

혹자는 그것은 광고가 아니냐고 반문할 것이다. 물론 그것은 광고이지 현실 생활의 단면은 아니다. 그러나 문제는 성을 상품화한다는 것과 상업주의의 음흉한 마수를 깨닫자는 것이다.

외국 사람들에게 한국인의 가장 큰 결점 한 가지를 말하라고 하면,

'자기만을 생각하는 사람' 이라고 한다는 말을 들었다. 바꿔 말하면 자기밖에 모르는 민족, 다른 사람을 의식하지 않는 국민이란 뜻이다.

여기서 '나' 라는 것은 우리 가족, 우리 일가, 우리 회사, 우리 마을, 우리 모임 등등 소집단 이기주의를 말하는 것 같다.

우리도 이제는 남의 눈을 의식할 때다.

'순간의 선택이 10년을 좌우한다', '한국인의 자존심', '멀티미디어 인터넷 세상, 유니웨이가 열겠습니다', '프로젝트를 지배하는 관리자가 IMF시대를 이길 수 있습니다'…….

이 얼마나 고상하고 품위 있는 광고 문안인가?

순수하기 위해서 옷을 벗는다는 것은 성적인 호기심을 유발해 보려는 말초적, 관능적 충동 이외에 무엇이란 말인가?

나는 그들에게 제의하고 싶다. '남이 순수하게 되도록 권유하기 전에 자기 가족들부터 순수해지라' 고. 수신제가라고 했으니 자기부터, 자기 가족부터 순수해져야 하는 것이 순리일진대 여대생이나 여고생 또래의 딸 앞에서 아무 거리낌없이 옷을 벗을 수 있다면 그것은 그들의 말대로 순수를 입증하는 것이 될 것이고, 그렇지 못할 때는 순수를 앞세운 또 하나의 위선이나 가면이 될 것이다.

사람은 가릴 것은 가리고 덮을 것은 덮을 줄 알아야 한다. 이것을 모르면 동물에 다름 아니다.

어느 문화 평론가는 "오늘의 TV와 라디오, 그리고 신문의 광고는 주체성을 잃고, 대중 문화의 상업성만을 향해 채찍질한다. 문화는 내

일을 위한 것이 아니라 오직 오늘의 감각, 오늘의 취향만을 충족시키는 하루살이 문화로 전락된다."고 말했다.

신문사 광고부에 항의하고 소비자 상담소에 신고했지만, 하루살이 문화의 첨병들의 위세를 꺾기는 역부족인 것 같다.

무더운 날씨만큼 마음도 달아올랐다. 여러 가지 조짐으로 보아 오늘밤에도 열대야가 내습할 것만 같다.

자(自)와 대(大)가 겹치면

세상살이가 날로 팍팍해지고 힘이 드는 것 같다.

하루 세 끼 밥을 못 먹어서가 아니다.

남 앞에 나갈 때 철 따라 갈아 입을 옷이 없어서도 아니다.

산문적인 일상에 지친 몸 하룻밤 머리를 붙일 곳이 없어서도 아니다.

보도에 의하면 우리가 먹고 버린 음식 쓰레기가 연간 8조 원에 이른다니 극소수의 절대빈곤자를 제외한 나머지 국민들은 뱃가죽이 장구가죽처럼 팽팽하게 당겨질 때까지 먹는 셈이다.

또 옷가지는 어떠한가. 패션이다 유행이다 수입품이다 가격파괴상품이다 해서 옷장은 물론 방마다 옷걸이 몇 개씩 놓아 두고 옷가게처럼 걸어놓고 살고 있다.

주택 보급률은 이미 90%가 넘었다고 한다. 거기다 가옥의 형태마저 대형화되고 단독이다, 아파트다, 연립이다, 원룸이다, 빌라다 해서 가족 수대로 독방도 있다.

옛날 가난했을 때 3대가 한 방에서 살았던 시절과는 천양지판의 호강을 누리고 있는 판이다.

그런데, 왜 사람들은 사는 것이 그렇게 힘이 든다고들 할까? 그것은 자(自)와 대(大)가 겹쳐서 취(臭)가 되었기 때문이다.

'자대(自大)' 란 것은 자기가 스스로를 훌륭한 사람이라고 생각하여 잘난 체 하는 것을 말한다. 바꿔 말하면 자기만이 제일이요, 옆에 있는 사람은 안중에 없는, 자기밖에 모르는 행위인 것이다.

그런데 문제는 '自' 와 '大' 가 합하면 '취(臭)' 가 된다는 것이다.

'臭' 는 냄새 취, 구린내 취, 향내 취, 냄새날 취, 더러울 취 등의 뜻을 가지고 있는 바 '자대(自大)' 의 뜻을 강하게 표현한다.

유방백세(流芳百世)요 유취만년(流臭萬年)이라 할 때 꽃다운 이름은 백세까지 흐르고, 더러운 이름은 만세까지 흐른다는 뜻이니 꽃다운 이름보다 더러운 이름이 더 오래 전해진다는 것이다.

그러면 이러한 '自大' 현상은 어째서 우리 사회에 이렇게 만연되었을까?

그것은 우리가 잘 아는 바와 같이 물질문명의 고도한 성장에 비하여 정신 문화의 저조한 발전에 기인하는 것이다.

지적 기반이 낮은 상태에서 과분한 황금을 관리하다 보니 돈이면 스님의 상투도 살 수 있다는 황금만능주의적 사고 패턴이 생활의 틈새에 비집고 들어와서 '自大' 가 사회에 만연한 것이다.

기업가들이 노동자에 대한 아픔과 진실은 나눌 줄은 모르고, 족벌체제로 기업을 부실 경영하다가 급기야 공적자금에 매달리는 것도 '自' 와 '大' 의 겹침이다.

의사들이 환자의 생명이나 고통을 무시하고, 자기들의 생존의 목소리만 드높이는 것도 '自'와 '大'의 겹침이다.

한번 거머쥔 권력을 행여나 놓칠세라 고비용저효용의 정치체제를 개혁하지 못하는 것도 '自'와 '大'의 겹침이다. 몇 푼의 돈으로 자신의 위선과 가식을 포장하는 것은 어쩌면 생존의 질서인지 모른다. 그러나 사회는 생존의 질서보다 도덕적 질서가 더 필요한 것이다.

환경을 포기하는 것은 21세기를 포기한 것이라는 명약관화한 사실조차 뒷전에 파묻고 무분별한 개발을 맹신하는 것도 '自'와 '大'의 겹침이다.

도둑이 죄책감을 느낄 줄 모르는 것, 매 몇 대를 맞았다고 학생이 선생님을 112에 고발하는 것, 제자가 교수를 납치하고 삭발을 시켜버리는 것, 자식이 아버지를 위해하는 것, 아내가 남편을 정부와 짜고 살해하는 것, 중학생이 자리를 양보하지 않는다고 꾸지람하는 70노인을 발로 차서 숨지게 하는 것, 수 억의 검은 돈을 꿀꺽하고 눈만 꿈벅꿈벅하면서 정치자금이라고 오히려 큰소리 치는 것, 국가기관을 동원해서 정치자금을 모으고도 표적수사라고 떼를 빽빽 쓰는 것, 구조조정만이 살 길이라고 핏대를 세워 놓고도 나만은 예외로 하라는 이기주의적 사고, 남의 앞에서 버릇없는 짓을 하는 가정교육……. 이 모든 것이 '自'와 '大'의 겹침이다.

이 많은 '自'와 '大'의 겹침이 가장 기본적인 사회의 해악이 아닐까 하는 생각이 든다.

며칠 전에 서울에 사는 종형의 아들(당질) 혼례식에 참석하기 위하여 봉고차 한 대를 대절했다. 가까운 친척들이 오랜만에 동승한 자리가 되고 보니 그간 적조했던 안부도 묻고, 근간의 생활 형편이며 자식 교육 등 정보 교환의 좋은 장이 되었다했는데, 당질녀의 댓 살짜리 아들놈이 그런 좋은 분위기를 흐트러 버렸다. 차 안에서 아이스크림을 사 내라고 생떼를 쓴 것이다. 아이스크림을 사려면 휴게소를 들러야 하는데 다음 휴게소는 적어도 40~50분 걸릴 것이라는 것이다.

제 어미가 백방으로 달래도 아이는 막무가내다. 악을 한참 쓰더니 제 분에 못 이겨 제 어미 뺨을 치면서 엄마 나쁘니 벌 서라고 두 손을 들게 하였다. 다섯 살짜리 아들이 어미를 벌 준 것이다. 처음에는 차안을 조용히 하려고 제 어미가 벌 서는 줄 알았는데 평일에 가장에서도 종종 그런다는 것이다. 어안이 벙벙하고 어이가 없는 일이다.

당질녀도 여자치고 배울 만큼 배웠는데 제 자식 교육에서는 한말로 낙제점이었다.

옛날 황희 정승이 조신하지 못한 아들의 술버릇을 고치려고 조복을 입고 대문밖까지 나가서 만취해 가지고 돌아오는 아들에게 큰절을 하였다는 얘기는 들었지만 댓 살짜리 자식이 부모를 벌주는 광경은 금시 초견이다.

나는 차 안에서 가정 교육에 대한 열변을 토했다. 응석을 여과없이 받아들이는 과잉보호는 어린이들의 성격 발달에 백해무익할 뿐이고, 이것이 급기야 '自大' 의 뿌리 된다고…….

모성애는 본능적 · 맹목적 · 동물적이기 때문에 지순하기는 하지만 자식 교육에 있어서는 절제할 필요도 있는 것이다.

창의성도 좋고 자발성도 좋고 기를 안 죽이는 것도 좋지만, 이에 못지 않게 자기 절제의 능력도 중요한 것이다. 기계에만 제어장치가 필요한 것이 아니라 우리의 행동에도 제어장치가 필요한 것이다.

하고자 하는 것은 다 하게 하고, 사주라는 것은 다 사주고, 요구하는 것은 무엇이나 다 들어주면 그 애는 세상이 제 마음대로 다 되는 줄 안다.

세상이 제 마음대로 되는 줄만 아는 애들이 학교에 가면 선생님의 말을 고분고분 듣겠는가, 이웃 어른들의 말을 착실하게 듣겠는가. 집에서 새는 바가지 들에서도 새는 법이다.

나는 그날 당질녀에게 일본 어머니들의 예절 교육, 유태인 어머니들의 모국어 교육, 미국 어머니들의 시간 교육, 성어거스틴 어머니, 맹모삼천지교 등 장황한 얘기 끝에 로버트 폴검의 「내가 배워야 할 모든 것은 유치원에서 배웠다」란 책을 정독하라고 타일렀다.

자녀 교육에 대한 동서양의 아포리즘 중 '세 살 적 버릇이 여든까지 간다' 라는 우리 속담만큼 유아교육의 정곡을 찌른 말은 없을 것이다.

불용성 음색(不溶性音色)

가뭄에 콩 나듯이 어쩌다 반가운 친구를 만나면 건강하게 지냈느냐의 안부에 이어 단골 메뉴처럼 다음과 같은 말이 뒤따른다.

"자네, 지난해보다 잘 사는가?"

"암, 지난해보다 잘 살지"

"마음도 지난해보다 더 편한가"

"마음 편한 게 다 무언가. 바빠 죽겠네."

어느 정도 공감이 가는 말이다. 톨스토이의 말처럼 경제적 평등이나 부의 축적만으로는 인간은 행복하다고 말하기 어려움을 나도 실감한다.

사회가 급격히 산업화로 치달으면서 우리의 재력이나 생활 수준은 날로 향상되지만 마음의 여유나 생활의 질은 금년보다 작년이, 작년보다 재작년이 나았는지도 모를 일이다.

우리의 일상이 연자매에 묶인 당나귀처럼 곁눈질 한 번 못하고 산문적인 말초(末梢)에 시달리고 허우적거리다 보면, 머리 위에 있는 푸른 하늘이 개었는지 흐렸는지도 모르고 하루하루를 보낸다. 이런 사람에게 주말은 황금의 시간이요, 영혼의 축복이 아닐 수 없다. 다람쥐 쳇바퀴 돌리는 것 같은 일상, 헐레벌떡이던 가쁜 숨결을 훨훨 벗고, 거친 숨결을 자연의 해조(諧調)처럼 매끄럽게 조절하고 『대지』에 나오는 왕룽처럼 흙의 숨소리도 듣고 싶다.

그런데 이 지선지미한 기대도 실없는 물거품이 되기가 일쑤다. 결혼식 · 계모임 · 동창회 · 동인회 등으로 동분서주하다 보면 내 마음대로 요량할 수 있는 시간은 종자(種子)에 쓰려고 눈 씻고 찾아 보아도 태무하다.

꿈에 용 보듯이 어쩌다 내 마음대로 전결(?)할 수 있는 시간이 주어지면 한적한 시골길로 차를 달려 본다.

몇 년 전만 하더라도 대부분의 시골길은 비포장도로였는데 지금은 웬만한 길도 거의 포장되고, 그 위를 날렵한 승용차가 미끄러지듯이 분류(奔流)하기도 하고 트럭 · 봉고 · 버스 · 중기 등 각종 차량이 게 망태기를 풀어 놓은 듯이 이리저리 질주하기 때문에 이젠 시골길도 한적한 길만은 아니다.

웬만한 동네 앞길을 지나다 보면 십여 대의 차량들이 여기저기 주차돼 있고 좁은 고샅에서도 몇 대의 차는 흔히 볼 수 있다.

그런데 버스의 운행 횟수는 몇 년 전이나 지금이나 비슷하다고 한다. 계속되는 이농 현상 때문에 오히려 줄었다고들 한다.

이 귀한 버스(군내)를 보면 조건반사처럼 내 귀에는 아직도 용해되지 않은 어느 기사의 음색이 되살아난다.

오래 전의 일이었다. 그 때 시골에서 여기저기 들르다보니 인가에서 1km 쯤 떨어진 버스 승강장이 있어서 차를 기다리게 되었다. 표지판만 서있는 버스 승강장. 손님은 나뿐이었다.

한 시간은 족히 지났을 때 마고할멈 같이 늙은 버스가 그 체구에 걸맞지 않게 7~8명의 손님만 달랑 싣고 후들후들 떨면서 내 앞에 멎었다. 얼른 승차하였다. 기본 요금이 120원인데 마침 동전이 하나도 없어서 천 원짜리 한 장을 꺼내 요금함에 넣으려고 하는데 기사가 잔돈이 없느냐고 공손히 물었다. 없다고 했더니 기사가,

"선생님 그냥 타십시오. 요금함에 잔돈이 없습니다."

라며 점잖게 말하지 않는가. 나는 순간 너무도 민망하고 미안하여 한사코 요금함에 천 원 짜리를 넣으려고 했다. 그러나 기사는 정색을 하면서 넣지 말란다. 그러면서 하는 말이 정 미안하면 다음에 두 배의 요금을 내라는 것이다. 그의 태도가 너무도 진지하였기에 그의 말을 진실로만 받아들였다.

40대 전후로 보이는 그는 산도적 같이 칙칙한 머리카락을 곱게 올백으로 쓸어 넘겼고, 여덟팔자를 거꾸로 쓴 듯한 짙은 눈썹에다가 구렛나룻이 잘 깎이어서 푸른 빛이 돈 듯했다. 그 당당한 두상에 금태 모자 한 개쯤 얹어 놓으면 장군 제독을 능가할 인품으로 보였다.

120원어치 공차를 타서가 아니라 그 시원스런 인품이 잠시 나를 매료시켰다. 그러면서도 채만식의 소설에 나오는 윤직원 영감의 무임승차 기술이 연상되어 조금은 언짢았다.

윤직원 영감이 춘심이와 함께 명창 대회 구경을 가면서 잔돈은 주머니에 숨기고, 십 원짜리 고액권을 내미니까 여차장이 거저 내리라고

했었다는데 나는 분명 잔돈은 숨기지 않았어도 마음 한 구석이 찜찜했다.

차가 5~6분 후 정류소에 멎었다. 나는 내리면서 연거푸 미안하다고 고개까지 숙였고, 기사는 웃으면서 안녕히 잘 가시라고 답례까지 했다.

내가 차에서 내리자, 손님 4~5명이 광주리, 양동이 같은 것을 이고 우르르 승차하였다. 두어 걸음 옮겼을 때 차 속에서 찢어지는 듯한 파열음이 새어 나왔다.

"잔돈 없는 사람은 타지 마시오."

손님들은 주머니를 뒤집어 잔돈을 털기도 하고 두어 사람은 가게로 달려가 잔돈을 바꾸는 모양이었다.

갑작스레 사나운 짐승처럼 돌변하는 기사의 태도에 아연실색하면서 가벼운 모멸감을 느끼고 외상 차비(?)를 즉시 갚아 버리려고 두어 가게를 돌았는데 그 사이 차는 매연만 길바닥에 짙게 깔아 놓고 50여 m나 달리고 있었다. 형용할 수 없는 갈등의 늪에서 허우적거린 내 자신을 본 듯했다.

"잔돈 없는 사람은 타지 마시오!"

매표소도 없는 시골 승강장에서 잔돈이 없으면 차를 타지 마라니 이게 도대체 가당한 말인가?

요금함을 보면 10원, 50원, 100원 등 레바만 누르면 누르는 횟수대로 동전이 댕그렁댕그렁 튀어 나오게 되어 있는데 회사측에서 자기들이 운행 준비를 소홀히 하고 애꿎은 시골 사람에게 잔돈 없으면 차를 타지말라는 일방적 독선이 어디 있다는 말인가? 4~5년을 두고 그 기사의 말은 용해시키려고 노력했지만 지금까지 불용성 음색으로 남아 있는 것은 어인 일일까?

"잔돈 없는 사람은 타지 마시오."

언중지의(言中之意)를 도시 체득할 수가 없다. 사람의 마음에 대한 통찰력과 인생에 대한 통명한 인식을 나타내고 있는 것은 영국 사람의 말이고, 경묘한 농담을 번득이어서 안개처럼 골치 아픈 것들을 사라지게 하는 것은 프랑스의 사람들의 허무주의에 길든 말이며, 아무에게도 흉내낼 수 없는 독자적이고 지적이며 까다로운 말을 능란하게 고안해 놓은 것은 독일 사람들의 말이라고 N.V 고골리는 말했지만 그날 그 기사의 말은 영어도, 불어도, 독어도 아닌 우리말이었는데 몇 년이 지나도록 불쾌한 기억만 간직하게 되었다면 이것은 하나의 작은 불행이다. 잊을 수 없는 불행 같이 더 큰 불행은 없다고 하는데 그날의 전철을 다시는 밟지 않기 위함인지 내 주머니에는 항시 몇 백 원의 동전이 호신부처럼 들어 있다.

미련둥이의 확신

세상살이가 날로 팍팍해지고 힘이 드는 것 같다.

하루의 일손을 씻고 돌아가 쉴 만한 잠자리가 없어서도 그런 것은 더더욱 아니다. 극소수의 절대 빈곤층을 제외하고는 너무 많이 먹어서 탈이 날 지경이다.

아침저녁으로 배달되는 신문지 속에는 각종 상품과 의류 광고지가 너댓 장씩 끼어있다. 가격파괴, 할인매출, 점포정리 등의 세일 문구가 초특호 활자로 구매를 충동하고 아파트 쓰레기장에는 고운 때도 묻지 않는 옷가지가 버려져 있다.

또 대도시는 말할 것도 없고 농어촌까지 연립이니 빌라니 아파트니 하는 주택이 단지로 들어서고 있기 때문에 전셋집이나 사글세방이 남아도는 형편이다.

이렇듯 풍요한 물질문명의 구가 속에서도 무언가 정신적 황폐감과 상실감이 먼지처럼 쌓이고 있다.

가치관의 혼돈, 윤리의식의 부패, 도덕성 불감증, 인간성의 상실이란 말들이 유행어처럼 번지고, 이것을 증명이라도 하는 듯이 패륜과 비행의 뉴스들이 줄을 잇는다.

며칠 전의 일이다.

만원 퇴근 버스 안에서 휴대폰을 받는 여대생과 이를 나무라는 교수 사이에 난투극을 벌였다는 TV 뉴스를 보고 조그만 충격을 받았다. 나도 그와 비슷한 경험이 있어서이다.

지난 여름에 의정부를 다녀오는 길이었다. 날씨는 문자 그대로 삼복염천이었다. 이글이글 타는 햇빛에 아스팔트길이 녹아 내릴 것만 같고 차창에 스친 가로수의 잎이 우산을 접은 듯 먼지를 뒤집어 쓰고 있었다.

거기다가 냉방마저 고장이 났으니 그 불편함이란 여간 큰 것이 아니었다. 손님들은 윗옷 단추를 몇 개씩 끄르고 손수건이나 모자로 부채질을 해 보지만 울화증을 진정시키기엔 역부족이었다.

이 때 내 앞 좌석에 20대 후반으로 보이는 갓젊은 부인이 너댓 살 되는 예쁘장한 딸과 나란히 타고 있었다.

차가 출발한 지 10분도 안되었다. 어머니는 가방에서 얇다란 영어 그림책을 꺼내더니 곧 영어 단어를 가르쳤다.

"슬기야, 공부해야지. 엄마가 질문하면 대답해야 돼요."

"응, 알았어."

"사과가 뭐지?"

"에이플."

"아, 우리 슬기 똑똑해. 그러면 장미꽃은 뭐지?"

"노우스."

"아니야 부드럽게 로우스 그래 봐."

"로우스."

"참 잘했어요, 그러면 독수리는?"

"이글."

……

잠깐 한 두 단어 물어보고 그치려니 했더니 웬걸 첫 쪽부터 한 단어씩 손가락으로 짚어가며 영어 공부를 시키고 있는 것이 아닌가.

"달걀은 뭐지?"

"에그."

"바다에 있는 배는?"

"쉬프."

……

우리나라 사람들은 남을 의식하지 않는다지만 차내에 있는 손님들은 아예 안중에 없는 듯 딸의 공부 가르치기에 무더워도 아랑곳하지 않았다.

짐작컨대 그녀의 목소리는 선천적으로 아름다운 것 같았다. 은쟁반에 구슬이 구르는 소리나 꾀꼬리 소리 수준까지는 못 미쳐도 작대기로 옹기그릇 패는 소리나, 돼지 목따는 그런 소리는 아니었다.

누군가 이탈리아말은 노래를 위해서 있고 프랑스말은 사랑을 위해서 있으며, 독일말은 군인말이고 영국말은 비즈니스말이며, 한국말은 싸움을 위해 있다고 했지만, 그녀의 목소리는 싸움을 위한 목소리는 분명 아니며 노래나 사랑을 위한 목소리 같았다. 그러나 워낙 무례한

짓을 하기 때문에 좋은 것을 좋은 것으로 보아 줄 수가 없었다.

'좀 조용히 합시다' 란 소리가 목구멍까지 나왔지만 그때마다 집사람이 무릎을 꼬집어 제지했기 때문에 목구멍으로 꿀꺽 삼키곤 하였다.

그런데 이상한 일이다. 차내 가득한 손님들이 분명히 짜증난 표정을 지으면서도 누구 하나 시끄럽다고 불평하는 사람이 없었다.

오늘날 세계의 문젯거리의 근본 원인은 '미련둥이는 확신에 가득 차고 똘똘이들은 의심으로 가득찬 데 있다' 고 했는데 모두가 똘똘이라서 침묵으로 일관하는 것은 아닌지?

차가 두어 시간 달려 중부 휴게소에 이르렀을 때 미련둥이는 더 이상 참는데 한계를 느끼고 만용을 부리지 않을 수 없었다.

"아주머니, 좀 조용히 합시다. 너무 시끄러워서 정신이 없습니다." 했더니 그녀는 힐끔 뒤를 돌아보더니 책을 덮었다.

지금 생각해 보면 그때 그녀가 그렇게 착했던 것 같다. 만약 모두에 이야기했던 여대생 같았더라면 나도 톡톡한 망신을 당했을 것이다.

우리는 가끔 동방예의지국이란 자랑을 은근히 한다. 그러나 옛날의 예절이란 종적인 인간관계를 다스리는 것일 뿐 횡적인 인간관계를 다스리는 예절은 부족하였다. 지금이야말로 횡적인 인간관계의 정립이 어느 때보다 절실한 것 같다.

'나밖에 모르는 목소리 높은 사회 '에서 최소한 지켜야 할 예절이란 남으로 하여금 불쾌감을 일으키지 않게 하는 것이다. 조금만 더 남을 의식하고 남의 눈으로 나와 남의 사이를 바라보는 분별이 있어야 할 것이다. 이 시간 이 곳에서 남의 눈은 나를 어떻게 보는지 깊은 생각에 잠겨 본다.

함묵 십 년(緘默 十年)

싱그런 내음이 코끝에서 알싸하던 5월 중순 어느 날, 낙도 초등학교에 근무하고 있는 L군으로부터 전화가 왔다. 스승의 날 찾아뵙지 못했으니 시간을 조금 내달라는 것이다. 나는 한사코 사양했지만 일반통행식 약속을 거절할 수가 없어서 시간과 장소를 약속해 주었다. 지난해 L군의 주례도 서 줬던 일도 있어서 내심으로는 그들 부부의 근황이 궁금하기도 했다.

그런데, 약속했던 그날 오후가 되면서 아무래도 비가 올 듯했다. 평소 나는 자동차 바퀴만 보아도 이상한 공포증 같은 것을 느끼던 터라 낙도에서 해남까지, 그것도 어두운 시간에 손수 운전을 시킬 수가 없어서 다음 기회로 미루는 것이 어떻겠느냐고 전화를 걸었더니 그날 자기 부모님도 뵙기로 이미 연락했으며, 빗길 운전 따위는 염려말라는 것이었다.

그리고 나서 조금 뒤 가는 빗방울이 조금씩 듣기 시작했다. 단비를 갈망하던 신록에는 감질날 정도로 인색하게 내리던 비가 서너 시간이 지나면서 장대비로 돌변하고 그 위세는 목련, 모란, 작약 등의 잎사귀를 뚫을 듯했다.

"아무래도 오늘 약속이 잘못된 것 같애."

독백하는 말을 집사람이 듣고 지금이라도 전화해서 약속을 취소하라는 것이다. 한참 엉거주춤한 생각을 하고 있는데 대문 밖에서 크락션이 서너 번 울렸다. L군의 차가 온 것을 직감하고 우리 내외는 각기 우산을 받쳐들고 밖으로 나갔다. 우산이 휘청휘청 휠 듯하였다.

차는 어둠 속의 빗줄기를 가르며 십여 분 달리는 동안 엔진 소리는 조금도 들리지 않고 숫째 양철판을 두들기는 듯한 둔탁한 소리뿐이었다.

우리 네 사람은 식탁을 사이에 두고 나와 L군이, 집사람과 L군 부인이 마주보고 앉아서 서로 그간의 안부를 묻고 답하였다. 그 사이에 안주와 음료수가 나오고 L군의 인사말이 이어졌다.

"선생님, 정말 감사합니다. 십 년 전 선생님을 만나지 못했더라면 나의 오늘이 있을 수도 없고, 나의 실존은 이미 사라졌을 것입니다."

"?"

조금은 지핀 데가 없는 것도 아니지만 너무 심각한 뉘앙스에 어쩐지 겸연쩍고 무언가 어리둥절하였다.

"선생님, 그리고 십 년 동안 함묵했던 말씀을 드리겠습니다."

"아니! 십 년 간의 함묵이라니?"

"잊으셨습니까? 십 년 전 ○○ 다리 위에서 '너 왜 여기 있느냐?' 고 물으신 말씀 기억하시죠?"

"아, 그 일, 난 또 뭐라고."

"그 때 저는 인생을 완전히 포기하고, 극한의 방법을 찾아 가던 도

중에 선생님의 눈에 띈 것입니다."

"그 때 뭐가 어쨌다는 거야. 하찮은 일 너무 침소봉대하지 말고 음식이나 들자고."

그러나 L군은 음식을 드는 사이사이에 그 날 밤의 이야기를 들추었다.

두어 시간이나 지났을까. 음식도 먹을 만큼 먹고, 이야기도 나눌 만큼 나눈 뒤에 집에 돌아왔다. L군의 부인이 보퉁이 하나를 마루에 놓고 갔다. 엔진 소리 속에서 '내년에 다시 뵙겠습니다' 하는 소리가 어슴프레 들렸다.

나는 그들을 보내고 연초록 보자기에 정갈스럽게 싸인 정육면체의 오면을 만지작거리며 십 년 전의 기억을 더듬어 봤다.

그러니까 십 년 전 늦은 봄 어느 날 밤이었다. 꽤 늦은 시간에 귀가하다가 ○○ 다리 난간에 정물 같이 기대고 있는 L군을 발견했다. 그 때 L군은 고등학교 2학년생이었다. 늦은 시간에 혼자 무엇하느냐고 물었지만 L군은 입을 열지 않았다. 나는 그의 어려운 가정 환경을 익히 아는 터라 필경 무슨 사단이 생겼구나 직감하고, 그 곁에 앉아 억지로 손을 잡았다. 한참 동안 손가락을 주물주물하며 서로의 체온이 공감되기를 기다렸다. 마치 포유류 동물이 그 새끼를 핥아서 새끼로 하여금 불안감을 잊고 어미가 곁에 있어 안정감을 느끼게 함과 같이…….

"○○야, 너 무슨 일 있었느냐? 선생님한테 말해 봐, 선생님은 누구보다도 너를 잘 이해하고 있어."

아무리 타일러 보았지만 대답을 아니했다. 내 손안에 들어온 L군의 손가락이 처음에는 까칠까칠한 것 같더니 차차 촉촉한 촉감으로 느껴졌다. 나는 어느 정도 래포가 형성되었음을 확신하고 일방적으로 이야기를 시작해 나갔다. 춘원 이광수 선생의 불우였던 어린 시절의 이야기와 종의 신분으로 태어나 전국을 통일했던 토요토미 히데요시 등의 이야기를 통해 운명 개척의 용기와 성실성을 강조했다. 직업의 세계와 진학 문제 특히 교육대학에 대해서도 그 면면을 이야기했다. 그런 새에 시간은 자정이 넘었고 L군은 묵묵히 듣고만 있었다.

"○○야, 이젠 집으로 돌아가자."

"예."

처음으로 그가 입을 열었다.

"내일 학교에 일찍 나올 수 있지?"

"예."

나는 L군의 손을 꼭 잡고 그의 집까지 데려다 주었다. 그는 그 후 별다른 갈등을 느끼지 않는 듯 열심히 공부하더니 K교육대학에 입학했고, 졸업하자 낙도를 지망하여 첫 발령을 받았으며 지난 해 동료 교사와 혼인할 때 내가 주례를 한 일이 있었다.

나는 L군을 만난 그 날 밤 새삼스럽게 맹자 삼락을 음미했다. 부모님은 안 계시지만 그런 대로 단란한 가정이 있어 즐거웠고, 기천 만원의 금전도 떼었으나 남에게 피해를 끼친 바 없어서 즐거웠으며, L군과 같은 제자를 길러서 즐거웠다.

창문을 열고 밤하늘을 바라보았다. 지금까지 세차게 내리던 빗줄기도 먹장 같던 검은 구름도 자취 없고, 초롱초롱 빛난 별이 보석처럼 궁륭에 박혀 빛나고 있었다.

떨떠름한 벚꽃 축제

사랑도 시들어 버린 것 같은 긴 겨울은 입춘과 우수 경칩을 지나면서 북으로 물러날 신들매를 매기 시작한다.

청명과 한식철에 이르면 화사한 초봄의 앳된 얼굴이 고양이털과 같은 햇빛 속에서 따사롭기만 하다.

이즈음 겨울의 칙칙한 검은 그림자는 북쪽 어디쯤으로 가뭇없이 사라져 버린다.

곡우를 바라보는 노정에 이르면 여윈 나목 속에는 진하디진한 수액이 비아그라로 순환하고, 가지 끝에는 마지막 배냇짓이 수다스러워진다.

이윽고 개화의 순간에 이르면 바쁘게 돌아다니던 바람도 발길을 멈추고 천지는 경건한 제전이 된다. 백화요초가 다투어 피면 꽃의 화사한 빛으로 천지는 밝아지고 거리는 환한 유열이 넘쳐흐른다.

이러한 들뜬 유열이 겨우내 칩거하던 사람들을 산으로 들로 불러낸다. 그래서 예전부터 우리 민속에 꽃놀이나 화전놀이 같은 행사가 있었지 않았던가 생각된다.

대개 봄에 피는 꽃 즉 벚꽃 · 살구꽃 · 복숭아꽃 · 목련꽃 등은 잎이 나기 전에 꽃을 피우기 때문에 나무가 차지한 공간 전체가 꽃송이로

뒤덮힌다. 그래서 그 화사하고 현란함이 극에 다다른다. 어느 꽃이 아름답지 아니한 꽃이 있겠는가마는 벚꽃처럼 우리의 경탄을 자아내게 하는 꽃도 드물 것이다.

살구꽃이나 복숭아꽃, 목련꽃 등은 햇빛이 잘 비치는 가지부터 천천히 피는데 비하여 벚꽃은 한순간에 활짝 피기 때문에 강력한 유인력으로 우리의 미적 충동을 불러 일으킨다. 벚꽃이 일시에 확 피어 그 절정을 이룰 때 그 화려함이 햇빛에 찔리어 더욱 아름답고, 어두운 밤에도 오로라처럼 밤거리를 훤하게 만 든다.

벚꽃길을 걸을 때 무동을 타고 가는 어린이도 즐겁고, 유모차를 밀고 가는 어머니 마음도 마냥 들뜬 기분이다. 인파 사이에서 나란히 걷는 노부부도 즐겁기는 마찬가지다. 그들은 젊은 사람처럼 들뜬 감정은 나타내지 않지만 젊은이 눈망울보다 더 아름다운 황혼을 보며 걷는다.

아침에 뜨는 해도 아름답지만 황혼이 더 아름다운 심정인 것이다.

그러나 뭐니뭐니해도 가장 들뜨고 즐거운 사람들은 젊은 연인들일 것이다.

그들의 피가 뜨거운 것처럼 미의식도 뜨겁고, 그들의 꿈이 원대하기 때문에 세상은 온통 그들의 것이다.

도로 양면에 몇 Km 죽 늘어선 차량 행렬이 장관이고, 어깨가 부딪치는 인파 속에서는 외톨이도 외로워할 틈조차 없을 것이다.

벚나무는 학명이 벚나무 또는 왕벚나무이며, 장미과에 속한 낙엽성 활엽교목이다. 전국 산지에 분포되어 있지만 제주도 한라산의 왕벚나무(천연기념물 제156호), 해남 대흥사의 왕벚나무(천연기념물 제173호), 구례 화엄사의 올벚나무(천연기념물 제38호) 등이 대표적인 벚나무다.

우리나라에 벚꽃이 유명한 곳은 창경궁 · 진해 · 전주가도 · 남해 · 사천 쌍계사 · 도갑사 등 이루 말할 수 없이 많고 지금도 가로수로, 심지어는 학교 정원수로도 식수되고 있는 실정이다.

그런데 벚나무 단지가 된 과정이 아무리 생각해 보아도 껄끄럽기만 하다. 창경궁은 조선왕조의 상징이었는데 일제는 조선을 부정하기 위하여 궁궐에 동물원을 만들었다. 철저한 조선왕조의 비하요, 말살이다. 이때 일제가 심었던 벚나무가 뒷날 그 유명한 창경원 벚꽃놀이가 되었다. 영광인가, 굴욕인가, 머리만 어지럽다.

진해의 벚꽃(군항제)은 어떠한가. 진해는 러 · 일전쟁 전승기념탑이 세워져 있던 곳이다. 1910년대 일제가 2만 그루의 왕벚나무를 심었었는데 해방 후 많이 잘리었다. 그러다가 박정희 대통령 시절 10만 그루의 벚나무를 심었던 것이다.

전군가도(번영도)의 경우는 어떠한가. 이 길은 우리나라 최초의 아스팔트 길이었다고 한다. 일제는 이 길을 통하여 호남 곡창의 쌀을 일본으로 운송해 갔다. 한마디로 식민지 수탈의 길이었다. 이것도 모르는 인사들이 '벚꽃길을 전국에 소개하고 지역문화를 창달하여…….' 하며 앞다투어 외쳐대니 어인이 벙벙하다.

남해 안락사의 벚꽃은 이순신 장군의 시신이 잠깐 머물던 그 자리에서 피고, 사천의 벚꽃은 조선과 명나라 연합군의 전몰 위령비와 관계가 깊다.

벚꽃은 일본의 국화다.

일본 사람들이 해외로 진출하면 대사관, 영사관 주위에 자국의 상징으로 반드시 벚꽃나무를 심는다고 한다. 그 대표적인 예가 워싱턴의 주미일본대사관의 벚꽃인데 이 또한 세계적인 명물이라고 한다.

우리나라의 경우 일제가 이 땅을 침탈하면서 전국의 명승지, 임난 때 그들의 전승지, 새로 개교한 학교, 새로 건설한 도로변, 관공서 등에 온통 벚나무를 심어서 그들의 국토로 생각했던 반면 우리의 민족정신을 철저히 부정했던 것이다.

내가 전임교에 근무할 때 이런 일이 있었다. 운동장가에 빙 둘러서 정원수를 심는 공사가 있었는데 수종을 어떤 나무로 택할 것인가가 문제였다. 신중에 신중을 기한다 운영위원회까지 소집하였는데 결과는 8:1로 벚나무로 결정되었다.

물론 나는 반대하였다. 군자의 기풍을 상징하는 은행나무를 심자고 하였다. 옛날 성균관이나 지방 향교에는 반드시 은행나무를 심었던 것이다. 은행나무는 병충해가 없기 때문에 잎이나 나무가 그렇게 깨끗할 수가 없다. 염량세태나 오욕칠정에 물들지 아니한 선비의 표상이 아니고 무엇이겠는가.

은행나무는 단풍이 아름답다. 한 달 정도를 두고 노랗게 물든 단풍은 유종의 미를 은유하고도 남음이 있다. 가지마다 주렁주렁 매달린 은행은 어떠한가. 풍요한 결실 바로 그것이다.

벚꽃놀이는 우리의 고유한 민속이 아니다. 우리나라에서는 진달래의 화전놀이나 국화놀이가 있었을 뿐이다.

일본의 벚꽃놀이는 6세기 나라시대부터 시작되었다. 8세기 헤이안시대에는 궁정에 벚나무를 심었고 17세기 에도 시대에는 품종의 개량과 함께 민간에 널리 퍼졌다고 한다. 벚꽃놀이가 원래 일본의 것이니 배척하자는 뜻은 추호도 없다. 불교나 기독교가 남의 나라에서 발생하였으니 배척해야 된다고 하면 여기에 동의할 사람은 한 사람도 없을 것이다. 또 벚꽃이 무슨 죄가 있겠는가. 뱀은 그 자체가 징그럽지도 아름답지도 아니한 그저 뱀은 뱀일 따름이다. 어느 선사의 말 그대로 '산은 산이요, 물은 물' 일 뿐이다.

다만 간과해서는 아니 될 것은 일본인들의 혼네(속마음)와 마이네(겉치레)다. 겉으로는 미관을 꾸민다고 벚나무를 심었지만 속으로는 욱일승천하는 야마도다마시(大和魂)를 심었다는 사실을 잊지 말아야 할 것이다.

해마다 닥치는 벚꽃 축제 기간에는 어쩐지 내 마음이 떨떠름할 뿐이다.

자루 빠진 호미

'장마철에 오이 자라듯' 이란 말은 아무래도 '장마철에 잡초 자라듯' 이란 말로 바꿔 써야 할 것만 같다.

보름 전, 여름 방학에 들어가기 직전 학교 화단둑의 잡초들을 말끔히 뽑아 버렸는데도 휴가 중 며칠 간 장마가 오락가락하는 사이에 그것이 더욱 무성해졌다.

띠풀 · 쑥 · 강아지풀 · 토끼풀 · 바래기 등의 설뽑힌 뿌리가 가열(苛烈)한 생존의 시위라도 하듯이 자란 것이다. 과장해서 말한다면 호랑이가 새끼라도 칠 듯하고, 사실대로 말한다면 고양이가 새끼를 낳아도 다른 동물의 눈짓을 따돌리기에 부족함이 없을 것 같다.

'전원장무호불귀(田園將蕪胡不歸)' 란 오류 선생의 귀거래사 첫 절이 불현듯 생각난다.

이 잡초들을 어떻게 뽑아 버릴까 하는 짜증보다 끈질긴 생명력 앞에 경탄과 전율을 금할 수 없다.

'하늘은 밥이 없는 사람을 내지 아니하고 땅은 이름 없는 풀을 기르지 아니한다' 는 옛말을 되새기면서 우거진 잡초 위에 걸었다. 여남은 걸음을 걸었을 때 거무튀튀한 물체가 눈에 띄었다. 가까이 가서 보니 자루 빠진 호미가 잡초 속에 녹이 슨 채 버려져 있는 것이 아닌가.

휴가 전 제초 작업을 하고 어느 짓궂은 학생이 그대로 버린 것이리라. 자루는 반쯤 흙에 묻혀서 물곰팡이가 피어 있었다. 흙을 돌에 탕탕 털고 자루를 박아 놓으니 멀쩡한 호미가 되었다.

제행무상의 이법은 한낱 쇳덩이에도 예외가 없는 것인가. 호미는 농경 사회의 유물이 되어 버린 것이다. 불과 이삼십 년 전만 해도 우리 농촌에서 낫과 호미는 생존을 꾸리는 중요한 농기구였다.

농사철 연장을 사용하는 데에 굳이 남자용, 여자용의 구별이 없었지만 낫은 아무래도 남자들이 많이 썼던 반면에 호미는 여자들이 많이 사용했던 것 같다. 호미는 겨울 한 철만 빼놓고 봄부터 가을까지 아낙네들의 손에서 떠날 날이 없었다. 특히 오뉴월 땡볕이 가마솥 불 같은 염천 아래서 목화밭 · 콩밭 · 조밭 · 메밀밭을 매는 데에 호미의 헌신(?)은 지대한 것이었다.

지금은 삶의 질이 향상되고 사람들이 귀족화 되어서 날씨가 조금만 더워도 선풍기나 에어컨을 혹사하고, 피서다 바캉스다 해서 산으로 바다로 줄달음을 치지만, 옛날 우리의 할머니나 어머니들은 이런 문명의 혜택을 어찌 누렸겠는가. 어쩌다 한 줄기 바람이라도 불면 그것도 하늘이 내린 은혜로만 알고 감사했을 것이다.

일과 밥밖에 모르던 그들에겐 찜통 같은 밭고랑이 오히려 생기발랄한 삶의 장이었을지도 모른다. 신열이 날 듯한 시집살이 공간을 벗어나는 것도 밭고랑이요, 이웃 아낙들과 더불어 대화하는 장도 밭고랑이었다. 어쩌다 시어머니, 시누이의 험담을 쏟았을 때 옆에서 맞장구를 치고 추임새를 넣어 주는 것은 울고 싶은 사람에게 뺨을 때려 주는 시너지 효과다. 이럴 때 일의 효과는 배가 되고 막히고 쌓였던 스트레스는 깨끗이 정화된다. 흙을 팍팍 긁는 것은 어쩌면 김을 매는 것이 아니라 암탉 같은 시어머니, 촉새 같은 시누이의 얼굴을 팍팍 긁은 것이리라. 더워나 피로는커녕 오히려 활력이 솟았고, 이렇게 해서 가꾼 곡식들은 천둥과 번개를 만나 뿌리는 더욱 튼튼해지며 알곡은 창창하게 여물이 들었다.

간혹 가뭄이 들어 이 억척꾼들이 가꾼 곡식이 타들어가면 그들은 두 손을 개얹고 있지만은 않았다. 희미하게 타오르는 불길에 그을음이 많듯이 어수룩한 것 같은 그들은 마음 속에는 무한한 생존의 지혜와 몸부림이 있었다. 관이나 남정네들의 기우제는 기다릴 것도 없다. 누군가의 입으로부터 어느 명산에 모모란 사람이 암장(도장, 투장)했다는 소문이 흘러나오면 그 소문을 듣기가 무섭게 근동 몇 마을의 아낙네들이 호미를 들고 산상에 올라가 혐의(?)가 짙은 묘를 파묘하고, 산상에서 방뇨하며 번시(燔柴)하고 석척(石擲) 기우하였다. 파묘하는 것은 풍수설에 의한 영기를 특정 개인이 아닌 다중에게 나누자는 것이요, 방뇨하는 것은 반감주술로서 신성한 장소를 더럽힘으로써 이를 씻어 내리고자 하늘에서 비를 내릴 것이라는 민속적 믿음이며, 번시하는 것은 용머리에 해당되는 곳에 불을 놓음으로써 물(비)을 관장하는 초자연적인 존재를 협박, 저주, 폭언하여 비를 강요하는 대항주술이다. 실로 놀라운 우먼 파워가 아닐 수 없다.

바람이 불기 전에 넘어져도 바람보다 빨리 일어난다는 민초들의 생존을 호미가 가꾼 것이다.

호미의 쓰임새는 농사에 국한된 것만은 아니다. 혼인 · 수연 · 제사 때에는 광 옆 마당에서 부침개를 만드는 데 솥발도 되었다. 마당에 두어 뼘 정도의 정삼각형 꼭지점에 자루 뺀 호미를 세 개 박아 놓고 그 위에 솥뚜껑을 뒤집어 놓는다. 솥뚜껑 밑에는 숯불을 살아 놓고 생선전 · 조개전 · 빈자떡 등을 지져 낸다.

옛날에는 생활 용수를 마을 공동 우물에서 두레박으로 길러다 썼다. 어쩌다 끈이 떨어져 두레박이 우물 속에 가라앉으면 긴 간대나 새끼줄 끝에 호미를 달아 가지고 두레박도 건져 냈다.

아궁이나 굴뚝이 막힌 것 같으면 역시 긴 간대 끝에 호미를 달아가지고 그을음이나 공기 유통을 막는 불순물을 긁어 내기도 했다.

산골에 사는 사람들은 호미 자루를 빼어 놓고 호미 뿌리로 더덕, 도라지 등을 캐기도 했고, 어촌에 사는 사람들은 조개나 바지락, 굴 등을 호미로 채취하기도 했으니 호미야말로 농경 시대의 으뜸가는 농기구였다.

자루 빠진 호미에서, 달면 삼키고 쓰면 뱉고, 토끼 사냥이 끝났으니 사냥개는 잡아 먹는 우리들의 실상을 본 것만 같고, 옛 어머니 할머니의 얼굴을 본 것 같다.

그들은 가난하여 배우지를 못했기 때문에 저울에 단 듯이 정확하고 합리적인 생활은 못했지만 그래도 습윤(濕潤)한 인정은 넘쳤다. 어딘가 모자라는 것 같기도 하고, 속은 듯 어수룩했던 그 시절에 호미는 다산과 부활의 상징이었다.

인세에는 염량세태가 있고 문명에는 용 · 불용(用 · 不用)의 법칙이 존재한다고 하지만 자루 빠진 호미 하나, 그것은 분명 얼뜬 문명의 그늘 때문에 상실되어 가는 원초적 모성의 편린이 아닐까?

낭패(狼狽)

Y고등학교 H교장은 서울에서 귀향한 R장학회장을 만나러 현관을 나섰다. 며칠 간의 날씨는 봄철로 착각하리 만큼 포근하게 이어지더니 그날은 사정이 급변했다. 거무끼리한 크레용을 마구 칠한 듯한 하늘은 흡사 누더기를 더덕더덕 기워 놓은 것 같고, 칼 바람의 위세가 매서워 귓전을 깎은 듯했다. 변덕스럽기는 겨울 날씨라더니 거리에 나온 어린이, 젊은이, 늙은이 할 것 없이 숫째 종종 걸음들이다.

그러나 H교장은 Y고등학교 장학회 확충 문제만 염두에 있을 뿐, 그 따위 추위는 아랑곳없었다. 지금까지 장학금은 R회장이 매년 5백만 원씩 10년간 기탁한 5천만 원에다 추가 기탁키로 한 5천만 원을 합하면 1억이다. 1억을 정기 예금하면 1천 3백만의 연간 이자 수입으로 어려운 학생 30여 명에게 교납금 상당의 장학금을 지급하고, 사오 백이 남으면 그것은 그 해 4년제 대학에 합격한 4~5명을 골라 등록을 해준다. 그러면 신입생 유치 때나, 교내 면학기풍 조성에 호재가 될 것이고, 우수한 학생이 열심히 공부하면 지방 교육은 가속이 붙고…….

이런 생각을 하면서 걷다보니 N다방 문앞에 이르렀다. 문을 열자 "어서 오세요" 하는 기계적인 인사말. 순간 안경알에 수증기가 허옇게 끼었다. 안경을 벗어 들었다. 손수건을 꺼내 안경알을 닦아 쓰고 좌중을 둘러 보았다. 카운터에서 멀리 떨어진 유리창쪽에 R회장이 핸섬한 젊은 비서와 무언가 열심히 얘기를 나누고 있었다. H교장이 R회장이 자리한 테이블 곁으로 가까이 가자 R회장은 정색을 하며 반가이 맞이 했다.

"교장 선생님, 바쁘실 텐데 뵙자고 해서 죄송합니다."

"아니올시다. 제가 찾아가 뵈어야 할 텐데 회장님께서 이렇게 오시고 보니 면구스럽습니다."

두 사람의 상면 인사가 채 끝나기도 전에 춘향이를 억지로 닮으려는 아가씨가 차 주문을 재촉했다.

"교장 선생님께서 지방 교육발전을 위해 진력하신다는 소식은 향우회에 나갈 때마다 잘 듣고 있습니다."

"뭐 별 말씀을……, 오히려 부끄럽습니다. 앞으로 잘하라는 채찍으로 받아들이겠습니다."

H교장과 R회장 앞에는 쌍화차가, 젊은 비서 앞에는 커피가 콩나물 뿌리 같은 김을 뿜어 내고 있었다. R회장이 H교장에게 차를 권했다. R회장의 손에 들린 찻잔은 버릇인지, 냄새를 맡음인지 코 끝에 닿았다가 이내 입술에 닿았다. 찻잔은 다시 입술에다 닿았는지 말았는지 테이블 위에 놓여지고, 다시 두 입술이 굳게 닿는 순간 빠드득 이 가는 소리가 H교장의 귓가에 가늘게 닿았다. R회장의 일그러진 모습을 H교장은 그때까지 본 적이 없었다. 순간 H교장은 불길한 예감 같은 것이 머리를 스쳤다.

"교장 선생님, 제가 뵙자고 한 것은……"

R회장은 말을 끊고 차를 두어 번 홀짝거리더니 말을 이었다.

"실은 교장 선생님께 큰 매를 맞으러 왔습니다."

"회장님, 무슨 말씀인지……."

"약속을 이행하지 못하면 잘못이요, 잘못을 범한 사람은 매를 맞아야 하지 않겠습니까?"

"아니, 회장님 무슨 말씀을……."

R회장은 다시 차를 홀짝하다가 담배 한 개피를 물고 불을 그어 댔다. 연기를 깊이 마셨다가 푸우 뿜었다.

"시간도 바쁘고 단도직입적으로 말씀드리죠. 대단히 죄송하고 염치 없는 말씀입니다만 지난 해 약속했던 장학금 기탁건은 아예 없었던 일로 치부해 주시면 대단히 감사하겠습니다."

"아니, 회장님, 장학금 기탁을 취소한다고요?"

"예. 그렇습니다."

"아니, 이해할 수 없는 일입니다. 무슨 사정이라도……."

"사정이야 뭐……, 그러나 도무지 장학금을 기탁할 용기가 없어서……."

"아니. 용기가 없다뇨? 저도 우리 800여 학생에게 입시철마다 R회장님의 장학금 얘기를 전가의 보도처럼 휘둘렀었는데……."

"교장 선생님 입장이나, 쥐 낯짝만한 내 체면을 위해서나 어려움이 많습니다만, 장학 사업은 이만 중단하고 대신 양로원을 돕기로 생각을 바꿨습니다."

"회장님, 어째서 그런 심경의 변화를 일으켰습니까?"

"뭐 심경의 변화라고까지야……. 교장 선생님, 내가 4년 간 내 집에서 데리고 있으면서 K대를 졸업시킨 M군 아시죠?"

"네, 알고 말고요"

"글세 걔가 두 주일 전에 Q호텔에서 어느 사장의 딸과 결혼식을 올렸답니다. 결혼식이 아주 성대했나 봐요. 부를 만한 사람은 다 불러 모았는데 글쎄 나한테는 청첩 한 장이 없잖아요?"

"원, 저런……."

"처음에는 실수겠지 했더니 나중에 알고 보니, 글쎄 M군이 연회장에서 공공연히 나를 샤이록으로 매도하고……. 세상에 이런 배신이 어디 있겠습니까?"

R회장의 주먹은 더욱 굳어지고 어조가 가끔 높아졌다.

"세상에 배은망덕도 유만부동이지, 사람을 키운다는 게 시라소니를 길렀습니다. 세상에 이럴 수가……."

필터만 남은 담배가 재떨이에 던져지고 새 담배에 불이 또 붙었다.

"아니 그게 사실입니까?" 도저히 H교장에게는 믿을 수 없는 일이었다.

"사실이고 말고요. 제가 그런 사실을 확인하려고 M군에게 전화를 넣었더니 글쎄 지금까지 얻어 쓴 돈은 멀지 않아 이자까지 쳐서 갚을 테니 전화를 끊자고 하더군요."

"퍽 유감된 일입니다."

"유감이고 뭐고 있겠습니까? 배우지 못한 저의 소박한 생각이 영 빗나간 것이지요"

"회장님, 죄송합니다. 저희들의 지도가 부족해서……."

"교장 선생님, 저는 교장 선생님을 어느 누구보다도 존경합니다. 왜냐하면 교장 선생님께서 그 어려운 학생들을 도우려는 생각 자체가 내 생각이니까요. 저는 어려서 머슴살이하시는 아버님을 졸라대서 중학교까지만 마치고 그렇게도 가고 싶었던 고등학교 진학을 포기하고 서울에 올라가 30여 년 간 인생의 밑바닥부터 훑어 왔습니다. 나를 고등학교까지만 보내준 사람이 있었다면 내 머리칼을 뽑아 신이라도 삼아드리고 싶은 심정은 예나 지금이나 같습니다."

"회장님, 그러나 장학 사업 취소만은 재고를……."

"며칠을 두고 생각해 보았습니다. 저는 나름대로 처신에도 신중해 보려고 노력했습니다. 자가용을 두고도 고향에 내려올 땐 버스나 도보로 왔습니다. 무식한 놈이 돈푼이나 있으니 목에 힘부터 준다고 할까 봐서요. 그리고 연말에 보내는 각종 돕기성금에도 익명을 요구했어요. 그런 소박한 생각이 요즘 젊은이에겐 먹혀들지 않습니다. 이번에 기탁하려고 했던 액면 그대로 B양로원에 익명으로 기탁했습니다."

젊은 비서가 007가방을 열고 성금 영수증을 꺼냈다. 액면 내용, 원장 성명(영수인), 전화 번호 등 실용문의 구비 조건은 다 갖추어졌으나 기탁자의 이름은 없었다.

R회장은 H교장에게 거듭 죄송하다는 말을 되풀이하고 비서의 뒤를 따라 나갔다. 시간이 사오 분 지났다.

H교장은 전신의 힘이 빠졌다. 신입생 중 20명을 장학금을 주겠다고 이미 동보까지 했는데 그런 변고를 당했던 것이다. 다시 시간이 사오십 분 흘렀다.

"허허, 이거 큰 냉패로고!"

동지의 단애(端崖)에서

오늘이 작은설[亞歲]이라고 하는 동지다.

1년 중 낮의 길이가 가장 짧고, 밤의 길이가 가장 긴 날이다.

일출이 오전 7시 43분이고, 일몰이 오후 5시 17분이다. 낮의 길이가 9시간 34분이고, 밤의 길이가 14시간 26분이니 낮과 밤의 시간차가 4시간 52분이나 된다.

태양이 북극에서 가장 멀리 떨어졌다고 생각한 옛 사람들은 이날을 태양이 죽음으로부터 부활하는 날로 생각하고 축제를 벌여 태양신에게 제의를 올렸다. 옛날 동지를 설로 삼았던 것도 생명력과 빛의 부활로 여겼던 것 같다.

또 역경의 복괘(復卦)-곤괘와 진괘가 거듭된 것으로 우레가 땅 속에서 움직이고 시작함을 상징함-를 보면 11월을 자월(子月)로 삼은 것도 부활의 상징이며, 예수님의 탄신이 동지 무렵인 것도 부활의 상징체계에 들어맞는다. '동지팥죽을 먹어야 진짜 나이를 한 살 더 먹는다' 는 말과 같이 동지는 민속적으로도 큰 뜻을 가지고 있다. 동짓날에 동지팥죽 또는 동지두죽(冬至豆粥), 팥떡, 팥밥 같은 시절식을 만들어 대문이나 집안의 여러 곳에 놓는 것은 집안에 악귀를 쫓아내고자 하는 축귀 주술 행위의 일종이다.

또 동지팥죽을 사당에 놓은 것은 천신의 뜻이 있는 것이다.

팥의 색이 붉은 양색이므로 음귀를 쫓는 데에 효과가 있다고 생각하여 민속적으로 널리 활용했다. 전염병이 유행할 때에도 우물에 팥을 넣으면 우물물이 맑아지고 질병이 없이진다고 하는 것이나, 사람이 죽으면 팥죽을 쑤어 상가에 보냈던 것도 상가에 침범한 악귀를 쫓기 위함이었다.

동짓달에 동지가 초승에 들면 애동지, 중순에 들면 중동지, 그믐께 들면 노동지라고 하며, 애동지에는 팥죽을 쑤어 먹으면 아이들에게 나쁘다고 팥죽을 쑤어 먹지 않았다.

중국의 「형초세시기」에 의하면 진나라 공공씨(共工氏)라는 사람에게는 망나니 아들이 하나 있었다. 이찌나 골치덩어리짓만 하는지 공공씨는 하루도 마음 편할 날이 없었는데 동짓날 그 망나니 아들이 죽고 말았다. 그런데 죽은 아들이 그만 역질(천연두) 귀신이 되었다. 공공씨는 아들이 살아 생전에 팥을 무서워했다는 기억을 떠올리고 팥죽을 써서 대문간과 마당 구석구석에 뿌린 것이 동지팥죽의 유래가 되었다.

오늘이 동지다. 기대와 희망과 축복으로 들떴던 땅끝 해맞이가 꼭 엊그제만 같은데 다시 신사년의 새날이 밝아온다. 세월의 빠름을 새삼 실감한다.

마지막 한 장 남은 달력을 뜯어내고 그 자리에 새로운 달력을 걸 때 누구나 한 해 동안의 감회가 무량할 것이다. 연초에 뜻한 일이 잘 이루어졌으면 이루어진 대로, 또 그것이 실패했으면 실패한 대로 뿌듯한 마음과 아쉬운 심서가 시계추처럼 교차할 것이다.

밀레니엄이니 새천년이니 21세기니 하는 유행성 신조어가 온 지구를 들뜨게 했을 때-우리는 그 참다운 뜻도 모르고 덩달아 춤을 추었을 때-2000년 원단(元旦)의 태양은 분명 찬란하고 거룩하기만 했다. 우리는 그 날의 햇살을 온 몸으로 받으면서 감격에 찬 마음으로 가정의 행복과 사회의 발전과 나라의 번영을 기구했다. 천지개벽이라도 될 것 같은 바람을 안고서…….

그러나 지금 새롭게 달라진 것이라고는 아무 것도 없고 오히려 밝은 빛보다는 어두운 그림자만 더 짙어지는 것 같다. 밀레니엄의 참다운 뜻이 1000년 동안 쌓인 부정적인 것을 모두 털어버리고 새로운 마음으로 새롭게 출발하자는 것이었다면 지금 새롭게 달라진 것이 무엇인가.

분단 반세기만의 남북 정상회담이나 이산가족의 상봉, 또는 우리 역사상 유사 이래의 노벨 평화상 수상 같은 감격스러웠던 일도 있었지만 어지럽고 볼썽사나운 일들이 더 많았던 것 같다.

조선조의 사색당파를 무색케 하는 정치판의 이전투구(泥田鬪狗), 최소한의 양심마저도 의심케 하는 금융계 인사들의 도덕적 해이, 제 밥그릇 챙기기의 한없는 기싸움, 중학생이 칠순 노인을 발로 차서 죽게 하는 사회적 패악, 부정한 방법의 대학 특례 입학, 가정 불화 끝에 어린 남매를 울돌목 험한 물살에다 던져버린 패륜 등을 어찌 다 말하겠는가?

경제가 어려운 것도 큰 문제다. 그러나 그보다 더 큰 문제는 가치관의 혼돈이다.

뉴욕 어느 동물원에 가면 동물의 우리가 순한 동물로부터 악한 동물의 순서로 시어졌다고 한다. 사자, 호랑이의 우리 다음에 세상에서 가장 악한 동물의 우리가 있는데 가서 보면 그 안에 그 악하다는 동물은 없고 사면벽에 대형 거울만 걸려 있다고 한다.

그러면 그 가장 잔악한 동물의 이름은 무엇인가? 그것은 거울을 보는 사람, 바로 인간(나)인 것이다.

인간이 왜 세상에서 가장 악한 동물로 전락했는가? 그에 대한 정답은 '탐욕' 이다. 탐욕이야말로 죄악의 원천인 것이다.

신사년(辛巳年) 새해에는 무언가 바람직한 변화의 바람이 불어야 한다. 물질의 바벨탑보다는 정신의 금자탑을 쌓아야 한다.

우리는 지금 IMF에 버금가는 국난에 처해 있는데 제몫 찾기의 논리로는 이 난국을 풀수가 없다. 지난번 IMF 때 외국의 어느 학자는 '한국의 IMF는 문화의 부족에서 온 것이다' 라는 지적에 귀를 기울여야 한다. 이제 저질 문화는 지양되고 양질의 문화가 확산되어야 한다.

신사년 새해에는, 제 스스로 길을 열고, 낮은 데로 낮은 데로 흘러가는 어진 물의 교훈을 배워야 한다. 그래서 이 나라가 녹색으로 다시 일어나기를 기대한다.

사계(四季)의 빗소리

사람은 누구나 슬픔보다는 기쁨을 희구한다. 이것은 지극히 당연한 인지상정이다.

그러나 '발톱은 기쁨에 자라고, 손톱은 슬픔에 자란다'는 속담으로 미루어 보면 사람은 기쁜 시간보다는 슬픈 시간이 더 많은지 모른다.

옛날 소박한 농경사회에서는 네 가지 기쁨(四喜)이 있었다. 신랑 신부가 첫날밤을 지내는 기쁨(華燭洞房喜)과 과거에 급제하는 기쁨(金榜掛名喜), 그리고 가뭄에 단비를 맞는 기쁨(大旱甘雨喜)과 타향에서 고향 사람(친구)을 만나는 기쁨(他鄕逢故喜)이 그것이다.

그런데, 90년 이래의 혹독한 지난 가뭄 끝에, 패연(沛然)히 내린 빗소리는 400만 농민 아니 온 국민의 귀에 들린 가장 기쁜 소리였을 것이다. 그것은 곧 생명의 소리였기에 기쁘지 않는 사람이 하나라도 있었겠는가.

주인(농부)의 발자국 소리를 듣고 자란다는 목숨 같은 작물이 벌겋게 타 들어가는 것을 보고 한 포기라도 더 살려 보려고 관정을 파고, 2~30리 거리에 호수를 늘어 놓고 3단계, 4단계 양수 작업을 했다. 고스라져 가는 농심을 붙들기 위해 군용 헬기가 공중 급수를 했고, 공사장의 레미콘이 꼬리를 이었던 광경은 눈물겹다 못해 한 편의 드라마였다.

새삼스럽게 노자나 탈레스를 들추지 않더라도 물은 세상을 비옥케 하는 인자이자 우리의 생명 그 자체이다.

비와 물은 같은 물질이다. 다만 물의 하강 이미지가 비요, 비의 유동 이미지가 물인 것이다. 그러나 민속학에서처럼 하늘을 양(아버지), 땅을 음(어머니)으로 볼 때, 비는 하늘이 지모에게 내리는 정수(精水)인 것이다. 그래서 빗소리는 만물이 탄생 · 성장하는 소리요, 대우주의 숨결인 것이다.

그런데, 같은 바윗덩어리도 아침에 보는 느낌과 저녁에 보는 그것이 다른 것처럼 우주의 숨결인 빗소리도 사계에 따라서 다른 것 같다.

봄의 빗소리는 처녀의 속삭임이다. 부드럽고 온화하다.

봄비는 샛바람(동풍)과 제휴한다. 가랑비, 이슬비, 부슬비, 사풍세우 등으로 불리는 봄비 소리는 묘령의 밀어 그것이다. 고운 아가씨의 나비 같은 발걸음처럼 내리는 빗소리는 낮에 듣는 것도 좋지만 밤에 드는 것은 더 운치가 있는 것 같다. 그래서 어느 시인은 '나즉하고 그윽하게 부르는 소리 있어 / 나아가 보니 나아가 보니' 로 빗소리를 형상화했을 것이며, 만물은 이러한 밀어 속에서 소생하고, 시인은 우산을 접고 거리를 거닐었을 것이다.

여름비는 어머니의 목소리다. 사랑이 유로하는 소리다. 여름비는 마파람(남풍)을 대동한다. 소나기, 취우, 녹우, 격철우, 경분(傾盆), 호우, 광풍대우로 불리는 여름비의 소리는 어머니의 목소리처럼 울림이 있는 소리다. 세상에서 어머니의 베풂보다 더 지극한 것이 어디 또 있겠는가. 일미칠근(一米七斤)의 곡식이 타 들어가는 마당에 미지근한 베풂은 없는 것만 못하다. 있는 것 없는 것 다 베풀어야 직성이 가시는 그러한 소리다.

가을비 소리는 청상의 호곡 소리다. 가을비는 하늬바람(서풍)을 대동하기 때문에 서글픔을 자아낸다. 갈무리가 끝난 벌판은 쓸쓸함 그것이요, 한 잎 두 잎 무상하게 떨어지는 낙엽은 조락이요 영락이다. 추야장 긴긴 밤에 골수에 스며드는 고독을 달래려고 쌀 됫박에 한 줌 벼를 섞어 놓고, 그 뉘를 다 추린들, 모서리가 닳도록 동전을 굴리고 또 굴린들 뼈에 스민 외로움이 가시겠는가. 이 때 창 밖에서 어둠을 타고 내리는 빗소리는 청상의 꽃다운 호곡이 아니고 무엇이겠는가.

겨울비 소리는 못된 계모의 앙칼진 발악이다. 겨울비는 뒷바람(북풍), 삭풍, 광한풍을 수행하나 주체인 빗소리는 숨어 버리고 객체인 바람 소리가 계절을 향도한다. 사랑보다는 미움만을 웃자라게 하는 날선 바람 소리 속에는 계모의 앙칼진 음모가 스며 있다. 비정이 스며 있다. 파멸과 영원한 죽음이 있을 뿐이다. 그러나 실망할 일은 아니다. 죽음은 또 새로운 탄생을 배태하고 있는 것이다.

빗소리가 처녀의 목소리가 됐건, 어머니의 목소리가 됐건, 청상의 호곡이 됐건, 계모의 앙칼이 됐건, 그것은 뜰이나 화단에 떨어지는 소리요, 한옥의 창호를 통해서 들리는 소리일 따름이다.

예나 지금이나 같은 비요, 같은 소리지만 고층 아파트에서는 이것마저 잃어 버렸다. 현대 문명의 편의인가? 아니면 횡포인가?

제 3 부
강강술래

민족의 영산 백두산

도문(圖們)에서 버스에 오른 것은 오전 10시 경, 두만강을 둘러본 만단의 감회를 미처 정리하지도 못한 채 민족의 영산인 백두산으로 가슴 벅찬 발진이 시작되었다.

일행 15명을 태운 소형 버스는 도문 · 백두산 간의 고속도로를 질주하기 시작했다. 말이 고속도로지, 일제 때 백두산 원목을 연길 지방으로 운반하기 위하여 개설한 도로를 시멘트로 포장만 해 놓은 상태로 우리나라의 산업도로 정도였다. 이리저리 흔들리는 차 속에서도 우리 일행은 가이더의 설명에 귀기울이면서 메모하기에 바빴다.

계절이 7월이라서 그리했는지 도로 연변의 녹음 내음이 물씬물씬 차창을 스쳤다. 간혹 보이는 밭에는 옥수수와 참깨, 콩이 한창 자라고 있었으며 군데군데 시멘트벽에는 사회주의식 구호들이 적혀 있었다.

두어 시간을 갔을까, 중간 휴게소에 차가 닿았는데 버스 서너 대가 멈춰 있었다. 알아 보았더니 오전에 백두산을 둘러보고 온 관광차와 우리처럼 오후에 백두산을 둘러 보려는 관광차들인데 모두가 우리 한국 사람들이었다. 우리가 얼마나 잘 사는가는 외국에 나가 보면 곧잘 안다.

백두산 관광에서 제일 마음 쓰는 것은 날씨라고 한다. 1년 중 300

일은 흐리고 개인 날은 50~60일밖에 안 된다고 하니 일생에 단 한 번 보려는 그런 기회를 만일 날씨가 궂어서 못 본다면 그처럼 큰 낭패가 없을 것이다. 다행히 오전에는 날씨가 개어서 백두산 관광을 잘했다고 다른 차의 관광객들이 말했지만 변덕이 심한 백두산 날씨라서 조금은 불안하기도 했다. 그러나 우선 급한 것은 용변을 보는 일이다. 화장실을 찾았는데 이게 가관이다. 두어 평 되는 공간에 1m 정도의 높이로 비닐을 사각형으로 둘러 놓았다. 남자들은 농담을 섞어가면서 볼 일을 얼른 보았지만 점잖을 빼는 여자들은 실로 곤란한 눈치였다.

중국을 한 번이라도 여행한 경험이 있는 사람들은 다 알겠지만 그들의 상술은 가히 경탄할 만한 것이어서 화장실 가는 통로에까지도 상품이 진열되어 있었다. 그 곳 상인들은 대부분 우리말을 쓰는 조선족들이다. 자기 선대의 고향이 전남 구례라는 40대의 여인이 손을 끌고 자기 상점으로 갔다. 장뇌, 당삼, 황기, 평패모, 세신, 천마, 북오미자, 두향, 원호, 상황버섯 등 백두산은 말 그대로 한약재의 보고인 듯했다.

나는 여행할 때 물건을 잘 안 사는 편이다. 그런데 암에도 좋다는 상황 버섯이 살며시 마음을 끌었다. 그것은 내 아이 하나가 몇 년째 폐암으로 고생을 하고 있었기 때문이었다. 속는 셈치고 두 봉지를 덥석 사고 말았다.

차는 또 두어 시간을 달려 백두산 정류소에 도착했다. 빗방울이 하나둘씩 듣기 시작했다. 제발 두어 시간만 참아 주었으면 하는 간절한 바람뿐이었다.

여기 백두산 정류장은 해발 1,500m이고 여기서 백두산 정상까지 1200m는 일본에서 특수 제작한 7인승 짚차로 오른다고 한다. 다행히 우리 일행은 두 대의 차에 분승하고 정상을 향해 출발했다. 해발 1,500~2,200m까지는 고산 식물들이 자생한다고 하는데 무슨 나무들인지는 알 수가 없었다. 다만 백두산 철쭉과 민들레는 알아 볼 수가 있었다. 그 험하고 궂은 기후 속에서 해발 2,200m까지 기어 올라가 꽃을 피우는 신비는 사람의 머리로는 헤아리지 못할 것 같다. 기후 탓인지 철쭉은 야산의 그것보다 10분의 1정도로 작아져서 땅에 딱 붙었고, 꽃은 어린이들의 손톱보다 작았다. 생명에 대한 가열한 의지, 조물조의 섭리가 그런 것인가. 앙증스럽기만 한 무수한 꽃송이들은 모르거니와 끈질긴 우리의 민족성이 아닌가 싶었다. 모진 생명체를 민들레 홀씨에 비유하지만 백두산 민들레야말로 조물주의 의지 그 자체인 것만 같았다.

이윽고 백두산 정상의 주차장에 이르렀다. 빗방울이 차츰 굵어지고 바람이 세찼다. 구름인지 안개인지 지척을 분간 못할 정도였다. 7월도 가장 덥다는 대서 무렵인데도 어찌나 춥던지 20분에 3,000원씩 하는 방한복을 빌려 입고 60~70m의 정상을 오르기 시작했다. 생명이라고는 아무 것도 없는 검은 색의 조면암(粗面岩) 가루뿐이었다. 미끄러지고 넘어지면서 정상에 올랐다. 정상의 웅자와 신비! 2744m에 내 키 1.7m를 더한 높이에서 발 아래 내려다 보이는 중봉(重峰)들…….

단군 신화에 의하면 백두산은 우리 민족의 태생지요, 발상지다. 민족의 기원설화를 생각하면서 천지를 내려다보았지만 어떤 것이 안개고 어떤 것이 구름이며 어떤 것이 물인지 구별을 못했다. 유사 이래의 풍변운환(風變雲幻)뿐이었다. 그래서 운해 속에서 10여 분을 기다렸더니 천지가 그 모습 일부를 보여 주었다. 아, 신품(神品)! 시린 듯이 푸른 물을 눈이 빠지도록 바라보는데 그 모습이 사라지기 시작했다. 아무리 생각해도 신비로밖에 표현 못할 천지! 세계적으로 볼 때 해발 2,155m의 산정(山頂)에 천지처럼 큰 호수를 이고 있는 산은 백두산뿐이라고 한다. 남북이 4.9km, 동서가 13.4km, 수면의 둘레가 13.11km, 수면 면적이 9.2㎢, 수심이 312.7m 라니 이것이야말로 조물주의 제1작품이 아니고 무엇이겠는가. 백두산은 역사의 산이다. 그래서 남이(南怡) 장군은 호탕한 그의 기개를 다음과 같이 노래했다.

장검을 빼어들고 백두산에 올라보니
대명천지에 성진(腥塵)이 잠겼어라
언제나 남북풍진을 헤쳐볼까 하노라

이 노래의 함의는 지금도 우리에게 유효한 것만 같다.

날씨도 춥고 궂기도 했지만 정상 구경은 20분밖에 허락되지 않는 터라 아쉬움을 남겨 두고 하산하기 시작했다. 내려오는 길에 몇 차례나 간이 떨어지는 것 같은 아슬아슬함을 느꼈다. 기사들이 자기들 운전 기술 자랑이라도 하는 듯이 난폭 운전이 장난이 아니었다. 장벽 폭포 아래에 내려 와서야 안도의 한숨을 쉬었다.

세 가닥으로 흐르는 장백 폭포는 말 그대로 한 폭의 대형 동양화였다. 아니 대형 파노라마였다. 다만 그림과 다른 것은 장백 계곡을 채우고도 남은 천성지음(天聲地音)이 더 있을 뿐이다. 장백 폭포의 수량은 연중 똑같다고 하는데 넘치는 물의 반은 눈 녹은 물이거나 비이고, 반은 지하에서 솟아나는 용출수라고 하니 또 한 번 놀랐다. 물이 어찌나 맑은지 두 손으로 움켜 마셨다. 맛도 좋으려니와 폐부까지 시린 듯했다. 집에 돌아가서 식구들과 먹으려고 바카스 병에 한 병 담았다. 민족의 영산 백두산! 영원한 안녕을 고하며 호텔을 찾아 들었다.

두만강, 너 우리의 강아!

연길을 출발한 지 채 한 시간도 안 되어 국경 도시 도문(圖們)에 도착했다. 그토록 보고 싶었던 두만강이 꿈 같은 자태로 눈 앞에서 흐른다. 내가 이번 상해 · 장가계의 여정을 포기하고 북경 · 연길 코스를 택한 것은 백두산과 두만강이 그토록 보고 싶었기 때문이다.

그러나, 두만강을 처음 보았을 때 '아, 두만강!' 하는 감격과 함께 이럴 수가 하는 실망이 교차했다.

강의 길이가 521km로 우리 나라에서 세 번째로 큰 강이 저토록 초라하게(?) 흐르고 있을까. 두만강은 역사의 강이다. 한반도 최북단의 자연 경계를 이룬 두만강은 선사 시대 이래 한반도 문화 형성의 통로 역할을 했고, 역사시대로 들어오면서 부여, 옥저, 고구려, 발해의 영역이었다. 15세기 세종의 6진 개척과 18세기 백두산 정계비, 19세기 토문강 논란과 20세기 초 간도의 할양 등이 그것이다. 특히 19세기 이후 의지가지 없는 실향민들의 피눈물로 얼룩진 한 많은 강이다. 거기가 항일투사들의 독립운동의 무대가 되기도 했고, 문학적으로 형상화 된 배경으로 승화됨으로써 한 많은 민족의 강이 되어 오늘도 흐르고 있는 것이다.

이 강의 이름도 역사성만큼이나 많다. 고려강, 도문강, 토문강(土們

江), 통문강(統們江), 도문강(徒們江), 두만강 등등이다.

도문에서 맞은 편 북한의 남양까지 강폭은 기껏해야 400~500m를 넘지 못할 것 같았다. 그 위에 국경의 다리가 놓였는데 3분의 1정도는 중국이, 3분의 2는 북한이 관리하고 있었다. 그런데 웬 일인가. 한 시간이 넘게 지켜 봐도 개미 새끼 한 마리 얼씬거리지 않는 죽음(?)의 다리였다.

도문의 망루에 올라갔다. 망루라고 해야 고작 2~3층밖에 안 되는 초라한 건물이었는데 찌그러진 의자 몇 개와 비닐 장판이 흉물스럽게 깔려 있었다. 한 귀퉁이에는 노파가 찌그러진 좌판 위에 관광 상품 몇 개를 진열해 놓고 손님을 부르고 있었다.

오전 9시가 되자 국기 게양식을 했다. 녹색 규복 차림의 군인 세 사람이 1조가 되었다. 좌우 군인은 앞에 총 자세를 하고, 가운데의 비무장 군인이 오성기를 게양했다. 그들이 내려가자 우리는 육안으로, 또는 망원경으로 북한쪽과 남양시를 관찰했다. 작열하는 7월의 태양 아래서도 북한 쪽은 동지 섣달처럼 어둡고 음산한 분위기였다. 녹음이 4월의 꽃보다도 좋다는 성하의 계절인데도 어쩌면 나무 한 그루 풀 한 포기 없는 민둥산이요, 불모지뿐이었다. 푸른 하늘, 푸른 산, 푸른 들판이 초록의 물결로 출렁거려야 할 텐데 어쩌면 그렇게도 삭막했을까. 망원경을 이리 돌리고 저리 돌려 봐도 사람들의 그림자가 없었다. 다만 두만강 다리가 끝나는 지점(북한 쪽에서는 다리가 시작되는 지점)에 수양버들 같은 큰 나무가 있었고, 그 나무 그늘 아래서는 희부덕덕한 옷을 입은 두 사람이 앉아서 무언가 이야기를 하며 담배를 피우고 있었다. 거기서 10여m 쯤 떨어진 밭에서 소의 코뚜레를 끄는 한 사람과 뒤에서 쟁기를 잡고 밭을 가는 농부뿐이었다. 그렇게 사람이 안 보이는 까닭은 무엇일까? 아무리 생각해도 모를 일이었다. 이에 비하여 두만강 북쪽 곧 중국쪽은 푸른 나무, 푸른 풀이 우거지고 많은 차가 다니며 사람들의 발걸음이 빠르고 활기찼다.

나는 두만강 관광을 가기 전에 두만강에 관한 공부를 꽤나 했다. '아는 만큼 볼 수 있다'는 관광의 아포리즘을 실천한 셈이다. 그래서 그런지 문학적인 면에서의 두만강이 감성적 낭만으로 다가왔다. '우리 시조 경흥에 사시어 왕업을 열으시니…….' 용비어천가 제3장에 나오는 경흥도 이 강의 하류에 있을 것이고, 근대 문학의 최서해, 김동환, 김기림, 한설야, 이용학, 나운규 등의 문학적 배경도 이 강이었다. 일찍이 그들이 태를 묻었던 어두운 시대, 동토(凍土)의 북원(北原)을 노래하며 살았던 이 문인들의 눈에는 두만강이 민족적 수난기에 오히려 서사시의 처연한 마지막 무대로 상징화되었을 것이다.

잠들지 말라 우리의 강아
오늘 밤도
너의 가슴을 밟는 듯 슬픔이 목마르고
얼음길은 거칠다 길은 멀다
길이 마음의 눈을 털어 줄

검은 날개는 없느냐
두만강 너 우리의 강아
북간도로 간다는 강원도치와 마주 앉은
나는 울 줄을 몰라 외롭다

이용악의 〈두만강, 너 우리의 강아〉 5연 시 중 4~5연이다. 이 시가 조국을 잃은 젊은이들의 달랠 길 없는 회한과 분노와 절망과 굴욕과 방황으로 표상화됐다면 오늘날 분단의 비극과 무엇이 다르랴. 망국과 분난을 두 차례나 보면서도 말없이 흐르기만 하는 천치의 두만강아. 오늘의 억울함을 하소연할 길이 없는 민족의 비원은 어찌할 것이냐!

우리는 '두만강 푸른 물에 노 젓는 뱃사공'으로 시작하는 '눈물 젖은 두만강'을 부르고 또 불렀다. 아무리 불러 봐도 내 임을 실은 배는 다시 볼 수가 없었다. 모두가 흘러가버린 마음 한 구석에 영원한 향수로 자리하고 한이 여울져 흐르는 물소리 뿐이다.

보배섬 진도(珍島)를 다녀와서

지난 7월 29일~30일 전남수필문학회 '2000 여름 세미나'가 진도에서 열리어 올해도 보배섬을 다녀 올 행운을 얻었다.

진도는 우리 나라에서 세 번째로 큰 섬으로 예로부터 보배섬이라 일컬었다. 특산물인 구기자 · 홍주 · 진돗개를 비롯하여 어염시초가 풍부하고 인심이 넉넉한 살기 좋은 고장이다. 여기다 수많은 유 · 무형의 문화재가 있어서 섬 전체가 그대로 민속 박물관이요, 조도의 6개 군도가 저마다 비경을 드러내는 다도해 해상국립공원이니 어찌 보배섬이 아니겠는가?

해남에서 불과 40~50분만 달리면 길이 500m 가량의 웅장한 진도대교가 나온다. 사자 새끼의 냄새가 난다는 7월의 태양도 이 다리 위에서 그 위력을 잃는다.

우리 부부는 녹진광장에 차를 주차시켜 놓고 참으로 오랜만에 손잡고 다리를 거닐었다. 유속(최고 11놋트)은 저속이지만 소용돌이치다가 한복판이 푹 꺼질 때면 우리도 그 소용돌이에 빠져드는 것 같은, 실로 오금이 저리는 전율을 느끼곤 했다. 이럴 때마다 집사람은 오금이 절인다면서 내 손을 더욱 꼭 쥐었다.

다리는 분리된 두 세계의 연결이다. 땅과 땅, 사람과 사람, 사람과 땅을 연결시켜 줄 뿐더러 신과 사람을 연결시켜 준다. 그렇기 때문에 민속에서는 사제나 샤먼의 구실을 하는 것이 다리다. 또 무지개형인 것은 무게를 지탱하는 공학적인 원리겠지만 무지개는 약속과 행복을 상징하는 것이다.

대교각 앞에 조형된 진돗개(천연기념물, 세계 명견)를 배경으로 기념사진 두어 장을 찍고 다시 차를 몰았다.

진도의 간선도로 가로수는 거의가 무궁화나무다. 녹진에서 진도읍에 이르는 도로변에 무궁화가 활짝 피어 보는 이의 마음을 즐겁게 해 주었다. 진해나 쌍계사의 벚꽃길을 걷던 생각을 하니 무언가 마음이 찜찜하고 머리가 혼란해졌다.

세미나는 오후 4시부터 한 시간 동안 필자를 포함한 세 사람이 발표를 하고, 5시부터 매주 토요일 정기적으로 공연하는 '토요 민속여행' 을 감상했다.

부채춤 · 춘향전 · 남도들노래(무형문화재) 등을 공연했는데 남도들노래는 가히 일품이었다. 남녀 출연자 모두가 순수한 농민이었는데 그 수준이 전문 연예인급이라 했다. 농경 사회의 재현을 보는 듯 괴로운 노동이 즐거운 노래(놀이)요, 그것은 곧 그들의 생존이었다.

진도에는 이외에도 무형문화재로 지정된 민속음악이 많다. 1979년 세계 민속음악제에서 금상을 수상한 씻김국을 비롯하여 다시래기 · 진도북놀이 · 진도만가 등이 있고, 그 방면의 기능보유자와 제자들의 활동이 활발한데 2년 후 남도 국악원이 준공되면 진도는 그야말로 민속

박물관이 되리라는 기대에 들떠 있었다.

여름밤 만나는 시간은 신비의 바닷길이 열리는 회동에서 벌어졌다.

저녁을 마친 회원들은 한 사람도 빠짐없이 뽕할머니 석상 근처에 모여 앉아 그녀의 전설을 경청했다. 지성이면 감천이라던가. 뽕할머니의 간절한 기도 끝에 무지개길이 열려 소원을 이룬 곳이다.

신화나 전설은 과학적 근거는 없으나 그것은 한 부족의 집단 무의식이며 사고의 원형이라 생각할 때, 지성은 예나 지금이나 삶의 성실한 지혜인 것이다.

전망대에 올랐다. 어두운 밤이라 어디가 뭍이고 어디가 바다인지 가늠할 수가 없었지만, 낮에 보았던 육지와 섬쪽에서 전등 불빛이 멀리 비치고 있었다. 전망대의 비릿한 밤바람이 회원들의 우정에 부채질을 하였다. 십 여 개의 원탁에서는 인생과 문학과 사랑과 술과 우정과 웃음의 꽃이 활짝 피었다. 여행에도 삼락(눈, 귀, 입)이 있는데 조영남 회장 사모님은 우리의 입을 즐겁게 해주려고 새벽 3시가 훨씬 넘어서까지 죽을 지대(支待)를 치렀다.

바다도 그 날밤은 잠을 못 이루는지 엎치락뒤치락하는 소리가 들렸다. 누군가 생명을 부정하는 자들과 태양의 의지를 꺾으려는 밤의 사상을 위해 활시위를 당기고 오자고 했지만 밤바다의 안면을 위해 기도를 하고만 싶었다.

이튿날은 다도해 해상공원을 선유할 계획이었다.

쉬미(水尾, 수미, 물끝)에 도착하니 이건 매염봉우(賣鹽逢雨)였다. 태풍경보가 발령되어 원해의 항해가 불가능하다는 것이다. 그래서 평수구역인 근해만 일주하기로 하고 출항했다.

엷은 안개를 뚫고 솟아난 적도 · 거도의 산봉우리들은 글자 그대로 영봉이요 한 폭의 수묵화였다. 자연의 변덕인가 아니면 조화인가 안개는 걷히고 각름도 · 성남도 · 새섬 등 무수한 섬들이 푸른 물에 둥둥 떠서 흐르고 있었다. 창망(滄茫)한 저 바다의 비의를 어찌하면 조금이나마 엿볼 수 있을까. 하늘의 오의를 내포하고 땅의 지리를 포괄했다. 오직 조물주가 처한 곳이요, 지저(地祇)의 집이기에 모파상도 만년에 지중해를 거닐면서 요수(樂水)의 지혜를 배웠다고 한다. 망망한 적류(積流)! 설레고 가라앉고 잠잠하고 노하는 모든 것의 종(宗)이었다. 그래서 청마는 '파도야, 파도야, 나는 어찌하란 말이냐' 고 외쳤는지도 모른다.

점심은 불도의 비경 속에서 하기로 예정되었으나 파도가 높아서 배를 대지 못하고 가사도에 기착하였다.

바닷가에서 먹어 보는 음식맛 또한 일품이었다. 토종 된장에 풋고추, 김치 하나에 주먹밥, 비곗살에 소주 한 잔 들이키는 맛이 진수성찬보다 훨씬 나았고, 이 모든 맛은 회장 사모님의 정성이었다.

돌아오는 길은 더 즐거웠다. 주지도 · 양덕도 · 하태도 · 하의도 · 화도 · 손가락섬 · 발가락섬 · 사자섬이 뭍사람들의 눈을 한없이 즐겁게 했다.

옛날부터 뱃사람을 일컬어 '여름 신선, 겨울 뱃놈' 이라 했다지만 그 날 하루의 뱃놀이는 신선 놀음이었다.

다도해해상공원을 일주하지 못한 아쉬움을 일 년 내내 삭였다가 2001년에 기필코 풀어 보리라고 서로가 다짐하면서 하선을 했지만, '파도야, 파도야, 너를 두고 어찌 가라는 말이냐!'

설화극단 편편상(片片想)

우리의 일상적인 대화에서 '단절' 이라는 어휘가 자주 등장한다. 세대 간의 단절, 계층 간의 단절, 지역 간의 단절, 대화의 단절 등이 그것이다. 그런데 문제는 교류나 소통이 없어서의 단절이 아니라, 교류나 소통은 빈번하면서도 속마음이 단절됐다는 이야기다. 마치 군중 속의 고독 같은 것이다.

단절 중에서도 고령 세대와 청소년 세대 간의 심리적 단절은 차츰 그 도를 더해가는 것이 현재의 사회 현상이다. 해남문화원에서는 여기에 착안하여 고령 세대와 청소년 세대의 만남의 장을 마련한 것이 우리 설화극단의 탄생이다.

만남은 계기요, 이해며, 아름다운 인연이다. 그렇게도 서먹서먹하던 관계가, 옹이처럼 굳어버린 고정 관념이나 선입견들이 연극이라는 매체로 깨끗이 정화된다.

사실 고령 세대들은 건강이나 소외, 무력감을 안고 있는 문제의 세대다. 청소년들도 기존의 가치 체계에서 벗어나고자 하는 일탈 행동으로 사회적 문제를 야기하는 것 또한 사실이다. 이렇게 문제와 문제를 안고 있는 집단이 서로 만나서 문제를 가치 지향적으로 푼다는 것은 사회교육적으로도 매우 바람직한 일이 아닐 수 없다. 이른바 공자님의 유어예(遊於藝)가 이런 것이 아닐까. 하나의 정립(定立)이 그 발전 과정에서 스스로의 내부에 존재하는 반정립(反定立)을 지양(止揚)하여 고차원의 총합(總合)에 이르게 한다는 변증법적인 발전은 아닐른지.

우리는 연극을 하기 위해서 만난 것이 아니라 만나기 위해서 연극을 한다. 만남도 그 형태가 헤아릴 수 없이 많겠지만, 연극은 다중이 참여한다는 측면이 많이 작용했다. 연극은 예술의 하위 개념이다. 예술이 미를 창조하고 표현하는 인간 활동인 것처럼 연극은 배우가 무대에서 각본에 따라 인생을 표현하는 예술이다.

그런데, 우리가 하는 연극은 기존의 연극과는 완전히 다르다. 기존 연극의 틀을 깨는 데도 뜻이 있다. 기존의 연극이 연출, 대본, 의상, 소도구 등을 전문가에 의지하는 데에 반하여, 우리가 하고 있는 연극은 우리 구성원들의 중지와 공동 작업에 의지한다. 예를 들면, 대사도 그 상황에 맞게 토속적인 언어로 본인이 결정하며, 배역도 본인이 결정한다. 지도자(정수연 선생)는 희미한 얼개만 암시하기 때문에 모든 것은 참가자들의 상상력에 의존하게 된다. 상상력이야 말로 창작의 기본이자 그 바탕이다.

프로가 하는 일에는 완벽과 완전이 수반하지만, 아마추어가 하는 일에는 미숙과 불안이 뒤따른다. 그렇다고 해서 아마추어를 평가절하해서는 아니 된다. 우리의 인생살이에서 때로는 미숙과 불안이 우리에게 여유와 해학을 주기도 하고 위로가 되기도 하기 때문이다.

또 연극의 소재는 우리의 고장의 전통 설화에 의존한다. 설화란 간단히 말해서 그 민족의 집단 무의식이요, 문화 인자이며, 대동의 인자이자, 꿈의 상징이다. 유태 민족은 선민 설화를 믿었기 때문에 2천 년간 조국을 잃고 세계 각지를 유리방황하면서도 그들의 정체성을 잃지 않았다.

우리는 100여 년 전 개항 이래 서구를 배우고 추종하기에 여념이 없었다. 거기에다 최근에는 세계화의 물결에 휩쓸려 한국인이라는 정체성마저 흔들리는 지경에 이르렀다. 이러한 시대 상황 속에서 한국, 한국인, 한국심(韓國心), 한국어, 한국 정서를 응축하고 있는 설화를 소재로 했다는 것은 우리 민속의 정체성을 선양하는 작업에 다름 아니다.

위에서 말한 내용을 다음과 같이 간추려 본다. 고령 세대나 청소년 세대는 자생적인 사회적 문제를 안고 있는데, 이러한 집단과 집단이 만나다 보면 고령 세대는 청소년들을 통해서 그들의 유년의 동산을 거닐게 되고, 청소년들은 고령 세대의 발자취를 상상하면서 그들의 미래의 지향을 꿈꾼다. 우리의 영혼에 아름다운 그림을 그리는 예술(연극)이란 멍석을 깔고 가장 한국적인 담론을 표현하는 일은 사회적으로나 교육적으로나 매우 뜻이 있는 일이 아닐 수 없다.

오는 10월 20일 경기도 일산에서 열리는 '2007 실버문화사랑축제'에 우리 설화극단이 초청되어 개막식 축하 공연을 하게 된다. 우리가 그간 갈고 닦았던 기량을 전국에 과시할 수 있는 매우 뜻있는 기회다. 성공적인 공연을 하여 우리 해남문화원에서 하는 이 사업이 전국 문화원으로 일반화 되기를 바란다.

설화 채록에 대한 몇 가지 사족(蛇足)

설화란 한 민족 사이에 전승되어 온 이야기를 통틀어 일컫는 말이다. 여기에 포함되는 하위 개념으로는 신을 중심으로 한 신화(神話), 구체적인 배경과 특정의 증거물이 제시되는 인물의 기행담이나, 자연물의 내용이 주가 되는 전설(傳說), 그리고 뚜렷한 배경이나 무대가 없는, 평범한 인물의 흥미로운 체험 따위가 내용이 되는 민담(民譚)이 있다. 설화가 발달하여 서사(敍事)나 서사문학이 되고, 이 서사나 서사문학이 다시 소설로 발전하는 것이다.

그러면, 설화는 어떤 기능을 가지고 있는가? 설화는 한 민족의 집단무의식이 들어 있다. 가꾸어 말하면 설화에는 그 민족의 원초적인 문화인자가 들어 있다. 설화는 개인의 창작이 아닌 다중(多衆)의 산물이므로 거기에는 사고의 틀은 물론 대동 의식 같은 잠재적인 꿈이 스며있기에 그 민족의 그 민족다운 특성이 들어 있다.

우리는 1876년 개항 이래 서구(西歐)를 열심히 배워왔다. 거기에다 최근에는 세계화의 거센 소용돌이 속에서 허덕이고 있다. 서구도 좋고, 세계화도 좋다. 그런데 여기서 간과해서는 아니 될 것이 있다. 남을 배우고 흉내 내다가 진정한 나를 잃어버린 것이다. 새로운 발상도 좋고 새로운 패러다임도 좋지만, 진정한 나를 잃어서는 아니 될 것이다. 한국인은 미국인도 아니고 중국이나 일본 사람이 아니다. 한국인은 어디까지나 한국인인 것이다. 설화는 민족 정체성(Identy) 회복의 텃밭이 되는 것이다.

그러면 설화를 채록하는 사람들의 바람직한 자세는 무엇인가? 무엇보다도 설화에 대한 투철한 인식이 필요하다. 설화 채집 과정에서 어려움이 닥치면 싫증을 내거나 좌절하지 말고, 기쁜 마음으로 꾸준히 일을 한다는 자세가 필요하다. 거기에 행간의 뜻을 연역해내는 전문식견이 있으면 금상첨화다.

어떤 일을 하는데 전문성도 좋고 계획성이나 참신성도 좋지만 문화 영역에서 일하는 사람들에게는 봉사성이 가장 중요하다. 현대의 물질문명의 횡포에 시달리다가 점점 인멸되어가는 우리의 뮤화유산을 지킨다는 긍지와 문화 봉사자로서의 금도를 갖는 자세가 가장 필요하다. 취향이 비슷한 2~3인의 합동 작업이 효율성을 극대화할 것이다.

우리들이 설화 채록 과정에서 문제점을 열거해 보면,

첫째, 설화에 대한 이해나 인식이 부족하다. 문화적 가치보다 경제적 가치를 중시하는 단면이다.

둘째, 적합한 제보자나 구술자 찾기가 힘들다. 지역에 전해 내려오는 설화를 알고 있는 촌로(村老)들을 만나기가 심히 어렵다.

셋째, 교통상의 문제점이 있다. 설화 채록은 전화 같은 통신 수단보다는 직접 만나서의 대화가 더 효과적이다.

넷째, 신체적 · 체력적 한계가 있다. 고령층이 가장 문제다. 가령 어느 산정(山頂)이 설화의 공간인데 산정에 오르기가 문제라는 것이다.

다섯째, 설화의 대상물이 훼손, 인멸되어 그 외형을 가늠하기가 어렵다. 원형을 보고 상상도 하고 추리도 할 수 있는 공간이 없어졌다는 이야기다.

끝으로 몇 가지 제언을 한다.

첫째, 문화의 전승 문제나 유물의 보존 계획은 기본적으로 지자체의 기관(문화원이나, 군청 문화관광과)에서 전담해야 한다. 중앙집권시대나 군부 시대는 정부에서 했지만, 지역화 시대 · 향부 시대에서는 지자체가 전담해야 한다.

둘째, 계획을 수립할 때는 반드시 전문가의 자문을 듣고, 단기 계획이 아닌 장기 계획을 수립하여야 한다.

셋째, 대상 공간(유적지, 설화 근원지 또는 발생지)에 노변 안내판과 내용 설명 시설이 있어야 한다.

넷째, 관계 기관에서 문화지킴이 같은 조직을 만들어 지원하고 활용해야 한다.

다섯째, 설화나 문화유산에 대한 주민들의 이해를 계도하고 관광 콘텐츠로 활용한 방안에 대해서 깊이 고민해야 한다.

해남을 드러낸 4대 공간

지난 해 12월 28일~29일까지 1박 2일 간의 향토문화바로알기 현장교육에 참가했다. 우리 지역의 문화 및 자연환경에 대한 올바른 이해와 향토사랑에 대한 애향심의 함양이 그 목적이었다.

중·고등학생들과 일반 성인으로 구성된 현장교육 참가자들은 한결같이 만족한 표정들이었다. 먼저 그 계획이 주도면밀하게 짜여졌을 뿐만 아니라 그 내용도 충실했다는 중평이었다. 특히 해설사들(전희숙, 고유경, 김명숙 등)의 현장교육 내용이 수준급이었다는 후문이었다. 또 청소년들을 참가시킨 것은 그들로 하여금 일찍부터 향토문화에 관심을 갖게 한다는 교육적 배려도 깔린 듯했다. 이런 행사는 일회용으로 끝날 것이 아니라 연차적으로 계승 발전시켰으면 좋겠다는 바람도 가져봤다. 다만 한 가지 아쉬운 점은 날씨가 너무 추워서 해설사의 설명을 청취하는 분위기가 조금은 산만한 느낌이 들기도 했다는 것이다.

우리 해남은 참으로 축복받은 공간이다. 산하는 수려하고 물산은 풍부하며 인심은 돈후하다. 거기에 가는 곳마다 문화유산이 즐비하여 우리 해남은 그야말로 문자 그대로 국토의 살아있는 박물관이다. 그런데 우리는 이러한 문화적 자산에 대하여 그 가치를 얼마나 인식하고 공유했을까? 등하불명이라고 하면 필자의 독단일까? 남의 것은 위대하고 제 것은 비천하다는 문화적 사대주의는 없었던가? 과거를 되돌아보는 마음으로 그 행사에 참여했던 필자는 해설사들의 교육 내용을 참고로 평소의 생각을 몇 군데 간략하게 기술한다.

녹우당

필자는 7~8차례 중안문인(시조시인)들 세미나에 강사로 초청되어 '고산과 시조문학' 에 대한 강의를 한 바 있다. 나는 그 때마다 '시조는 우리의 고유한 시가' 라는 것을 강조해 왔다. 본래 한시는 중국의 것이요, 땅까나 하이꾸는 일본의 것이며, 자유시는 서구의 것이었다. 이들이 고유한 시가를 가졌다는 것은 문화적 주권국가의 자격을 갖추었다는 의미다. 시조는 우리의 고유한 정형시가다. 이러한 시조에 국어미를 신창(新創)한 분이 고산이다. 나는 녹우당을 찾을 때마다 고산을 셰익스피어나 괴테에 비견하곤 한다. 국어는 그 나라 정체성의 정화이다. 인도와 바꿀 수 없다는 셰익스피어나 게르만 민족의 자존심인 괴테가 그토록 숭앙을 받는 것은 문학이 문화의 중핵적 역할을 하기 때문이 아닐까? 녹우당은 우리 시조문학의 메카요 성지다.

대흥사

대흥사는 22교구 본사로 13대 강사와 13대 종사를 배출했고 9개 암자와 38개 말사를 거느린 대 가람이다. 오늘은 절에 대한 담론은 접어두고 조선후기 실학적 지성들의 발자취와 현판에 대해서만 이야기하겠다. 일지암은 다성 초의선사가 40여 년 간 독거하면서 다선일여의 도를 생활화한 공간이다. 그 곳에 추사 김정희, 다산 정약용, 소치 허유가 교유하면서 실학과 다도, 서예와 한국화를 논했다니 이거야말로 조선후기 정신문화의 산실이 아니고 무엇이겠는가? 또 대흥사에 걸려있는 편액을 볼 때마다 명필들의 숨결을 느낀다. 표충사의 현판은 정조임금의 친필이며, 대웅보전, 침계루, 천불전, 해탈문은 동국진체의 완성자인 원교 이광사의 필적이다. 무량수각, 일로향실, 동국선원은 추사체의 완당 김정희 작품이다. 또 가허루는 창암 이삼만, 대광명전은 위당 신관화, 두륜산 대흥사, 응진전, 명부전은 미불체의 일인자인 해사 김성근의 작품이다. 서예에는 무뢰한인 필자이지만 그들의 심혼이 붓끝을 타고 흘러서 오늘을 숨 쉬고 있는 현판 앞에서 외경을 느낀다. 또 대흥사에 들어가면 한 번쯤 '숲' 에 대하여 생각해 볼 일이다.

강영란 선생의 「숲의 이해」는 현장교육에서 퍽 이색적인 도움을 준다. '숲 없이 문화 없고, 문화 없이 숲이 없다' 란 아포리즘은 현대인의 고갈된 생태윤리와 생태철학에 대한 정문의 일침이었다. 우리 선인들은 예로부터 천인합일(天人合一)의 철학을 실천해 왔다. 이색의 천인무간(天人無間)이나 이황의 천아무간(天我無間)도 같은 뜻이다. 여기서 천은 모든 자연이다. 자연은 정복이나 지배의 대상이 아니다. 어디까지나 공존의 대상인 것이다. 자연 파괴를 당연시하는 가증스런 현대문명은 인간의 탐욕과 교만의 합작품이 아니고 무엇이겠는가?

땅 끝

북위 34도 17분 21초 동경 126도 5분 1초 그 곳이 '땅 끝' 인가? 아니면 '첫 땅' 인가? 견해에 따라서 답은 다를 것이다. 대륙의 북방민족들이 말을 타고 남하하다가 뭍이 끝나면 그들은 타고 온 말을 버리고 배를 갈아탄다. 이 때는 '땅 끝' 이요 '첫 물' 이다. 반대로 남방의 해양민족들이 북상하다가 물이 끝나면 그들은 배를 말로 바꿔 탄다. 그때는 '물 끝' 이요 '첫 땅' 아니겠는가? 반야심경의 '공즉시색 색즉시공' 이 아니겠는가? 전망대도 오르면 2도 6군이 시계에 들어온다. 멀리 수평이 걸려있고 넓은 바다엔 푸른 양떼 같은 섬들이 점점이 떠서 흐른다. 눈을 감는다. 찢어진 돛을 단 배가 버겁게 물길을 가른다. 무너져 간 돌담에는 고가 빠진 그물이 걸려있고 저녁 짓는 연기가 갈매기를 따라간다.

우수영

우수영은 지방기념물 139호로 옛날 서남해안 해군기지다. 성종 때 그 곳에 수영이 설치된 이래 고종 때까지 416년 그 명맥을 유지해 왔었다. 관할구역이 7개 속읍에다 19개 속진을 거느린 바다의 요새였다. 필자는 그곳에 가면 울돌목의 절규 같은 함성에 매료되곤 한다. 눈을 감고 그 함성에 젖어 있노라면 '상유십이(尙有十二) 미신불사(微臣不死)' 란 이순신의 애국 혼과 만난다. 역사에서 가정은 없다지만 그때 그곳에 이순신이 없었다면 조선의 역사는 어떻게 변했을까? 오금저리는 두려움이 전신을 엄습했다. 이순신의 초인적 능력은 상상을 불허한다. 그래서 명나라 제독 진린도 충무공을 '보천욕일지공(補天浴日之功)' 이라 격찬했다. 우수영은 자타가 인정하는 애국교육의 현장이다. 말로 천 번 만 번 떠들지 말고 단 한 시간이라도 그 곳에 가보라고 권하고 싶다. 특히 허위로 윤색한 애국자들에게 간절히 충고하고 싶다.

소쇄원(瀟灑園)을 찾아서

아무래도 여름은 개방적인 계절인 것 같다. 섭씨 34~35도를 오르내리는 염열 앞에서는 방문을 다 열어도 무언가 답답하여 야외로 탈출하고 싶어진다.

부채질하기도 귀찮아 숲 속에 들어가 옷을 벗어 놓고, 석벽에 갓을 걸고 솔바람을 쐬고 싶은 것이 옛 사람의 피서법이라면, 선풍기나 에어컨도 식상해서 바닷속에 들어가 파도를 타며 인어 흉내를 내 보고 싶은 것이 현대인의 피서법일 것이다.

하지를 며칠 앞둔 어느 일요일 사위놈이 제 가족들을 데리고 와서 어디 시원한 곳에 가서 점심이나 하잖다. 그렇지 않아도 아파트의 성염(盛炎)에서 조금 벗어나 보고픈 생각이 있던 터라 소쇄원 근처를 목적지로 정하고 사위는 제 차로, 우리 가족은 우리 차로 출발했다.

번잡한 도시를 벗어난 순간 싱그러운 성하의 녹음이 혈관을 푸르게 펌프질한 것만 같고, 그 위를 훨훨 날고 싶은 충동을 느꼈다. 하지만 그와는 달리 분류하는 차량들이 불볕 더위를 부채질하는 것만 같았다.

소쇄원 인근의 어느 음식점에서 점심을 먹고 가사문학관을 거쳐 소쇄원을 찾았다. 우리 일행 10명 중 4명이 중 · 고등학교 교사인데 그들의 우리 문화에 대한 이해나 관심은 너무도 미미하기 때문에 그 기회를 이용해서 내가 나서기로 한 것이다.

조경 문화는 고대 중국의 진이나 한나라에서 싹텄고 우리나라는 백제 진사왕 때(391년) 궁실을 중수하고, 못을 파고, 동산을 만든 다음 거기에 진기한 화초를 심었다. 고려 때는 송 · 원의 영향을 많이 받아 일정한 공간 속에 의석으로 가산을 만들고 화훼나 조수를 도입했다. 조선조 때에는 공간 처리에 직선이 도입되었고, 계단식 후원이 축조되는 한국적인 조경 문화가 정착되었는데 그 대표적인 것이 소쇄원인 것이다.

소쇄원(국가 문화서적 제304호)은 벽서 정원이다. 집 근처의 경치 좋은 곳에 지어진, 문화 생활과 전원 생활을 겸할 수 있는 공간이다. 16세기 양산보는 정암 조광조의 제자였다. 스승인 정암이 기묘사화(1519년) 때 남곤 일파에게 몰리어 화순 능주로 유배를 가게 되자 입신출세의 꿈을 접고 향리에 내려와 소쇄원을 짓고, 호남 사림파의 거장들과 교유하면서 여생을 마친 곳이다. 성산별곡을 지은 송강 정철을 비롯해서 석학 하서 김민후, 문장가 면앙정 송순, 영남의 거유 퇴계 이황 등이 그곳에서 자주 회합하였다고 한다.

소쇄원의 입구에는 대도무문인 듯 출입문이 없다. 누구라도 주인의 눈치를 보지 말고 쉽게 찾으라는 배려인 것 같다. 입구의 구실을 하는 오솔길 양편에는 대나무 숲이 우거져 먼 길을 찾아온 방문객들의 마음을 한층 맑고 깨끗하게 만들어 준다.

소쇄원의 주 건물은 재월당(齋月堂)이다. 집주인의 개인 공간으로 햇빛과 달빛이 잘 드는 언덕배기(기슭)에 자리잡고 있는데 초가삼간의 규모를 벗어나지 않는다. 울타리라고 해야 고작 50여 m에 이르는, 시작도 끝도 없는 흙돌담이 전부인데 집주인은 그 담장에 '애양단'이란 이름을 붙이어 놓았고, 우암 송시열의 '소쇄처사 양공지려'라고 쓴 현판이 소쇄원의 문패 구실을 하고 있다. 우리는 거기서 조선조 선비의 검약 정신과 질박한 품성을 오늘을 사는 지혜로 받아들여야 할 것이다.

재월당 아래의 계곡에 광풍각(光風閣)이 있는데 소쇄원의 사랑채 구실을 한 곳이다. 장식용 수차를 만들어 그 물로 약동을 광풍각에서 즐길 수 있는 착상이 뛰어났다. 집주인은 그곳에서 찾아온 손님과 이야기도 나누고 취흥이 도도하게 일면 시를 읊고 풍류를 즐겼을 것이다.

계류를 따라 올라가면 대봉대(待鳳臺)가 있다. 서조인 봉황을 기다리는 곳이라는 뜻인 듯하다. 거기에 초정을 짓고 대 아래에는 벽오동과 대나무를 심었는데,

'봉황은 오동나무가 아니면 살지를 아니하고, 대나무 열매가 아니면 먹지를 아니한다.'(~鳳凰 非梧桐不棲 非竹實不食~)의 상징이리라.

소쇄원에 식재된 수목도 옛 선비들이 좋아했던 것들이다. 토종인 소나무와 단풍나무, 등나무, 버드나무를 비롯해서 중국산인 왕대나무, 매화나무, 살구나무, 회화나무, 사계화, 측백나무, 벽오동, 배롱나무 등이 있는가 하면 일본산 철쭉도 있다. 그뿐 아니라 국화와 파초, 연꽃

등도 있다.

소쇄원은 우리다운 경원(景圓, 景苑)이다. 터무니없이 큰 규모에 현란한 색채로 알록달록하게 치장한 중국의 정원도 아니요, 너무 섬세한 아름다움을 추구한 나머지 자연 본래의 생동감이 죽어버린 일본의 정원도 아니다. 그것은 자연의 장점을 최대한 이용하고 자연을 건드리지 않는 상태에서 만들어진 우리 예술품인 것이다.

다음은 식영정 사선–임억령, 정철, 김성원, 고경명–을 찾아뵐 차례다. '그림자도 쉬어 가는 정자' 라지만 본체가 분명히 실존하는데 찾아가지 않을 수가 있겠는가?

십용십일구(十用十一口)의 섬

보길도는 해남 땅끝에서 남쪽으로 12km, 완도에서는 서쪽으로 32km 떨어진 곳에 위치한, 우리 나라에서 22번째 가는 섬이다.

33㎢의 면적에 41km의 해안선을 가진 이 섬은 '물외의 가경이요, 해중의 선경'이라 일컬어지는 절경의 섬이다. 조선조 때에는 영암군에 속해 오다가 1897년 완도군이 설치됨으로써 완도군에 속하게 되었다.

섬의 동쪽에는 311m의 광대봉이 있고, 서쪽에는 364m의 망월봉이 있으며, 남쪽에는 425m의 격자봉이 있는데 봉만이 한번 만져 보고 싶도록 잘 생겼다. 산지에는 동백나무, 후박나무, 팽나무 등의 활엽수와 곰솔나무 등 20여 종의 나무가 자생하여 아열림의 서정을 자아내기도 한다. 워낙 경관이 뛰어난 섬이라 그 이름도 '십용십일구(十用→甫, 十一口→吉)'에서 왔다고 한다. 섬 안에는 명당 자리가 11군데 있는데, 10군데는 이미 사용되었고, 나머지 1군데도 쓸 사람이 정해져 있다는 뜻으로 풍수지리의 고장이기도 하다.

보길도에는 뛰어난 관광지 16군데가 있는데 문인들이 꼭 보아야 할 곳 5군데만 소개한다.

1. 세연정(洗然亭)

행정 구역상 부황리에 속하며 청별항에서 1.5km 떨어진 곳에 소재한다. 고산이 개척한 부용동 원림의 입구에 있으며, 고산이 처음 상륙했던 청원포가 있는 곳이다. 3천여 평의 계원(溪苑)에 보를 막고 600여 평의 계담과 250여 평의 인공 연못을 만든 곳이 세연지이고, 그 중앙에 건축한 정자가 세연정이다. 세연지는 밑바닥 암반을 이용하여 보를 쌓아 반자연, 반인공으로 축조했는데 고산의 건축공학과 기하학적 지혜가 유감없이 발휘되었다 한다.

고산은 날씨가 청화하면 무민당 거처에서 이 곳에 내려와 풍류를 즐겼다 한다. 고산이 정자에 도착하면 제자들과 악인 무희들이 시립하고, 채색옷을 입은 하동들이 배를 저으면 어부수조(漁夫水調)의 완만한 곡조에 따른 노래가 나오고, 관현악이 여기에 곁들여 분위기가 무르익는다. 수 명의 무희들은 동 · 서대에서 춤을 추는데 그림자가 낙엽처럼 물 속으로 떨어졌다. 아, 얼마나 황홀한 풍류의 경지인가. 푸른 하늘을 머리 위에 두고도 그 하늘을 바라볼 겨를이 없는 현대인은 얼마나 불행한 군상인가!

2. 부용동(芙蓉洞)

부용동이란 이름은 마을을 겹겹이 둘러싼 산, 사방을 두루 살펴보면 푸른색 아지랑이가 창울하게 떠오르고, 첩첩이 둘러선 봉만이 반쯤 핀 연꽃과 같다하여 지어진 이름이다.

고산은 이 곳에서 부용동 원림을 개척하고 마지막 세상을 뜰 때까지 머물렀다고 한다. 옛날 사람들은 동방의 2대 절승지로 삼일포(三日浦)와 보길도를 꼽았다고 한다. 그런데 조용한 취미를 갖게 하는 곳은 삼일포가 보길도에 미치지 못했다고 하니 보길도는 옛날부터 은둔지처로 소문 난 곳이다.

'산이 부더운 구름과 장기(瘴氣)가 가득한 바다 가운데에 솟아 있지만 청숙하여 한번 부용동에 들게 되면 이 산 밖에 바다가 있는 줄을 잊게 한다' 고 「보길도지」에 기록하고 있다. 고산은 음양오행가요, 풍수지리 학자다. 주위에 우거져 있는 소나무 · 떡갈나무 · 추나무 · 밤나무 · 차나무 사이에서 산돼지 · 노루 · 사슴 · 토끼들과 이야기할 수 있는 터를 잡았다. 이러한 자연과 교감하면서 그의 시전(詩田)을 가꾸었기 때문에 그를 자연 친화의 시인이라 찬양하는 것이다.

3. 낙서재(樂書齋)

낙서재란 독서를 즐기며 호학하는 선비의 집(삶)을 상징한다. 고산은 몇 차례 격자봉(혹은 적자봉)에 올라가 주산의 형국을 살피고, 그 혈맥이 세 차례나 꺾이어 내려오는 곳에 소은병 병풍바위가 있음을 발견하고 그 아래에 터를 잡았다. 혈전(穴田)은 높고도 넓은 곳으로 좌측은 양에, 우측은 음에 속한다고 생각했다. 풍수지리에 밝은 고산은 낙서재에 많은 책을 쌓아두고 제자들을 가르쳤다. 낙서재는 주거 공간으로 지금은 관광 안내판 하나만 서 있는 폐허지만 당시에는 사방으로 퇴를

단 집이었다. 비록 3칸의 집일망정 북향한 뜻은 임금님을 그리워하는 연주지정의 상징이었으리라. 고산은 달이 뜨는 밤이면 거북바위(귀암)에 앉아 완월하기를 좋아하고 마음의 벗으로 삼았을 것이다. 거북바위에 돋는 만월을 보지 못하고 홀쩍 돌아가야 하는 나그네의 마음에는 한 가닥 아쉬움만 불타고 있을 따름이다.

4. 동천석실(洞天石室)

낙서재에 마주 보이는 안산의 중턱에 위치한다. 해발 100m쯤 되는 지점은 약 1000평쯤 되는 암석군인데 돌문 · 돌계단 · 돌란 · 돌샘 · 돌못 · 돌다리 등이 있다. 고산은 이 곳에 한 칸의 집을 짓고 도교의 신선 같은 생활을 했다. 책을 읽기도 하고 차를 달여 마시기도 하며 소요하는 은자의 생활을 하였다. 특히 차를 끓여 마실 때 일어나는 운무를 석실모연(石室慕烟)이라 하여 즐겼다.

고산은 노쇠한 체력에 가파른 석실을 오르내리기가 힘들었다. 그래서 낙서재와 석굴 사이에 도르래 같은 장치를 해 놓고 음식을 그 줄에 매달아 운반했다고 하니 이것은 고산의 과학적 창의력이다. 송간석실에서 새벽달을 보고 의창교 저녁 노을에서 낙엽 소리를 들었을 법한 은자의 모습이 머릿속에 아련히 떠오른다.

5. 우암 탄시암(尤庵嘆時岩)

행정 구역상 백도리에 속하며 청별항으로부터 8km 떨어진 보길도의 동쪽 끝에 있다. 일대가 거석괴암으로 이루어져 있고 동쪽에 소안도가 손에 잡힐 듯이 보인다.

우암 송시열은 조선 숙종 때(1689년) 왕세자 책봉에 대한 반대 상소문이 화근이 되어 제주로 유배 가던 중, 풍랑을 만나 잠깐 피신하는 사이 자신의 억울한 심정을 바위에 새겼는데 이를 '우암 탄시암' 또는 '글씐바위'라 부른다. 가로 90cm, 세로 80cm 암면에 8줄로 새겼다. 지금은 사적지로 지정했지만 옛날에는 깎아지른 절벽에 새파란 바닷물만 부딪쳤을 것이다.

여든 세 살의 늙은 이 몸이
거칠고 먼 바닷길을 가노라
한 말이 어찌 큰 죄가 되어 세 번이나
쫓겨나니 신세가 궁하구나
북녘 하늘 해를 바라보며 남쪽 바다
믿고 가느니 바람뿐이네
초구에는 옛 은혜 서려 있어
감격한 외롱누 속마음 눈물 짓네

억울하여 때를 한탄하는 마음은 갑남을녀뿐만 아니라 왕후 장상에도 있었던 모양이다. 「조선 왕조실록」에 가장 많이 등장했던 우암 송시열! 나지막한 해조음이 그의 한숨인 듯 귀전에서 맴돈다.

별을 헤며 사는 땅

'옛 것을 숭상하는 도덕군자가 많이 산다' 는 고금도(古今島)! 내 생에 가운데 2년 6개월 간 섬 생활을 체험했던 추억의 고장이다.

면적 45㎢에 51km의 해안선으로 둘러 싸인 그 섬은 한 때 강진군에 속해 있다가 1896년 완도군 설치와 함께 그 군에 속한 섬이다. 강진 마량항에서 남쪽으로 2~3km 떨어진 그 섬은 북쪽에 246m의 덕암산의 산지가 있고, 남쪽은 구릉성 산지와 평야가 분포되어 있다. 동쪽은 해안선을 따라 간석지가 빌달해 있으며, 서쪽은 215m의 봉항산 산지가 있어서 팽나무, 동백나무, 추박나무 등의 난대림이 우거져 있다.

섬 둘레의 어장은 어류의 산란장으로 적합하며, 제주 난류의 북상에 따라 난류성 어족이 풍부하고 굴과 김, 미역 등의 양식이 성행한다. 거기다 쌀, 보리 등 식량 자급률이 130%에 달하고 있어 완도군내 어느 섬보다 식생활에 여유가 있고, 돈후한 인심으로 유명한 섬이다.

내가 그 섬에 들어가기 전에는 섬이란 교통이 나쁘고 문화적 혜택이 빈곤한 곳, 세상과 격리된 벽지, 바다의 위협적인 공격 앞에서 항상 불안한 생활을 하는 곳이라는 정도의 선입견을 가지고 있었다.

그러나 내가 실제로 그 섬에 들어가 생활을 해보니 그 때까지 내가 가지고 있던 선입견은 심한 편견이었음을 깨달았다. 바다라는 비논리의 카오스 앞에서 항상 불안에 떨고 있는 손바닥만한 코스모스가 아니라 신비한 코스모스 앞에 손바닥만한 카오스가 있었을 뿐이다. 사리 판단이 거기에 이르고 보니 도서 벽지 근무를 더 일찍 하지 못한 것이 후회스러웠다.

내가 고금종합고등학교에 부임했을 때 그 학교는 학년당 3학급, 총 9개 학급으로 편성되어 있었는데 나는 3학년 여학생반을 담임하게 되었다.

섬에 막상 부임해 놓고 보니 아는 사람도 없고, 놀러갈 곳도 마땅치 않아서 밥만 먹으면 학교밖에 갈 곳이 없었다. 학년 초 학급회 조직과 환경 정리를 마치고 가정 방문을 충실히 하기로 했다. 섬 사람들의 생활 환경과 그들의 정서를 좀더 깊이 이해해 보자는 속셈이었다.

가는 곳마다 내 손을 잡아 주며 반갑게 맞이해 주었다. 만져지는 손마다 솥뚜껑만큼이나 크고 솔껍질처럼 껄끄러웠다. 일을 많이 했다는 증거리라. 손톱만 가꾸면서 호의호식하는 사람 옆에 이렇게 손톱이 닳은 사람이 있어서 우리 사회가 올바로 굴러가는 것이 아닐까. 전쟁 때 적군의 포로를 잡으면 장교인가 사병인가 구별하는 데는 손톱과 손마디를 보고 장교인지 사병인지를 구별했다는데, 농사일과 갯일을 함께 한 그들의 손마디가 굵고 손톱이 닳은 것은 너무도 당연한 일이었다.

비록 손톱은 닳고 손마디는 굵지만 그 손으로 따르는 소주 한 잔, 커피 한 잔, 호주머니에 넣어 준 계란 두어 개, 신문지로 싼 김 한 톳, 횟가루 종이로 싼 멸치 한 포……, 이것은 소박한 인정의 유로였다.

돌멩이도 자란다는 6월. 사흘 간의 보리베기 농번기 휴가를 했다. 첫날 하루는 유료 보리베기 동원이고 나머지 이틀은 가사 조력이었다.

첫날 작업량과 작업 장소를 배정하는데 각 학급이 똑같이 30마지기씩을 배정받았다. 나는 왜 학년의 치이, 남녀의 차이를 고려하지 않느냐고 교감 선생께 항의했더니 교감 선생은 허허 웃으면서 하루가 지나 보면 알 것이라 한다. 나는 도저히 그 뜻을 이해하지 못하고 작업 현장에 가서 노동의 신성성과 곡식의 귀중함 그리고 안전 사고에 대한 몇 가지 당부를 한 다음 작업을 하도록 했다.

작업 지시가 내려지자 여행생들이 능숙한 농부 뺨치게 일을 잘하는 것이 아닌가. 옹골한 작업 태도와 숙련된 손놀림에 그저 입만 벌리고 있었나.

육지 학교에서도 몇 번인가 여학생들을 데리고 보리베기 동원에 참여한 적이 있었는데 육지 여학생들은 낫 하나도 제대로 잡지 못했다. 손을 벤 학생, 낫이 안 든다고 갈아달라는 학생, 목이 마르다고 떼를 쓴 학생들에 비하면 이건 아마추어와 프로의 경기보다 큰 차이를 실감했다.

저녁 쉴참 때가 못 되어 목표량을 완수하고 덤으로 10마지기를 더 베어 학급비까지 마련해 놓았다. 쉴참때가 조금 넘어 학교에 돌아오니 남학생들은 그 때까지 목표량도 베지 못했다. 그 날 여학생들의 가열(苛烈)한 작업 정신이 도서 지방 생존력의 원형이었음을 분명히 확인했다. 경탄할 우먼파워의 고갱이었다.

옛날부터 내려온 '장가는 남쪽으로 가고, 시집은 북쪽으로 가라'는 말이 빈말이 아닌 것 같았다.

그러나 섬에는 한 가지 불편한 점이 있다. 주말에 태풍 경보가 내린다거나 휴가 중 근무가 끝난 자투리 시간엔 교통의 불편을 절감했다. 그러한 날이면 방 안에서 뒹굴거나 산에 올라가서 육합(六合)을 둘러 보면서 섬에 대한 상징을 생각했다.

섬은 새 사람이 새로이 시작하는 창조성도 있지만, 섬을 삼신산(봉래산, 방장산, 영주산)과 연결하여 원경으로 보면 백의의 신선들이 사는 선경이다. 그러나 근경으로 보면 황금색 궁궐은 물 속으로 침잠하고 성난 노도만이 벼랑을 깎아 올린다. 일본 사람들은 도국근성(島國根性)이라는 것을 들먹인다. 섬 사람들은 대범하지 못하고, 사소한 일에도 곰상스럽게 얽힌다고 하지만 나는 그 말에 동의하지 않는다. 18세기 유럽을 이끈 나폴레옹도 코르시카 섬 사람이며 김대중 대통령이나 김영삼 전 대통령도 섬 사람이었다.

그러나 섬을 역사 · 문화적으로 생각할 때 고립과 격리의 상징이다. 유배가 그것이다. 유배는 부정의 징계로 죽음의 전단계다. 고려의 충정왕과 창왕이 섬에 유배를 갔고, 조선의 안평대군, 능창대군, 영창대군, 연산군이 섬으로 유배를 갔으니 삼공육경 이하야 말해 무엇하겠는가. 더러는 자기의 전비를 반성도 했을 것이고 더러는 억울하여 피눈물을 흘렸을 것이다.

이처럼 슬픈 인생일진대

차라리 망망한 창해

한 점 섬으로 되어져라

날이면 날마다 불어오는 바람결에

고이고이 사념을 씻어 보고

아득한 물이 임인 양 그리워지면

하늘을 우러러 별을 헤며 살지

—홍원 〈섬〉의 일부—

그렇다. 섬은 별을 헤며 사는 고장이다. 지난해 고금도를 찾았다. 탐욕스런 자본의 바이러스가 섬의 여기저기를 침식하고 있었다.

옛 사람들은 '산천은 고금동이요 인심은 조석변' 이라 했는데 고금도의 인심은 고금동이요 산천은 조석변이었다.

아! 그리운 고금도!

지국총 지국총 어사와의 여운

늦게 찾아온 장마가 그 위력이나 과시하려는 듯 게릴라성 폭우로 변하여 밤새 쏟아진다. 기상 예보에 의하면 내일 오전까지 100mm가 더 내릴 것이라고 하니 아무래도 내일 보길도 답사기행은 우산의 신세를 져야겠구나 예단하고 밤늦게 잠자리에 들었다. 잠이 깰 때마다 빗소리는 창문을 뚫고 귓전에 세차게 들려 왔다. 그러다가 새벽녘이 되자 빗소리가 차차 작아지더니 이윽고 빗방울도 걷히었다.

'오늘 기행답사는 마고소양(麻姑搔痒)으로 여의하겠구나!' 생각하고 준비를 서둘렀다. 10가족 25명이 땅 끝에 도착한 때는 오전 9시 30분, 보길도행 철부선이 출항하기 10분 전이었다. 서둘러 승선을 했다.

보길도는 행정구역상 전라남도 완도군 보길면이다. 그 면적은 32.98㎢로 동서가 12km, 남북이 8km의 작은 섬이다. 해남 땅끝[土末]에서 12km, 군소재지인 완도읍에서 32km 떨어진 곳에 위치한 해상 국립공원으로 3,700여 명의 주민이 생활하고 있다.

자고로 동방의 승지는 삼일포(三日浦), 보길도(甫吉島)가 으뜸인데, 그윽하고 잔잔한 정취가 풍기는 보길도가 삼일포보다 낫다고 함과 같이 경관이 수승한데다가 고산 윤선도의 유적이 많은 관광지이다.

배가 출항하자 소금기에 전 시원한 해풍이 배꼽까지 스민다. 일상에 찌든 때와 티끌이 일시에 날아가 버린다. 넓고 푸른 바다 위에 점점이 떠 흐르는 다도해가 바로 한가닥 예술이요 한폭의 그림이다. 선상에는 삼삼오오 끼리끼리 모여서 어부사시사의 시(時)와 경(景)과 흥(興)에 젖어드는데 극성스런 광주 아줌마 시인들은 입도 즐거워야 한다고 인절미 하나씩을 돌린다.

철부선은 어지럽게 널려 있는 미역 · 다시마 · 김 등의 발을 이리저리 피하면서 중간 기항지 넙도를 거쳐 한 시간만에 보길도 선착장 청별리에 닿았다. 일행 모두가 아침을 설쳐 놓아서 아침 겸 점심을 먹기로 했다. 식단은 회와 매운탕인데 그런 대로 맛이 있었다.

제1답사지는 글씐바위다. 청별리에서 동쪽으로 약 6km 떨어진 이 바위는 조선 숙종 2년(1639년) 우암 송시열이 왕세자에 대한 상소를 올린 것이 화근이 되어 제주도로 유배가던 중, 풍랑을 만나 이 섬에서 피신을 하게 되어 자기의 억울한 심정을 글로 지어 바위에 새기게 했다는 이야기가 있는데, 300여 년의 비바람에 풍화 또는 마모되어 원형을 판독하기는 힘들다.

해안은 깎아지른 암벽으로 이루어졌고, 동쪽으로 비스듬히 누워 있는 소안도의 맹선리 마을은 손을 뻗으면 잡힐 듯했다.

전해오는 말에 의하면, 우암 송시열이 배 안에서부터 배탈이 났었는데 너무나 위급하여 정적인 고산 윤선도에게 사람을 시켜 약방문을 청했다. 증세를 자세히 들은 고산은 돼지 비계를 팍 고아서 드리라고 했다. 주위 사람들이 아무리 생각해 보아도 배탈난 사람에게 비계를 먹인다는 것은 죽음을 재촉하는 결과밖에 되지 않는다고 주저했는데, 우암이 우겨서 고아먹고 바로 나았다니 아무리 정적이지만 사람의 목숨은 귀하게 여겼던 듯 싶다.

제2답사지는 예송리 해수욕장이다. 청별리에서 약 5km 떨어진 이 해수욕장은 천연기념물 338호인 감탕나무를 비롯하여 생달나무 · 동백나무 · 참느릅나무 · 해송 · 적송 · 구실잣나무 등 상록수림(천연기념물 40호)과 갯돌밭으로 유명한데 10여 년 전에 왔을 때보다 해안이 문명의 찌꺼기로 오염돼 버렸으니 안타까운 일이다.

예송리에서 동남쪽으로 5km 쯤에 등대와 상록림으로 유명한 자지도(항문도)가 있는데 어감이 점잖지 못하여 최근에 섬 이름을 당사도로 개명(?)했다고 하니 지명이나 인명은 청각인상이 제일 요건인 듯하다.

다음 코스는 청별리에서 약 5km 떨어진 부용동이다. 고산이 10여 년 간 기거했던 낙서재(樂書齋)와 곡수당(曲水堂), 동천석실(洞天石室) 등이 있는데, 낙서재와 곡수당은 터만 남아 있고 동천석실만 최근에 복원했다 한다. 동천석실은 낙서재에서 약 1km 떨어진 안산(높이 100여 m)의 팔부 능선쯤에 세운 정자다.

동천이란 산천의 경치가 두루 좋은 곳, 신선이 사는 곳, 하늘로 통한다는 뜻을 갖고 있다 한다. 석실은 석조로 된 거실, 은거하는 방, 서책을 보관하는 곳이란 뜻이며 이 동천석실만은 모든 사람의 금단의 지역이고 오직 젊은 소실 설씨만이 출입했다니 현대식으로 표현하면 오나시스의 사랑의 외만섬 정도나 되었던 모양이다.

산의 경사가 45도쯤 되고 본채인 낙서재와의 거리가 1km쯤 되어 음식을 날라다 먹는 것이 여간 어려운 일이 아니었다. 그래서 동천석실과 산 아래 집까지 줄을 이어 놓고 도르래를 이용해서 공중수송했다고 하니 노복들의 노고가 어렴풋이 짐작이 된다.

고산은 시서는 물론이요, 역학 · 풍류 · 유불선 · 산학 · 기하 · 의학 · 풍수 등에 도통한 석학이다.

동천석실에서 바라보는 격자봉의 능선이나 산자락은 그대로 곱게 핀 연꽃의 가장자리이고 미산은 그대로 연꽃의 꽃술이다. 아무리 모난 인성(人性)의 소유자도 이곳에서 며칠만 머무르면 저토록 편안한 격자봉의 경관에 순치되어 원융한 인성으로 거듭날 것이라는 생각이 든다. 모르거니와 이곳에서 고산은 도교의 신선사상을 유감없이 실천했을 것이니 고산의 풍수관은 지구를 하나의 생명체로 보는 현대의 가이아 이론과 같다고나 할까…….

낙서재와 곡수당은 폐허로만 남아 있어 새삼 제행무상의 심정뿐이다. 다만 낙서재가 북향으로 축조되었다는 것은 충신연주지정의 단심이었을 것이다.

이제 마지막 코스인 세연정이다. 그야말로 어부사시사나 고산의 예술, 풍류의 산실이다.

우리나라 조경 유적이나 원림 문화의 전범이다. 개울에 굴뚝다리라는 보를 막은 세연지는 일 년 중 물의 유입과 유출이 자동 조정된다고 하며, 현존 정자(세연정)는 1992년에 복원되었다고 한다.

고산은 거문고와 가야금을 퍽 애호했고 그 탄주에도 능했다. 자신을, 벼슬길에서 쫓겨난 초나라의 굴원쯤으로 생각하고 어부사시사 40수를 지었는데 이는 원래 가창을 전제로 한 창사였다. 관현을 연주하면서 희녀(姬女)들로 하여금 어부사시사를 노래하게 하고, 선상에는 채색의 옷을 입은 동남에게 춤을 추게 하였다니 세연정은 가무의 상설무대였다. 현가의 즐거움을 누리던 세연정은 전통적인 배따라기나 선유락의 노래와 춤의 한 맥을 이어왔다는 점에서 세연정의 새로운 의미가 있다니 역사도 새로운 해석인 모양이다.

벌써 오후 다섯 시다.

해바라기씨처럼 꽁꽁 여물기만하던 7월의 태양이 그 위력을 조금씩 거둬들인다. 끝없이 밀려오고 밀려가는 파도를 타고 '지국총 지국총 어사와' 의 여운이 길게 꼬리를 잇는다.

녹우당(綠雨堂) vs 녹우단(綠雨壇)

사적 167호 해남 윤씨 녹우당이 언제부터인가 '녹우단' 으로도 호칭되는것 같다. 그런데 여기서 한 가지 간과해서는 아니 될 점이 있다.

녹우당이 어느 개인의 사적 전유 공간이라면 그 명칭을 아침에 지었다가 저녁에 바꿔도 할 말이 없지만, 녹우당은 엄연히 국가가 지정한 역사적 · 문화적 공간이기 때문에 이는 개인이나 소수 집단의 자의대로 개명 개칭하는 데는 논란의 여지가 충분히 있다.

원래 말에는 혼(언령)이 있는 것이다. 400여 년 가까이 써 내려온 녹우당이라는 말에 담긴 의미를 통해서 우리는 역사나 문화의 다양한 상징이나 DNA, 정보를 얻어 왔다. 이러한 전제 아래 녹우단으로의 개명 개칭의 부당함을 지적하기 위해 몇 가지 자료를 확인해 보았다.

먼저 녹우당 정문 앞에 1968년 10월 19일 국가가 지정한 사적지 167호 표지비가 '해남윤씨 녹우단' 으로 음각되었는데 입비 후 '단' 자의 받침 'ㄴ' 을 'ㅇ' 으로 개각한 흔적이 있고, 해남군이 발행한 '고산 윤선도 유적지' 라는 홍보자료(횡서로 쓴 것과 종서로 쓴 것 두가지가 있음)에는 녹우당과 녹우단을 혼용하고 있어서 '녹우당' 인가 '녹우단' 인가 혼란스러웠다. 그래서 몇 가지 전적을 뒤졌다.

금하연 오채금의 「설문해자」에 당(堂)은 전야(殿也)로 주거용 건물,

관아, 서원 등을, 단(壇)은 제단장야(祭壇場也)로 흙을 평평하게 쌓아 행사하는 곳으로 나왔었다.

이가원의 「상해한자대전」에는 당은 정침(마루), 대청, 정사하는 곳, 신불을 모신 집 정도로 나와 있고, 이희승의 「국어대사전」에 당은 정각의 이름에 붙이는 말(양화당, 백인당), 인물의 이름에 붙이는 말(청송당), 당집 등에 붙이는 말(능연당), 아호 밑에 붙이는 말(사명당), 점포 이름 밑에 붙이는 말, 집회하는 곳(공회당)등으로 나와 있다.

이를 기초로 당은 사람이 주거하는 생활 공간으로 요약할 수 있고, 단은 원구단, 참성단과 같이 하늘과 땅의 신께 드리는 제의 공간으로 요약할 수 있다.

녹우당은 대략 연지, 고산윤선도 유물 전시관, 관리동, 교육동, 충헌각, 어부사시사 시비, 녹우당, 고산 사당, 어초은 사당, 산책길, 어초은 추원당, 어초은 묘, 비자나무 숲 등 13개 소구역으로 나뉘어져 있고, 건물은 안채, 사랑채, 행랑채, 헛간, 안사당, 어초은 사당, 고산 사당으로 짜여 있는데 여기 어디에도 천지지신께 드리는 제의 공간은 없다.

어초은 사당, 고산 사당, 추원당은 천지지신께 드리는 제의 공간이 아니라 조상신을 모시는 제의 공간이다.

이로 보아 '녹우단' 으로 부르는 것은 보편타당성이 없고 사랑채 앞에 걸린 옥동 이서가 작호한 현판 그대로 녹우당으로 부르는 것이 역사적으로나 정서적으로나 타당하다고 본다.

따라서 녹우당의 외연(外延)이 녹우단보다 큰 유개념이 되고, 녹우단은 녹우당의 종개념밖에 되지 않는다. '녹우'란 신록의 무렵에 오는 비로 은행잎이 바람에 떨어지는 상황 묘사라 해도 좋고, 대나무 숲에 바람이 이는 모습이라 해도 상관이 없다.

허공의 삭은 별에도 이름이 있고, 외로운 초원에 피는 야생화에도 이름이 있다. 우리는 이름을 통해서 모든 존재를 파악한다. 그래서 사물이 있고 이름이 있는 것이 아니라, 이름이 있고 사물이 있다는 역설을 생각해 낸 이어령의 말을 다시 한 번 음미해야 할 것이다.

왜, 영암호인가?

내가 그의 이름을 불러주기 전에는
그는 다만
하나의 몸짓에 지나지 않았다.

내가 그의 이름을 불러주었을 때
그는 내게로 와서
꽃이 되었다.

시인 김춘수의 〈꽃〉 이란 시의 1, 2연이다. 자아의 존재론적 인식과 실체의 추구를 노래한 것이다.

사물에 있어서 명명이라는 절차가 있기 전까지는 부재의 존재였던 것이, 꽃이라고 명명할 때만 비로소 참다운 존재의 양태를 지니게 된다는 뜻이다. 다시 말하면 이름을 불러준다는 것은 인식의 대상을 포착하는 것이요, 사물에다 참다운 의미를 부여하는 것이다. 그래서 이름이란 사람이 됐건 땅이 됐건 사물이 됐건 존재의 총체적인 상징인 것이다.

사람의 이름인 경우 한자문화권에서 살았던 우리 선인들은 한 인간의 상징적인 개개인의 이름을 존중하는 경명사상(敬名思想)이 있었다. 한 사람을 두고 명(名), 자(字), 휘(諱), 호(號)로 각각 부를 때 같은 사람이지만 존재의 위상이 달라졌던 것이다.

땅의 이름인 경우 지형의 특징이나 역사성을 강조했기 때문에 어떠한 의미에서 땅 이름은 겨레의 얼이 담긴 무형적 문화유산이다.

구름재(운현), 밤고개(율현)는 고개가 있어 붙은 이름이요, 복사골(도화동), 밤골(율동)은 유실수와 관계된 이름이며, 잿골(재동)은 조선조 때 살상의 죄와 피냄새를 없애려고 재를 뿌린 데서 연유했다고 한다.

농업기반공사 영산강사업단에서는 1985년부터 1993년까지 810억 원의 공사비를 투입하여 해남군 산이면과 영암군 삼호면을 연결하는 제방을 쌓아서 35,500ha의 인공호수를 만들어 놓고 영암호라 명명했다. 해남 사람으로서는 도저히 공감할 수 없는 이름이다.

영암쪽의 삼호면과 미암면을 잇는 해안선은 해남쪽의 산이면, 마산면, 계곡면을 잇는 해안선의 절반도 되지 못 한데다가 관광지도상으로 봐도 해남쪽의 면적이 훨씬 넓다. 특히 황도훈 전 해남문화원장의 증언에 의하면 국립지도원에서 발행한 지도에는 지금의 영암호 자리가 분명히 해남만으로 기록됐다는 것이다.

해남만을 막았으면 그것은 당연히 해남호가 되어야지 어째서 영암호인가? 엄연한 역사성을 무시한 시공사측의 잘못이다. 공사 계획이나 시공 과정에서부터 영암호가 아닌 해남호가 되었어야 했다.

이것은 소지역 이기주의가 아니다. '꼴 보고 이름 짓는다' 는 우리 속담은 본질을 투시하라는 경고가 아니겠는가?

향토 문학의 발전을 위하여

바야흐로 21세기를 눈 앞에 둔 지구촌은 온통 변화의 열기 속에 휩싸여 있다. 가히 인류 역사상 최고 최대의 전환기라 일컬을 만큼 세계와 문화의 기틀이 달라지고 있다.

변하는 것만이 살아 남고 변하지 않는 것은 사멸해 버리는 가열(苛烈)한 적자생존의 논리인 국제화 시대를 맞이해서, 향토 문학이 살아남기 위한 자구책을 생각해 볼 문제이다.

문학을 시대상과 관련된 가치있는 인간 경험의 기록으로 볼 때 우리 해남문협의 어제를 다시 한 번 조명해 보고 내일의 좌표를 설정하는 것이 우리 회원들의 당면 과제가 아닌가 생각된다.

GNP 80$ 미만의 절대빈곤 속에서 삶보다는 생존 자체가 지상 명제이던 1950년대 동족상잔의 포성은 걷혔지만, 골짜기마다 자욱했던 포연이 채 가시지 않았던 시대 상황에서, 예술이나 문학은 하나의 사치요 장식품이었을지도 모른다. 그렇지만 그런 생각은 예술이나 문학을 이해 못하는 사람들의 독단일 뿐 예술이나 문학의 본질에 입각한 정론은 아니다. 예술은 인간의 생활이나 감정 자체이기 때문에 배부를 때는 예술이 있고, 배고플 때는 예술이 없는 것이 아니다. 오히려 어떤 면에서는 인간의 극한 상황에서 불후의 생명력을 지닌 작품이 탄생되었던 허다한 사례를 우리는 알고 있다.

이 지방 향토문학의 대부격인 우록 김봉호 선생을 위시한 선각적 향토 문인들은 이런 암담한 시대 상황에서 향토 문학의 토양을 가꾸기 시작했다.

지성이면 감천이라던가. 1960년대의 숱한 어려움 속에서 '한듬문학회'가 조직되었다. 나약한 고고지성이었으나 파문은 번지기 시작했다. 그런데 넘어야 할 산과 건너야 할 강이 너무도 많았다. 예술이나 문학에 대한 일반의 관심이 부족했고, 유관 기관의 지원마저 태무였던 시절이라 활동비 일체와 동인지 발간 경비는 회원들의 주머니 추렴으로 충당해야 했다.

이러한 각고의 노력은 결코 헛되지 않아서 향토 문학에 대한 이해와 관심이 확산되었고 문학 인구의 저변 확대에 괄목할 발전을 이룩하였다.

1972년 한듬문학회가 한국문인협회 해남지부로 전국 군부에서 가장 먼저 창립되었고, 1991년 1월 사단법인 한국예술문화단체총연합회 해남지부가 인준되어 오늘에 이르고 있는 실정이다.

초창기 한듬문학회나 해남문인협회 회원들이 어려운 시대 상황에서 껍질이 깨지는 아픔을 참고, 슬기를 모아 오늘의 향토 문학의 토양을 비옥하게 가꾼 땀과 정성은 실로 특기할 만한 것이다.

그러나, 변화하는 시대를 살고 있는 우리들은 과거의 업적을 자찬만 하면서 여기에 안주할 수는 없는 노릇이다.

변화에 대처하는 첫째 방법은 스스로 변화하는 길이다. 우리는 알게 모르게 두꺼운 구각의 겹겹이 쌓여 있음을 통찰해야 한다. 이 구각을 스스로가 깨뜨리는 일 즉 거듭나는 아픔으로 스스로를 갱신하자는 것이다.

당국의 지원금을 조금 얻어서 1년에 동인지 1회 정도 발간한다던가 문예 백일장 한 번쯤 개최하는 것으로는 향토의 문학 수요를 결코 충족시키지 못한다. 참다운 국제화는 참다운 지방화라는 등식을 철저히 인식하고 끝도 갓도 없는 무한 경쟁에 대처하자는 것이다.

한 겨레의 운명을 결정짓는 근원적인 에너지는 예술적 · 문화적 창조력이다. 한때 원나라와 청나라가 중원을 무력으로 지배했지만 끝내 망하고 만 것은 중화의 엄청난 문화적 에너지를 극복하고 소화하지 못했던 소이였다. 예술 문화가 창조력을 잃었을 때 그 겨레의 활력은 침체되고, 자주성을 찾았을때 그 나라의 위상이 왕성해지는 만큼 예술 문화의 힘이 위대하다는 것을 다시 한번 재인식해야 할 것이다. 이 예술 문화의 힘을 창출하는 사람이 다름아닌 예총회원이라는 것을 알아야 한다.

변화에 대처할 명쾌한 논리는 변화밖에 없을진대 나약한 아마츄어적 구각을 훨훨 벗고 근성있는 프로의 자세로 회귀해야 한다. 프로에게는 방심이나 안일이 있을 수 없으며 오직 정진과 싸움만이 있고, 또 싸워서 이기는 것만이 프로의 사명이다. 에머슨의 말처럼 예술가는 자기 예술의 희생이 되지 않으면 안 된다. 꿀벌이 자기의 침에 목숨을 걸

듯이 예술가도 자기 예술에 생명을 걸지 않으면 안 되는 것이다.

다음으로는 힘을 모으는 일이다. 구슬이 서 말이라도 꿰어야 보배라고 하듯이 분산된 힘은 힘이 아니다. 역량있는 향토의 기성 문인을 중심으로 해서 성실하고 의욕에 찬 동호인을 다수 영입하며, 나아가 우리 향토에 애정을 갖고 있는 경향 각지의 문인들과 횡적 유대를 돈독히 하자는 것이다. 열린 시대 열린 마음으로 회원 각자의 슬기를 짜내어 향토의 문예 수요를 충족시킬 프로그램을 개발해서 활발하게 문학을 토론하고 문학을 생활화해야 할 것이다.

위대한 문학, 생명있는 문학은 시간적으로 영속하고, 공간적으로 보편적 특질을 갖는다고 한다. 시간적 공유 영역의 확대와 공간적 공유 영역의 확장은 향토 문학 발전의 길이다. 시간적 공유 영역의 확대는 과거와 현재 그리고 미래로 이어지는 시간의 축에서 문학의 항구성을 탐색하는 길이며, 공간적 공유 영역의 확장은 향토(지방), 한국, 세계 문학의 한 부분을 공유하는 길이다.

모든 문학은 인간에게 정서적 감동을 준다.

연초에 어느 스님이 예술을 모르는 사람들이 정치를 하니까 세상이 답답하다는 투의 법어를 설하였는데 역시 공감이 가는 말이다.

예술은 인간을 인간답게 하고, 세상을 재미 있게 하는 윤활유다. 인간이 소외된 각박한 오늘의 시대상을 투시하고, 우리 문인들이 시대적 소명 의식을 자각하며, 문화 창조자로서의 소임을 다한다면 변화하는 시대에 적응 · 발전하는 향토 문학의 꽃은 탐스럽게 필 것이다.

K시인의 귀향

돌멩이도 자란다는 6월 어느 날, 뜬금없는 한 통의 전화를 받았다.

우리 문협 출향회원으로 서울에서 살고 있는 K시인이 자기가 성장했던 마을 옆의 '꿀떡개' 바다 답사차 내일 해남에 내려갈 테니, 시간을 좀 내어 동행하자는 얘기였다.

그렇지 않아도, 크고 작은 문학 기행이나 유적 답사 또는 강연회 같은 것에 끈끈한 취미를 가지고 있는 터라 즉석에서 동의했다. 마치 시장한 놈에게 요기시켜 준다는 소식처럼 반가웠을 뿐 아니라, 낭랑하고 청아한 목소리를 거절할 수는 더욱 없었다.

그런데, 나는 해남에서 거의 한 평생을 살고 있기에 웬만한 지명이나 문화 유적지를 대략 알고 있는데 '꿀떡개' 란 이름은 너무도 생소하기만 했다.

'꿀떡개' 바다가 얼마나 아름다웠으면 그미(그녀)의 처녀 시집 제호를 〈쑥냄새 나는 내 이름의 꿀떡개 바닷가〉라 했을까? 또 '꿀떡개' 바다가 얼마나 그리웠으면 24년만에 다시 찾아보겠다는 것일까? '꿀떡개' 란 무슨 뜻일까? 아마 '꿀' 은 '굴(石花) → 꿀' 로 경음화된 것이고, '떡' 은 '적(껍질, 조각) → 쩍' 으로 경음화되었다가 다시 유추현상으로 '쩍→떡' 으로 된 것 같으며, '개' 는 바다의 방언이리라. 그래서 모르지만 '꿀떡개'는 '굴의 껍질이 쌓인 바다'일 것이다. 나는 이런 저런 생각을 접지 못하고 잠이 들었다.

다음 날 약속된 장소에 차를 대었다. 단발의 생머리에 하얀 T셔츠, 그 위에 체크무늬 브라우스, 검정색 반바지 치림에 하얀 운동화를 신고 여행용 가방을 젊어진 K시인이 기다리고 있었다. 한마디로 죽은 데라고는 한 곳도 없는 선명한 이목구비와 다부진 체격이었다.

출발한 지 20여 분이 지나자 작가 K선생이 살았다는 마을에 이르렀다. 그는 몇 년 전만 하더라도 전남문협 지회장을 역임하면서 활발한 작품활동을 했었는데 건강상 명퇴를 하고 지금은 구순의 노모를 봉양하고 있는데 그분의 얼굴도 볼 겸 K시인도 소개할 겸 잠깐 들렀다. 자기 몸도 불편한 저지에 독신 생활을 하면서 치매 상태의 노모를 봉양하는 K선생의 효성에 저절로 머리가 수그러졌다.

다시 차를 몰았다. 도로 오른쪽은 옛날에는 만경창파의 바다였는데 지금은 논으로 변하여 모내기가 한창이었다. K시인은 말없이 차창밖만 바라보았다. 무슨 생각을 했었을까. 속단이지만 벽해를 상전으로 바꾼 교만하고 탐욕스런 현대 문명의 해악을 생각했을 것이다.

제1답사지인 큰개에 도착했다. 전형적인 리아스식 해안으로 시계의 해안선은 3~4km였다. 해안에 계란색의 바위들이 울뚝불뚝 늘어져서 경관은 꽤 좋은 편이었으나 폐선이나 각종 어구 생활 쓰레기가 흩어져 있어서 나는 얼굴을 찡그렸는데 시인은 '야!, 야!' 하는 탄성을 연발했다. 그러다가 그미는 이리 뛰고 저리 뛰고 하더니 바위에 걸터

앉아 무언가 열심히 메모를 하였다. 내 추측에 즉흥시 몇 편쯤 지어 본 것 같았다. 시인은 한참 동안의 메모 작업이 끝나자 다시 뻘밭을 거닐었다. 그때 마치 새끼게 몇 마리가 볼볼 기어다니고 있었다. 그미는 그것을 잡으려고 이리 뛰고 저리 뛰더니 그 중에 한 마리를 잡아 째짝째짝한 물에 씻는 둥 마는 둥 입에 넣고 삼켜 버리며 '게 한 마리 잡아 먹었어요.' 하고 나를 보며 웃었다. 바다가 어머니라면 그미는 어머니 품에서 한 방울의 젖을 먹은 어린 아이였다. 노자는 가장 먼 여행은 귀향[遠則反]이라 했는데 그미의 여행이 바로 그것은 아니었는지.

나도 모르는 사이에 손수건을 꺼내어 그미의 옥수에 묻은 뻘을 닦아주었다. 그리고 망가진 어망을 끊어서 흰 운동화에 묻은 뻘을 닦는데 동작이 부자연스러웠다. 왼손으로 그미의 토실토실한 장단지를 붙잡고 오른손으로 뻘을 씻어 냈는데 뻘은 제대로 씻기는지 마는지 왼손이 가볍게 떨렸다.

우리는 바위에 나란히 걸터앉아 바다를 보았다. 바닷물은 개펄이 있는 곳이거나 없는 곳에서도 구름이 끼면 흐린 법이라서 구름낀 그 날의 바닷물도 흐렸다. 때때로 햇빛이 구름을 뚫고 바다에 비칠 때엔 황금의 섬광이 눈부시었고, 간혹 잔잔한 해풍이 불어서 그미의 머릿결을 흔들었다. 원근의 크고 작은 섬들이 점점이 떠서 흘렀고, 그 흐르는 푸른 섬들 뒤로는 한 번도 잡아보지 못한 수평선이 느긋하게 그어져 있었다.

그미의 어깨가 내 어깨에 지긋이 닿는 순간 나는 알퐁스 도데의

「별」을 연상했다. '나는 그 잠든 얼굴을 지켜보며 꼬박 밤을 세웠습니다. 가슴의 설레임을 어쩔 수 없었지마는, 그래도 내 마음은, 오직 아름다운 것만을 생각하게 해 주는…….' 이라고 말하는 프로망스 목동의 말을 쑥 냄새 나는 '꿀떡개' 바닷가에서 다시 음미했다.

제2답사지는 진짜 '꿀떡개' 다. 큰개와 이어진 해안이지만 중간에 조그만 산 하나가 있어서 그 산을 기준으로 서쪽은 큰개, 동쪽은 꿀떡개로 부르는 것 같았다. 기대를 가졌던 꿀떡개는 나에게 있어서 '실망' 그대로였다. 큰개보다 해안선도 짧고 바다는 더 오염되고 사람들의 통행마저 뜸해서 쑥부랭이, 억새 같은 잡초가 사람의 키를 넘었다.

갈 곳이 그리도 없어서 이런 데를 답사하느냐고 물었더니 한 마디로 자기의 요람이라고 했다. 어렸을 때 어머니 손을 잡고, 초 · 중학교 시절에 친구들과 같이 놀았을 때는 지금과는 딴판이었다고 했다. 갯것(바다에서 해산물을 채취하는 일)하는 아낙네들이 시장처럼 들끓었고, 고깃배가 드나들었으며 주막이나 민가와 염전이 있어서 북적북적 했었다고 한다. '이 바다에 정든 사람 어디로 가고……' 푸념 섞인 유행가 한소절이 나도 모르게 비강에서 맴돌았다.

그런데 오염된 자투리 해안을 그미는 어째서 그토록 그리워하고 사랑했을까! 옛날부터 시인은 자연을 어머니이자 모태로 대우했고, 고향이자 스승으로 여겨왔으며 그리움이자 연인으로 생각했었다. 특히 바다는 어머니로 상징되었기에 비너스 신화는 죽음이 아닌 생성으로 태어난 것이 아닌가. 이로 미루어 인간과 사물, 문학과 자연은 대등한 관계로 숨결을 주고 받으며 끝내 인간은 자연의 대질서 속에 편입된다고 그미는 생각했을 것이다.

부처님이 임종할 때 '아난아, 내 머리를 내 고향쪽으로 돌려 다오.'라고 한 말을 알았기에 '꿀떡개'를 찾은 것 같다.

그날의 답사는 장엄한 일몰과 함께 끝을 맺었다. 그리고 시인은 떠나갔다.

향원익청(香遠益淸), 시인은 멀리 있지만 그의 애향심은 오늘도 꿀떡개 갯바람 속에서 피어나고 있을 것이다.

공룡을 찾아서

일미칠근(一米七斤)의 무거운 땀이 뚝뚝 듣는 7월 초 광주에서 사는 Y시인으로부터 전화가 왔다. 내용인즉 내일 해남에 내려가면 우항리 공룡화석지 안내를 좀 해 줄 수 있느냐는 것이다.

그렇지 않아도 지난번 우리 회원의 출판기념회 때 내가 부탁하여 시 낭송까지 해 준 빚도 있고, 그미(그녀)와 문학에 대한 담론도 나눌 겸해서 승낙을 했다.

지난 해에도 서울, 광주, 순천 등지에서 몇몇 문인들이 내려와 녹우당이나 대흥사, 미황사나 땅끝, 울돌목이나 공룡화석지를 답사할 때 내가 안내한 적이 있고, 금년 들어서도 벌써 두 번째다. 내가 문화 유적에 조금 관심을 갖다보니 이러한 일은 매일 해도 싫증은커녕 즐거움이 앞서는 터다.

다음 날 약속한 장소에서 그미를 만나 목적지로 차를 몰았다. 나는 지금까지 현지에서 열렸던 수차의 학술대회나 해남 교육청에서 실시했던 과학의 날 행사에 부지런히 참석했던 경험이 있는지라 안내하는 데는 거의 불편이 없었다.

우항리는 해남에서 진도 가는 쪽으로 약 20km 지점에 있으니 시간적으로 20분이면 족하다. 우선 현장에 도착하면 조그만 내해(금호 제방 축조 후 담수호로 변했음)가 나오고 바닷가에 약 5km의 퇴적층이 보이는데 그 발치에 공룡과 익룡 물갈퀴새 발자국이 있다.

우항리 공룡화석지의 학술적 가치는 삼최(三最)로 설명한다. 우선 공룡, 익룡, 새발자국의 화석이 한 지역에서 발견된 것으로 세계 최초의 지역이며, 지금까지 세계에서 가장 크다는 스페인의 27cm 익룡 발자국보다 8cm가 더 큰 35cm의 익룡 발자국과, 그 수(433개)로 봤을 때 세계 최대의 규모이다. 지금부터 5,500만 년 전에 생성되었다는 미국의 애오세지층의 새발자국보다 무려 3,500만이 앞선 -9,000만 년 전- 세계 최고(最古)의 공룡화석지란 것이다. 그래서 우황리 공룡화석지가 발견(1997년)됨에 따라 세계 각국의 지리 교과서를 다시 써야 할 형편이라니 어찌 우리 군민의 마음이 뿌듯하지 아니하겠는가!

공룡은 지금부터 2억 2천만 년 전에 출현하여 백악기 말기인 6천 5백만 년 전에 소멸하기까지 1억 5천만 년 동안 지구를 지배한 중생대의 왕자였다고 한다. 그 종류도 다양하여 초식 공룡과 육식 공룡이 있었으며, 보행 방법에 2족 보행과 4족 보행의 공룡이 있었다고 한다.

모형을 참고한 익룡의 모습은, 전체적인 체형은 흡혈박쥐를 닮았고 부리는 도요새의 그것처럼 길쭉하며, 악어처럼 이빨이 있고 도마뱀과 비슷한 다리와 등뼈를 가졌다. 익룡은 참새만한 것에서부터 날개의 길이가 12m에 이르는 것까지 다양한데 우항리 해안에 서식했던 것은 7~12m에 이르는 대형이었다고 한다. 우리는 4~5개의 조형물을 통해 이러한 개략적인 윤곽을 머릿속에 번각하려고 노력했다.

우항리 해안에 산재한 공룡화석지는 그 보존을 위해서 비닐하우스 같은 시설을 만들어 외부의 접촉을 차단하고 있다. 다만 중앙에 있는 한 동만 창을 통하여 관광객이 볼 수 있도록 조치해 놓았는데, 내부를 들여다보면 공룡의 발자국 외에 물갈퀴새 발지국도 어렴풋이 관찰할 수 있다. 이번에는 보지 못했지만 규화목의 화석도 볼 수 있는데 그것은 백악기 시대의 나무가 굳어져서 형성된 나무의 화석으로 공룡의 식생활 연구에 도움이 된다고 한다.

Y시인은 공룡화석보다는 해안에 낭떠러지처럼 불끈 솟아 있는 퇴적층과 물결 화석, 부러진 바위 조각에 관심이 더 많았다. 지금부터 7~8천만 년 전에 형성된 퇴적층이 검은 색의 이암층과 청백색을 띄고 사암층의 해식 절벽이 해안을 따라 5km 정도 길게 펼쳐 있는데, 물결자국이 다양한 퇴적 구조를 보이는 암석층이 도화지에 옮겨보고 싶도록 아름다웠다.

Y시인은 퇴적층을 보고 자기는 어떤 압박이나 구속감을 느낀다면서 선생님은 어떠냐고 물었다. 나는 그냥 시루떡이 아니냐고 했다. 옛날 어머니나 할머니들이 시루떡을 만들 때 켜켜이 쌀가루와 고물을 번갈아 넣고 쪄서 칼로 벤 것이 바로 저것이 아니냐고 답했다.

너무나 싱거운 대답에 그미는 "피!"하고 주저 앉더니 기념으로 돌멩이 하나를 갖고 싶다며 돌을 고르자고 한다. 필요없다고 했더니 자기는 꼭 하나 골라야 한다며 이것을 들었다가 놓아버리고 저것을 골랐다가 던져버리곤 하더니, 메주덩이보다 약간 작은 것 하나를 고르고서는 마냥 좋아했다. 내가 보기에는 아무짝에도 볼품 없었지만 괜찮다고 맞장구를 쳐 주었다.

옛날 선착장(부두)에 가 보았다. 금호 방조제가 막히기 전에는 각종 고깃배가 모여들고 목포로 가는 여객선과 화물선이 드나들었는데 지금은 너무나 흉물스러웠다. 임자 없는 폐선 두어 척이 괴물의 잔해인 양 버려져 있었고, 물 위에는 죽은 물고기 몇 마리가 떠 다녔다. 바다도 죽어가고 있구나 생각하니 마음을 도려낸 듯 아프기만 했다. 옛날 주막인 듯한 허물어진 집에는 주인은 몸만 빠져나갔는지 각종 생활 도구가 보기에도 민망하게 뒹굴고 있었다. 사람 키보다도 더 웃자란 잡초를 저어보니 그 속에 1.5m 가량되는 무슨 비석이 두 개 있었다. 잡초를 누이고 보니 마모된 글자 하나 없이 비문이 선명했다. 옛날 이 지방의 유지인 듯한 사람의 공적비와 전 면장의 송덕비였다. 화무십일홍의 영화와 세불 십 년의 권세가 무화(無化)되고 있는 현장이었다. 제행이 무상이라는데 사람은 무언가 자기의 족적을 남기려고 앙탈을 부리지만 어차피 자연 앞에서는 모두가 헛된 일일 뿐이다.

우황리 공룡화석지는 세계적인 것이라고 한다. 우리의 살림이 넉넉하면 화석지 앞으로 조그만 궤도 열차를 놓아 그것을 타고 구경해도 좋고, 운하를 파서 선유를 겸한 관광을 해도 좋을 것만 같았다. 자연사 박물관을 지어 청소년들의 과학에 대한 꿈을 키우는 일은 더욱 좋을 것이며, 관광 명소로 가꿔서 주민들의 소득증대를 돕는 날이 하루속히 이루어지기를 염원해 보았다.

우리 고장 문화 유적

1. 들어가는 말

어떤 미술 평론가가 우리의 국토는 문화 유산의 박물관이요, 해남·강진은 남도 답사의 1번지라고 극찬한 바 있지만 이것은 과장이 아니다.

해남은 수많은 유적지와 유물, 보물과 문화재, 사적, 천연 기념물, 민속과 민요, 전설 등을 비롯해서 학문과 예술에 뛰어난 샛별 같은 분들이 살다가 간 고장이다. 거기나가 대흥사, 녹우당, 달마산, 땅끝, 송호 해수욕장, 화원 국민관광단지가 최근 국내·외의 관심을 끌고 있어서 마치 문화 유산의 박물관이라 칭해도 손색이 없을 것이다.

오랜 세월 속에 풍화되어가는 돌기둥이나 깨어진 기왓장 하나에도 우리 선인들의 영혼과 숨결이 숨쉬고 있고, 노방에 무심히 뒹구는 돌멩이 하나, 풀 한 포기까지도 우리 선인들의 체취가 스며 흐른다.

그럼에도 불구하고, 우리는 서구적인 산업 기술만 배우기에 급급하여 우리의 본원적인 것에 대하여 등하불명의 우를 범하였다.

손자 병법에도 상대를 알고 자기를 알고, 백 번 싸우면 백 번 이긴다고 했는데 우리는 자기를 몰라도 너무나 모르는 지경에 이르렀다.

이에, 해남 문화원과 해남향토사 연구회에서는 해남군의 지원을 받아 우리의 뿌리와 자아 정체 의식을 함양 · 고취함으로써 자기 실종이 없는 진정한 세계화의 초석을 다지고자 군내 중 · 고등학교를 대상으로 청소년 역사 기행을 연 2회씩 하기로 했다. 필자는 학생지도 겸 인솔자 자격으로 참여한 바를 대략적으로 서술하려고 한다.

2. 답사 내용

1995년 6월 10일 토요일 아침부터 비가 내렸다. 군내 각 중학교에서 추천된 답사 학생들은 우산을 받쳐들고 하나둘씩 군청 뜰에 모이기 시작했다. 가뜩이나 기대하고 호기심을 북돋았던 당일의 행사가 우천으로 인하여 연기되지 않나 하는 불안한 눈초리였다. 그러나 하늘은 우리 학생들의 기대를 짓밟지 아니했다. 오전 8시경이 되자 비는 그치고 햇빛이 검은 구름 사이를 언뜻언뜻 뚫기 시작했다.

가. 답사 지역 슬라이드 상영

오전 9시 해남 문화원 전시실에 답사 대원 40명이 모두 모였다. 당일 답사 지역에 관한 자료 배부와 필기 도구 점검을 끝낸 다음 20분간 수성송, 녹우당, 장고봉, 고분, 이진진성, 땅끝, 미황사, 두모 패총, 석정 고인돌, 충무사 등 슬라이드 상영과 당일 답사 일정을 주지시켰다.

나. 발대식

군청 앞 광장에서 군수님, 문화원장님, 향토사 연구회장님의 순서로 인사겸 행사 취지 말씀이 있었다.

한결같이 선구 문화의 물결에 매몰되어가고 있는 우리의 문화 유산을 재조명하고, 그 의미를 하나하나 음미하며 조상들의 예지와 슬기를 확산하는 계기로 삼고 애향 · 애국의 지평을 국제화 · 세계화하자는 당부였다.

다. 수성송

수성송은 천연기념물 94호, 수령 440년, 높이 14.2m, 둘레 3.2m의 노거송이다. 1555년 을묘왜변 때 대마도 해적들이 병선 60여 척을 이끌고 서남 해안인 영암, 어란, 진도에 침입하여 살인과 약탈을 거듭했으나 해남성만은 현감 변협(邊協)의 뛰어난 지략과 군민들의 용맹으로 끝까지 성을 사수한 일이 있었다. 이 변란이 진압된 후 조정에서는 해남 수성의 공으로 해남현감 변협을 장흥부사로 승진시켰는데, 변협이 장흥으로 떠나면서 수성의 공훈을 기리고자 동헌 뜰에 소나무 한 그루를 심고 수성송이라 칭하여 오늘에 이른 것이다.

아침저녁으로 무심히 지나치던 소나무 한 그루에 조상들의 호국정신과 해남인의 기개가 스며 있다는 것을 어린 학생들은 비로소 알고 경이의 눈으로 바라보는가 하면 사진도 찍고 무언가 열심히 메모를 했다.

라. 녹우당과 고산 유적 전시관

녹우당은 사적 167호로 지정된 고산의 구가이다.

집터는 고산의 5대조인 어초은이 잡았는데 풍수지리에서 말하는 청룡, 백호, 주작, 현무가 잘 짜여져 명당으로 소문났다.

녹우당은 효종 임금이 그의 사부였던 고산에게 하사한 집으로 원래는 수원에 있었으나 뱃길로 이곳에 옮겨 지은 집이다. 서울 지방 반가의 대표적인 'ㅁ' 자형 집이다.

녹우당이란 당호는 가을철 은행잎이 비바람에 떨어지는 소리가 비 오는 것과 같다하여 붙였다고도 하며, 뒷산 비자나무 숲에 바람이 스치는 소리가 비오는 소리와 흡사하다는 데서 연유했다고도 한다.

녹우당 앞에 있는 전시관에는 국보 240호인 공제 윤두서의 자화상을 비롯하여 보물로 지정된 어부사시사, 오우가와 노비문권 등 유물 2500여 점이 보관 · 전시되고 있으며, 뒷산의 비자나무 숲은 천연 기념물 241호로 지정되고 있다.

나는 평소 이 고장 원로 문인인 K선생님으로부터 "녹우당은 잘만 개발하여 홍보하면 세계적인 관광 명소로 각광받을 수 있다."는 말을 자주 들었으나 대수롭지 않게 여겼다. 그러다가 지난 해 독일의 괴테의 생가를 둘러 볼 기회를 가졌었다. 독일 사람들이 자기들의 자존심을 걸고 우러르던 괴테 생가는 초라한 3층의 목조 건물이었으며 전시품으로는 고작 전통적 옷장, 100종의 그림, 서적, 책상, 그랜드 피아노-세계에 3대밖에 없는-, 250년 전의 대형 벽시계 정도로 실망을 금치 못했던 적이 있는데, 그때 K선생님의 말씀을 되새겨보니 녹우당의 전시품이야말로 세계에 내놓아도 자랑스러운 우리의 문화유산이란 생각이 들었다.

그러나, 더욱 외경스런 것은 고산의 사상과 학문과 예술의 세계인 것이다. 해남과 연관된 위대한 인물로는 최부, 임억령, 유희춘, 백광훈, 백남진, 윤부, 양득중, 윤구, 박백응, 김익로, 윤두서 같은 태두가 있었지만 그 중에서도 고산이 가장 큰 인물이다.

학생들은 이구동성으로 탄성만 연발하였다. 마치 돌로만 알고 밟고 다니던 것이 갑자기 큰 금강 원석으로 변하는 기적을 발견이나 했듯이…….

마. 장고봉 고분

이 고분은 1984년 지방 도로 확장 공사 중에 토기와 철촉이 발견됨으로써 우리의 관심을 끈 것으로 북일면 용일리에 소재한다.

봉토의 길이가 77m, 원형부의 직경 44m, 높이 10m의 전방후원형의 고층이다. 우리는 최근에야 이것이 고분인지 알았지만 일본 사람들은 우리보다 일찍 알고 일제 시대에 도굴까지 했다고 하니 우리의 무지가 부끄러울 뿐이다.

학생들은 고분의 개념, 해남 지역의 고분군, 매장된 내용물, 그 규모 등 교실에서는 배울 수 없는 역사의 현장을 답사하고 희미하나마 고대 인류의 한 단면사를 공부했다.

바. 이진성

이 성은 북평면 이진리에 있는 돌로 쌓은 성이다. 1558년 진을 설치하여 1627년 만호진으로 승격하였는데 종 4품의 만호 밑에 군관 18명, 이 18명, 지인 5명, 사령 37명이 배치되었다.

이진성은 남북의 구릉지대를 이용하여 남북 장축의 타원형 진성으로 현재 성벽은 총 연장 940m이다.

학생들은 개인의 담 정도로 여겼을지 모를 이러한 성이 나라를 지키는 보루가 되었음을 깨달았을 것이다.

남해안은 왜구의 침입과 약탈이 빈번한 곳이기에 이러한 성을 이용하여 고을을 지켰고 나아가 이윤, 민신, 임인영, 이운해, 이억기, 유형 같은 충신과 정운, 이계정, 이유길 같은 장군 및 양한묵 같은 독립지사를 배출했던 것이다.

사. 미황사

미황사는 신라 경덕왕 5년(서기 749년)에 창건한 오래된 절이다. 우리나라 불교의 남래설을 뒷받침하는 학술적인 가치가 큰 절로, 당시에는 크고 작은 건물이 20여 동이나 되었던 절이다. 지금 남아 있는 대웅전은 규모나 정교함에 있어서 매우 훌륭한 건물이라고 한다.

창건 설화에 의하면 사자포 앞바다에 범선 한 척이 나타났다. 범패소리가 들려 의조화상이 목욕재계하고 두 사미승과 향도 100여 명을 데리고 기도하니 배가 육지에 닿았다. 그 배에 실린 금함을 열어 보니 화엄경, 범화경, 비로자나불, 열수보살, 40성, 53선지식, 60나한, 탱화 등이 가득 들어 있어 이것을 임시 봉안하고 또 검은 바위를 깨뜨리자 검은 소 한 마리가 뛰쳐 나와 큰 소가 되었다고 한다.

경전과 불상을 소에 싣고 가다가 소가 넘어져서 일어나지 못했던 곳에 세운 절이 미황사다.

우리 고장에는 불교 유적이 두드러지게 많은 바 부도는 총 84기로서 대둔사에 56기, 미황사에 28기가 전해지고 있다. 미황사 부도는 지금보다 훨씬 많았으나 일제 시대, 그리고 6 · 25 등 어수룩한 시대에 외부로 불법 방출되었다니 애석한 일이 아닐 수 없다. 당시 사람들은 문화 유적에 대한 수준이 낮아서 밭을 일구느라 그것을 넘어뜨렸고 그런 것이 혹시 집안에라도 들어오면 동티나 날 것쯤으로 치부했는데, 약삭빠른 일인들과 일부 도굴꾼들은 문화적인 가치를 알고 그것을 고가로 거래했던 모양이다.

학생들도 불교 미술에 대한 초보적인 상식을 터득하였음인지 호기어린 눈빛이 더욱 빛났다. 전설과 설화를 곁들여 현장을 설명하여 이해의 도가 빨랐다.

우리 고장에는 많은 설화와 전설이 있음에도 불구하고 학생들이 태반 모르는 것은 우리 교육자들의 책임이라 생각하니 부끄러운 마음 금할 길이 없었다.

아. 점심 시간과 레크레이션

'금강산도 식후경' 이라는 속담이 있다. 입이 즐거워야 마음이 즐거운 법이다. 학생들은 모처럼 5시간 동안 군것질을 봉쇄당하고 버스에 시달리고 다리품을 파느라 대단히 시장했던 모양이다.

점심 도시락 1개씩을 마파람에 게 눈 감추듯 치워버렸다. 이런 경우를 두고, '일하는 데에는 병신, 먹는 데에는 귀신' 이란 우스갯소리가 나왔는지도 모른다.

이윽고 지도 교사의 사회에 따라 건전 가요 부르기, 학교별 장기 자랑, 기타 여흥으로 점심 시간 60분이 어느새 지나가서 학생들은 물론 지도 교사들도 아쉬움만 남긴 채 다음 코스를 향해 버스에 올랐다.

자. 두모리 패총

현산면 두모리 패총(조개무덤)은 백포만의 입구에 있는데 그 규모는 길이와 폭이 각각 100m에 달하는 비교적 큰 것이다. 이 유적은 신석기 시대로부터 청동기 시대를 지나 철기 시대에 이르기까지 오랜 시간에 걸쳐 형성된 것이다. 선사 시대 주민들이 조개를 까먹고 버린 껍질이 쌓여서 이루어진 것으로 고인돌, 선돌, 고분, 성지 등이 그 인근 10여 리에 산재해 있다.

차. 석정리 고인돌

화산면 석정리 고인돌은 48기로 해남 완도 국도상에서 50여 m 떨어진 곳에 밀집해 있다. 고인돌은 청동기 시대의 대표적인 지배층의 무덤으로 그 규모로 보아 그들의 정치 권력을 상징했다고 한다. 고인돌의 석실에는 부장품으로 돌칼, 돌화살촉, 돌도끼, 무문, 토기 등이 출토되어 선사 시대 생활 연구의 귀중한 자료가 되고 있다. 학생들은 지금까지 고인돌을 옛날 귀신들이 살았던 바위쯤으로 알았던지 이해가 되지 않는 듯 고개만 갸우뚱거렸다.

카. 명량 대첩과 충무사

매년 4월 28일이면 해남교육청 연례 사업으로 충무공 탄신 기념 시 · 서화 백일장을 충무사에서 개최하는데 이에 대한 학생들의 이해 수준은 대단했다.

정유재란 즉 1597년 9월 16일 이순신 장군이 천혜의 요새인 이곳의 12노트 유속을 이용하여 왜선 130여 척을 격파시킨 명량 대첩지로 학생 모두는 알고 있었다. 그래서 역사적인 설명은 거의 생략하고 세계 해전사에서의 이순신 장군의 위상과 명량 대첩비에 얽힌 전설과 강강술래 등을 소개하고 전시관을 돌아보고 나니 기나긴 여행도 서산에 낙조를 드리우기 시작했다.

타. 평가와 다짐의 시간

답사학생, 지도교사가 한 자리에 모여 당일의 답사 소감을 자유롭게 발표해 보도록 했다.

소속학교, 학년, 성명을 먼저 말하고

① 평소 우리의 문화 유적에 대한 관심 여부

② 당일 배운 바는 무엇인가

③ 앞으로 문화 유적에 대한 각자의 태도

④ 당일의 느낀 소감 등을 간략히 발표하도록 했는데 의욕적으로 참여해 주었다.

그리고 학생들에게 원고지 12매 분량의 답사 기행문을 꼭 써서 제출하도록 약속하고 행사 대단원의 막을 내렸다.

3. 마무리하는 말

우리는 척하면 국제화시대니 지방화시대니 하는 소리를 들먹인다. 그러면서 무엇을 가지고 국제화를 하며, 어떤 대안을 가지고 세계화를 할 것인가에 대해서는 곤혹감을 느끼곤 한다.

과학 기술 분야는 언외로 하더라도 정신 문화 방면에서 해야 할 일을 찾아 실천하는 것이 지방화시대에 걸맞는 교육 과정의 운명이라 생각한다.

변화와 국제화의 거역할 수 없는 물결 속에서 자기의 정체 의식을 지키는 지혜를 우리의 전래 문화 유산에서 찾아 보자는 이야기다.

흔히 국제화, 세계화라고 하면 우리 것을 집어치운 전통의 단절로 오해를 하는데, 필자는 오히려 우리의 흔들림 없는 전통과 세계적인 것의 접목이라 생각한다.

우리 것을 소홀히 하고 외국 것을 마구 받아들이기만 한다면, 외양은 한국사람일지 모르지만 내용은 벌써 한국 사람이 아닌 국제적 미아로 전락될 위험성을 간파하지 않으면 안 된다. 가장 지방적인 것이 가장 세계적이란 말의 참뜻을 우리는 항상 되새겨야 하리라고 생각한다.

다행히 우리 교육청에서 추진하고 있는 8대 역점 시책 중 6대 항목이 내 고장 문화 유적과 관계된 사업이어서 가슴 뿌듯한 일이지만 이에 만족하지 말고 전통 문화의 보존과 그 정신의 확산을 위한 지도 자료를 개발해야 한다.

선은산(仙隱山)

새삼스럽게 발달심리학자들의 딱딱한 학설은 제쳐두고, 나의 경험에 의하면 가정에서 유아기(4~6세 또는 0~8세)의 사회적 경험이나 부모의 훈육이 뒷날 자녀들이 성격 형성에 미치는 영향은 결정적이라는 사실을 나이를 더할수록 실감하게 된다.

옛날 우리 집에서 동쪽으로 2km쯤 떨어진 곳에 해발 300m 정도의 선은산이 있고, 그 산줄기를 따라 해발 100~150m 정도의 산들이 장독처럼 옹기종기 솟아 있었다. 조금 멀리서 그 산들의 능선을 보면 흡사 유유한 파도가 솟아나는 듯한 곡선미를 이루고 그 산자락 끝에는 대여섯의 마을들이 자연스럽게 터를 잡고 있었다.

우리 마을도 선은산의 가장 작은 줄기 밑에 있었다. 선은산을 큰뫼, 우리 마을의 뒷산을 작은뫼라 불렀는데 마을 어린이들은 그 산에 대하여 외경심을 갖고 있었다.

해와 달이 그 산에서 떴고, 태풍이 부는 것도, 홍수가 지는 것도 그 산의 조화로만 여겼다. 특히 산 이름이 신선 선, 숨을 은, 뫼 산 자이고 보니 '신선이 숨은 산' 이란 것이다. 돌아가신 어머니의 말에 의하면 "지금(내가5~6세 때)은 세상이 어지러워서 신선들이 선은산 큰바위 속에 숨었지만, 세상이 태평해지면 그 신선들이 나온단다. 그래서 저 산은 거룩한 산이란다."라고 하였다. 뿐만 아니라 백마와 갑주가 큰바위(정상에 있음) 속에 숨겨져 있는데 언젠가 조선을 독립시킬 장군이 태어나면 스스로 바위문이 열리고 신선들이 나와 장군을 맞이할 것이라는 것과 그 증거로 지금도 바위 중앙에 말발굽 자국 하나가 박혀 있다는 것이다.

이렇듯 외경스럽고 신령한 산이기에 그 산에 오르려면 개고기를 먹어도 안되고, 분만이나 초상난 데를 본 사람도 안되며, 심지어 오줌이나 똥을 누워도 안되고, 특히 정직하지 못한 사람이 가서는 안된다는 것이다.

하루 잠자는 시간만 빼놓고 뻔히 바라보이는 산이라 살며시 한 번 올라가 보고 싶은 생각이 늘 있었지만 어린 마음에 걸리는 것이 너무 많아서 올라가지 못했다. 그러던 차 초등학교 3학년 때던가 4학년 때던가 원족을 선은산으로 가게 되었다.

내 딴에는 며칠 간 수신제가(?)를 톡톡히 한 탓인지 소풍날 무사히 그 산을 다녀왔었다. 별스런 탈이 없었던 걸로 미루어 무엇보다도 내가 정직하지 못한 사람이 아니구나 하는 흐뭇한 만족감을 느꼈다. 그러나 한 가지 큰 실망을 하였다. 선은산이 이 세상에서 가장 크고, 가장 신령스런 산인 줄로만 알았는데 막상 정상에 오르고 보니 선은산보다 더 큰 산이 사방에 있었기 때문이었다. 그렇지만 그 산에 대한 어렸을 때의 신앙은 60을 넘은 지금에까지 변함이 없다.

내가 지리산이나 설악산, 한라산에 올라 가서도 어릴 때 신령스럽게만 여겼던 선은산은 마음 속에서 되살아났고, 심지어 알프스 만년설 골짜기까지도 선은산은 따라 왔었다.

나는 어려서부터 바닷가에 살지 않았기 때문에 바다보다는 산을 좋아한 편이다. 「논어」 옹야편에 '지자요수(知者樂水)하고 인자요산(仁者樂山)이니 지자동(知者動)하고 인자수(仁者壽)니라' 란 말이 있다.

풀이하면 슬기로운 사람은 물을 좋아하고, 어진 사람은 산을 좋아한다. 슬기로운 사람은 움직이나 어진 사람은 조용하고, 슬기로운 사람은 즐기지만 어진 사람은 오래 산다는 뜻이다. 슬기로운 사람은 지혜롭기 때문에 항상 변화를 추구한다. 그래서 흐르는 물을 좋아하는데 이것은 물의 속성이 항상 흐르고 변하기 때문이다. 이와 반대로 어진 사람은 항상 뜻을 한곳에 두고 쉽게 움직이지 않는 우직함이 있다. 그러기 때문에 산이 천년을 제자리에 있는 것처럼 어진 삶은 흔들리지 아니하며 이런 연유로 산을 좋아한다는 것이다. 또 슬기로운 사람은 지혜를 추구하자 해서 항상 움직이게 되지만 어진 사람은 늘 고요히 묵상하기 때문에 정숙하다는 것이다.

내 어찌 감히 지자도 아니도 인자도 아닌 처지에 요산요수를 가타부타하리요마는 단순히 "너 산이 좋으냐? 바다가 좋으냐?" 하고 누가 묻는다면 서슴없이 산이 좋다고 대답할 것이다. 또 "너 밖에 돌아다니면서 즐기는 것이 좋으냐? 방안에서 조용히 묵상하면서 독서나 하는 것이 좋으냐?"고 물으면 서슴없이 후자가 좋다고 대답할 것이다.

내가 만 50년만에 하루 종일 선은산을 바라볼 수 있는 곳으로 금의

환향 아닌 포의환향(布衣還鄕)을 했지만, 어렸을 때 신앙처럼 우러르던 선은산을 종일 바라볼 수 있다는 공간의 허여를 무엇보다도 큰 위안으로 느끼고 있다. 옛 친구나 친지 친척을 만날 수 있다는 것도 하나의 기쁨이라면 기쁨이고 위안이라면 위안이 되겠지만 선은산은 어린 나에게 어렴풋이나마 '신령스럽다', '신선', '독립', '장군', '정직' 같은 개념을 싹틔워 주었기에 그 산을 다시 바라볼 수 있다는 것이 어찌 마음의 기쁨과 위안이 아니겠는가.

그런데 가슴 아픈 현실이다.

일 년 사시사철 그 푸르기만하던 산자락이 탐욕스런 상업주의의 마수에 휘감겨 할퀴고 있다. '개발', '개간'이란 미명 아래 산자락마다 붉은 황토가 생채기로 드러나고 만신창이가 되었으니 유소년에 보던 선은산은 디지털 저편의 세월 속에만 남아 있는 것이다.

보다 많이 갖기 위하여, 보다 많이 즐기기 위하여 카인의 후예들은 무한경쟁이란 동굴만을 파고 있다. 절대 안전이란 동굴은 없는 것이다.

언젠가 인위의 동굴은 허물어지는 것이 자연의 이치가 아니겠는가?

한가위

한가위는 설과 더불어 우리 민족의 양대 명절이다.

실타래처럼 얽히고 설킨 생업을 미루어 두고, 지옥 같은 교통대란까지 감내하면서 민족의 반수 이상이 대이동을 하는 데에는 그럴싸한 이유가 있을 것이다.

지금으로부터 약 2,000년 전 신라 서라벌에 다음과 같은 풍속이 있었다.

신라 제3대 유리왕(재위 24년~56년) 때 6부를 두 패로 나누어 두 왕녀로 하여금 부내의 여자들을 거느리고 음력 7월 16일부터 매일 일찍이 대부(大部)의 뜰에 모여 밤 늦게까지 길쌈을 했다. 이렇게 하여 8월 보름날에는 그간의 성적을 평가하여 진 편에서 술과 음식을 장만하여 이긴 편을 대접하며, 노래하고 춤추며 노래를 하였는데 이를 한가위, 가윗날, 가배로 부르다가 한자가 전래된 후 추석(秋夕), 중추절(仲秋節), 가배(嘉俳), 월석(月夕) 등으로 불렀다고 한다.

한가위에 행해졌던 민속으로는 차례(茶禮)와 성묘(省墓), 각희(角戲 · 씨름), 귀희(龜戲 · 거북놀이), 강강수월래희(强羌水越來戲), 조리희(照理戲), 우희(牛戲), 노상회견(路上會見) 외에 줄다리기, 윷놀이, 널뛰기 등은 내가 어렸을 적에 보았던 놀이들이다.

한가위 음식으로는 송편, 토란국, 갖은 나물, 가래찜, 포, 적, 배화채, 온갖 과일, 약주, 어포, 육포 등 실로 넉넉한 식단을 마련했으니 "더도 말고 덜도 말고 가윗날만 같아라" 하는 속담이 생겼을 법하다.

부채질하기도 귀찮아서 훨훨 벗고 그늘 속으로 들어가고 싶었던 한여름의 폭양을 이겨 낸, 농부들의 고로(苦勞)한 땀이 오곡백과로 여물 때 바람마저 삽상하여 마음은 상쾌하고, 거기다 새옷을 갈아 입으니 5월 농부, 8월의 신선이 아니겠는가!

어느 작가는 '8월 한가위 하면 세모시 같은 느낌이 든다. 온기가 없는 달의 아름다움이 연상되어 그렇기도 하려니와 소복단장한 청상과부의 비애가 한산 세모시에 더 가까운 것 같다.' 고 하였지만 나는 '추석' 하면 단감 돌리기와 강강술래를 잊을 수가 없다.

옛날 우리 집에는 생산력이 왕성한 단감나무 두 그루가 있었다. 맛이 어찌나 달고 좋았던지 인근에 자자히 소문이 났었다. 추석이 9월 20일 이후에 드는 해는 30여 호 조금 넘는 마을 사람들이 모두 그 감맛을 보게 되었다.

선친은 추석 전날 긴 대나무 간대로 전지를 만들어 감을 땄다. 감이 직접 땅에 떨어지면 깨어지기 때문에 옆집에서 보그물을 빌려다 거꾸로 세워 놓고, 그 위에 감을 떨어뜨리면 나는 그것을 주어다가 마루에다 쌓았다. 어쩌다가 그물 밖으로 떨어져 깨어진 것은 따로 모았다. 그것은 동네 개구쟁이의 몫이었다.

감이 마루에 일정 분량이 쌓이면 선친은 바가지나 함지박에다 모양이 좋은 것과 나쁜 것을 을지알지로 골라 담는다. 식구가 많은 집은 열두어 개 정도, 적은 집은 7~8개, 심부름은 내 차지였다. 심부름이 어찌나 신이 났던지 발부리에 불이 날 정도였고, 몇 번은 넘어져 함지박과 감을 길바닥에 깨버리는 일까지 있었다. 그때마다 나는 선친으로부터 초랭이짓을 한다고 꾸중을 들었지만, 그래도 즐겁기만 한 것은 추석날 새로 사온 고무신을 신는다는 기대감 때문이었으리라.

감을 돌리다보면 어떤 할어버지는 '네 어른께 고맙다고 해라' 하기도 하고 어떤 할머니는 '음메, 내 아들 올해도 또 갖고 왔느냐? 조금 있다가 떡이나 좀 먹고 가거라' 했지만 다음 집에 또 돌리려고 부리나케 돌아오곤 했다.

그런데 한 가지 이상한 일이 있었다. 온 동네 아이들이 즐거워서 이리 뛰고 저리 닫는 작은 추석날 종조모님은 문을 닫아 놓고, 나직이 흥얼거리면서 혼자 소리없이 우시는 것이었다. 왜 이렇게도 즐거운 날 종조모님은 울고만 계실까. 훨씬 나중에 안 일이지만 당신께서는 5~6명의 자녀들을 다 날리고 늘그막에 외로워서 우셨던 것이다. 객지에 나갔던 남의 자식들은 술병이나 고기근을 떠 가지고 부모들을 찾았지만 당신에게 찾아온 아들도 딸도 없었기 때문이었다.

감 몇 개를 돌리고도 흐뭇했던 마음이나 감 몇 개를 받고도 고마움을 느꼈던 소박한 인심! 콩 한쪽을 열두 사람이 나누어 먹으려는 우리 선인들의 심서(心緖)가 아니겠는가!

달밤의 강강술래! 이 또한 원류(源流)에 대한 동경이다.

알베르 지로는 달빛을 눈으로 마시는 술이라고 주장했지만 달빛에 흘린 피에로는 바로 그 달에 취해버린 자이다.

이태백이 취했던 날은 예외없이 밝은 달빛이 술잔에 가득히 쏟아지는 날이었으리라.

'가응 가응 수워얼래에 / 목을 빼면 서름이 솟고…….' 윤무 속에서 흘러나온 낭낭한 가락은 우리의 맥박이며 숨결이고 영혼의 화음이다.

둥근 달 아래서 달 모양으로 빙 둘러서 춤추며 노래하는 것은 풍요를 기원하는 제의의 한 형태이다. 둥근 달을 모방한 놀이다.

긴강강수월래로 시작하여 중강강수월래 중중몰이강강수월래에 이르면 놀이는 극에 달한다.

바깥 출입은 물론 남녀 간에 내외까지 하던 시절에 규방의 아녀자들이 '뛰어보세 뛰어보세 / 윽신윽신 뛰어보세 / 높은 마당 깊어지고 / 깊은 마당 얕어지게 / 윽신윽신 뛰어보세' 에 이르면 부끄럼도 내외도 없고 신명뿐이다.

우리는 놀이가 끝날 때까지 밤늦도록 구경을 했고, 다음날은 누구 입에서 나왔는지 아무개 새댁은 어젯밤 잠이 너무 곤해서 요에다 오줌을 쌌다고 근거없는 귀엣말을 나누곤 하였다.

지금은 공해 때문에 달빛도 시들해 버렸고 탐욕스런 산업문명 때문에 강강술래 소리도 사라진 지 오래지만, 나에게 있어서 강강술래는 현민(玄民)의 말 그대로 짭짤하고도 달콤하며 아름답고도 안타까우며 기쁘고도 서러우며 내 몸 속에 있는 것이로되 정체를 잡을 수 없는 향수다.

월조는 남쪽 가지에 깃들이고 호마는 북풍에 운다고 했다. 코끼리는 장차 죽으려 할 때 제 무리의 무덤을 찾고 여우는 제가 살던 언덕 쪽으로 머리를 돌린다고 한다. 모든 것을 초월한 불자들도 죽은 시신의 머리를 고향 쪽으로 향하게 한다니 고향은 어머니요, 옛날은 시원의 동산이다.

해남 물감자

전남 서남부 사람들의 일상 대화 가운데서 '해남 물감자', '픗나락', '에라! 해남'과 같은 말들을 종종 들을 수 있다.

'해남 물감자'란 말 속에는 두 가지의 함의(含意)가 있다. 첫째는 해남의 특산물을 지칭하는 말이요, 둘째는 해남 사람들의 모질지 않는 소박하고 원융한 인성을 상징적으로 표현한 말이다.

'해남 물감자'란 말은 분명히 말하자면 '화산 고구마'다. 더 정확히 말한다면 '화산 삼호-흑호리, 평호리, 안호리-고구마'다.

우리는 북서(北署)인 감자(원산지 인도)와 남서(南署)인 고구마(원산지 남미)를 혼동하고 '해남 물감자'라고 하지만 '해남 물고구마'라고 해야 바른 표현이 된다.

감자가 됐건 고구마가 됐건 그 원산지는 열대 아메리카라고 한다. 콜롬버스가 이사벨라 여왕에게 고구마를 바쳤던 것이 14세기말이고, 그때 유럽에 전파되었다. 우리나라는 조선 영조 때(1763년)에 조엄(趙曮)이 일본 쓰시마 섬에서 보내온 것을 부산 동래와 제주도에서 처음 재배한 것이 그 시초다.

고구마는 단위당 생산량이 많기 때문에 그 옛날 조반석죽(朝飯夕粥)은커녕 삼순구식(三旬九食)도 못하던 보릿고개에서 배고파 허덕일 때 우리 민초들의 명줄을 이어준 일등공신의 구황(救荒) 작물이었다. 지금은 주로 간식으로 이용되지만 옛날에는 주식 노릇을 톡톡히 했었다.

가나안 농군학교의 설립자인 김용기 장로가 일제 강점 아래서 벼 농사를 지어 일본인에게 빼앗기기보다는 고구마 농사를 지어 배불리 먹자는 운동을 전개했던 작물이기도 하다.

이처럼 우리 서민들의 생존의 하한(下限)에서 그 구명줄이 되었던 고구마의 주산지가 화산면 삼호 일대의 마을이다.

삼호 일대는 짭조름한 바닷바람이 불고 강우량이 많아 기후 조건이 좋을 뿐만 아니라, 고구마의 성장에 최적한 토양(사질 황토땅) 조건을 갖추고 있기 때문에 그 질에 있어서 전국 최고가 되는 것이다. 이렇게 삼호의 고구마가 전국적인 성가를 얻고 보니 해남 인근의 몇 개 시 · 군에서 생산되는 고구마까지 '삼호 고구마'란 박스에 담겨 전국에 판매되고 있는 듯하다.

고구마는 줄기나 잎 하나도 버릴 것이 없다. 고구마는 절간해서 공업용 주정을 만드는 데에 사용되기도 하지만 대개는 식용으로 사용된다. 삶거나 쪄서 먹는 것은 밤고구마가 좋지만 구워 먹는 것은 점질성 당도가 높은 물고구마가 제격이다. 절간해서 말린 고구마는 밥에 섞어 고구마밥을 지어 먹기도 했고, 고구마죽도 쑤어 먹었다.

흰 눈이 펑펑 쏟아지는 날 어쩌다가 새끼 꼬는 머슴들의 사랑방에 김이 무럭무럭 나는 삶은 고구마 한 소쿠리가 들어오는 때가 있다. 깍두기 두어 사발에 숟가락 대여섯 개가 들어 있기 예사다. 말랑말랑한

놈을 골라 껍질을 착 벗긴 다음 왼손으로 우더잡고 오른손으로는 숟가락을 잡는다. 숟가락으로 동치미 국물을 하나 떠서 파삭파삭한 입 속을 추긴 다음 왼손에 든 고구마를 한 입 베어서 두어 번 우물우물 씹은 다음 꿀꺽 삼킨다. 더러 손가락에 묻은 고춧가루나 양념은 입으로 쪽쪽 빨아먹는다. 다소 천박하게 보일지는 몰라도 토속적인 정감이 우러나는 민초들의 식생활의 한 단면이다.

요새는 세상이 발달해서 연탄이나 가스를 이용한 전업 고구마 구이가 있지만 예전에는 고구마를 굽는 수단은 화로나 아궁이가 고작이었다. 사랑방을 지키는 할아버지는 화로 속에 고구마 두어 개를 묻어 두었다가 손주 녀석이 칭얼거리면 곧 불러서 요술사처럼 그것을 뽑아내어 입에다 물려주었다.

아궁이에서 꺼낸 고구마는 그야말로 '뜨거운 감자'다. 그러나 완전히 식기까지 기다릴 수는 없는 일이고 보면 손가락이야 대나마나 껍질부터 벗긴다. 훅훅 불면서 한참을 먹다보면 고구마의 열도 어느 정도 식고 배도 든든해진다. 그러나 저녁밥을 먹기 전에는 반드시 세수를 해야 했다.

고구마의 잎줄기는 삶아서 멍석 위에 널어 말리면 겨울 동안에 먹는 건채(乾菜)가 된다. 말린 고사리를 삶아 물에 불린 다음 들깨를 좀 갈아 넣고 녹말을 살짝 쳐 양념하면 건채의 최고가 되는데 고사리는 귀하고 비싼 편이어서 고구마 잎줄기가 그 자리를 메꾸었던 것이다.

말린 고구마 덩굴이나 잎, 잎줄기는 소여물로는 입밥이나 마찬가지다. 지금은 소를 사료로 기르지만 예전에는 쇠죽을 쑤어서 먹였다. 짚이나 콩깍지에 마른 감자 덩굴 약간을 섞고 여기에 쌀이나 보리겨를 한 바가지 넣으면, 소에게는 이보다 더 진수성찬은 없었다.

우리는 50년대나 60년대를 가난의 대명사로 알고 있지만, 사실은 임오(壬午 · 1942년), 계미년(癸未年 · 1943년) 흉년이 더 처절했던 것 같다. 연 이태의 흉년에다 일본인의 수탈까지 겹쳐서 초근목피까지 동이 났었다. 나는 그때 초등학교에 갓 입학했는데 얼굴이 노랗게 뜬 친구나 부황이 나서 눈이 감긴 친구들을 보았다. O · 헨리의 말대로 굶주림 때문에 사랑과 종교와 예술이 말의 그림자에 불과하던 시절 어른들로부터 기근, 기아, 아사, 부황 같은 낱말들을 얻어 들었다.

나는 지금도 고구마만 보면 오래 전에 돌아가신 어머니가 생각난다. 늦은 봄 학교에서 돌아오면 점심 대신 잘 삶은, 메주덩이만한 고구마를 주시곤 했다. 진액이 흘러서 엿물처럼 고였으니 그 맛이야 어찌 말로 다 하겠는가!

어머니는 가셨어도 그 영상은 머릿속에 남아 있고, 그날의 고구마는 아니 뵈어도 그 맛은 아직도 혀끝에서 달콤하다.

매생이

'바다의 그릇됨이 하늘의 오리(奧理)를 늘렸고, 땅의 구구(丘區)를 포괄했다. 오직 천신(天神)의 곳이요, 지저(地抵)의 집이다. 무슨 기특한 것인들 없는 것이 있겠으며, 어떤 괴이한 것도 모이지 않는 것이 있겠는가?' 하고 현허(玄虛) 스님은 말했지만 사실 바다야말로 육지 못지 않는 산물의 보고이다.

바다를 지배한 민족이 세계를 지배한다는 말이 있는데 퍽 공감이 가는 말이다. 16세기가 스페인의 세기였나면 17세기는 네덜란드의 세기였고, 18세기가 프랑스의 세기였다면 19세기는 영국의 세기였다. 20세기는 미국의 세기였음을 자타가 공인을 했다. 그리고 21세기는 환태평양의 세기가 된다는 전망이다.

이는 바다를 장악하는 제해권과 교역상의 물류의 양에 근거한 말이겠지만 해양 산물과도 결코 무관한 말은 아닐 것 같다.

우리 화산면은 몇 십 년 전까지만 하더라도 북쪽 해안에 해창, 명금, 금풍, 연곡 마을이 있었고, 서쪽 해안에는 율동, 가좌, 관동 마을이 있었다. 흑석, 사포, 평호, 안호 마을이 있는 남쪽 해안은 예나 지금이나 별다른 변화가 없지만 북쪽 해안과 서쪽 해안은 고천암과 대동개간척 후 해안선이 없어지거나 줄어져서 40km에 달하던 해안선이

24km로 축소되어 버렸다.

그 옛날 이러한 천혜의 리아스식 해안에서는 바닷고기나 조개류 말고도 해초, 마풀, 바닷말 등으로 불리는 해조(海藻)가 많이 나서 우리의 식탁을 풍부하게 했었다.

삼면의 바다에서 나는 몇 가지 해조를 들어 본다면, 비교적 얕은 곳에서 자라는 파래, 청태, 매생이 같은 녹조(綠藻)와, 약간 깊은 곳에서 자라나는 미역, 다시마 같은 갈조(褐藻), 그리고 깊은 곳에서 자라는 김, 미역 같은 홍조(虹藻)가 그것이다.

나는 이 조류들 중에서 매생이를 퍽 좋아한다. 어려서 많이 먹어본 탓도 있겠지만, 평소 술을 좋아하다 보면 종종 만취한 날이 있기 마련인데, 머리가 천근만근 무겁고 속이 도려낼 듯 아플 때 으레 매생이국 한 사발로 속을 잡았기 때문이다. 또 가끔 외식을 할 때 매생이 국그릇이 보이면 내 앞으로 갖다 놓던 기억이 지금도 선하다.

그런데 이 매생이는 미역이나 김처럼 연중 먹을 수 있는 식품은 아니다. 기껏해야 섣달, 정월, 이월의 기간에만 먹을 수 있는 시식(時食)인 것이다.

나에게는 세 명의 처남이 있는데 그들은 다 서울에서 산다. 어쩌다가 겨울철 그들이 우리 집에 오게 되면 집사람은 시장에 가서 매생이부터 사 온다. 쇠고기를 산다든가, 돼지고기를 뜰 필요가 없다. 집사람이 겨울철에 친정에 갈 때 매생이부터 사 모았다가 가지고 가면 고기사 가지고 가는 것보다 즐긴다고 한다. 매생이가 식탁에 오르면 으레

고향에 대한 이야기도 무성했다고 한다.

집사람에게 매생이 조리법을 물어 보았더니 간단했다. 우선 매생이 한 지기를 찬물에 깨끗이 씻어서 서너 번 썰어 놓는다. 그 다음 냄비에 물을 서너 그릇 부은 다음 반 그릇 정도의 굴을 넣고 물이 대글대글 끓으면 매생이와 한 숟갈 정도의 마늘다짐을 집어 넣고 휘휘 저어서 매생이가 잘 풀리게 한다. 그 다음 간을 잘 보고 여기에 참기름 한 숟가락을 넣으면 된다는 것이다. 그런데 중요한 것은 적당히 끓으면 불을 꺼야 한다고 한다. 너무 오래 끓이면 매생이가 다 녹아버린다고 했다.

요새 하도 해조가 성인병에 좋다느니 여자들의 미용에 좋다느니 호들갑을 떨기에 문헌을 뒤졌다. 해소류는 날 것일 때는 수분이 약 80%이지만 마르면 10~20%의 수분만 남는다. 해조의 주성분은 당질, 단백질, 무기질이고, 지방, 비타민, 무기질도 함유하고 있다. 무기질은 30~34% 들어있는데 인체의 대사에 꼭 필요한 칼슘, 나트륨, 인, 유황, 요오드, 철, 아연 등이 있어서 성인병 치료나 미용에 도움이 된다는 것이다.

조리법은 이쯤 해 두고 임어당의 말과 같이 이 세상에서 정말로 기쁨을 가져다 주는 것이 얼마나 있을까 하고 손꼽아 세어보면 첫 손가락에 꼽지 않으면 아니 될 것이 음식인데 어렸을 때의 음식맛이 평생에 영향을 끼친다고 한다. 홍어의 맛은 전라도 사람만이 알지 서울 본토박이는 모르는 것과 같이 매생이의 참다운 맛은 전라도 서남 해안

사람밖에 모른다. 세 살 적 버릇이 여든까지 가는 것처럼 세 살 적 음식 맛이 여든까지 가는 것이다.

나는 어려서 매생이국을 많이 먹어선지 지금도 매생이국을 보고 눈을 감으면 짜릿한 향수를 느낀다. 오늘의 어린이들은 인스턴트 음식을 즐거이 먹는데 그들이 노년이 되어 그 음식을 앞에 놓고 눈을 감으면 무슨 생각이 떠오를지.

고향은 이미 디지털 시간 저편에만 있는 것일까?

문화인과 문화천민

우리는 일상 언어생활에서 '문화'란 말을 쓰기 좋아한다.

문화인, 문화생활, 문화상품 등 문법적 부속성분으로 쓰기도 하고, 생활문화 · 토론문화 · 화장실 문화처럼 주성분으로 쓰기도 한다.

그러나 생활 양식의 총체인 문화가 문화인도 만들고 문화천민도 만든다.

이화여대 최준식 교수는 「한국인에게 문화는 있는가?」란 저서를 통해 우리 자신과 우리 문화에 대한 이해 없이는 진정한 세계화는 불가능하다고 역설한 데에 이어 「한국미, 그 분방함의 미학」에서 문화인과 문화천민의 사례를 몇 가지 지적한 바 있지만 문화인이 되려다가 문화천민이 되는 우를 범해서는 아니 된다.

우리는 800여 년 전에 고려자기 같은 신품(神品)을 만들어 놓고도 그 가치를 까맣게 모르고 있다가 일본 학자 아사카와 다구미나 야나기 무네요시에 의해 그 가치가 인정되니 급기야 도굴까지 해서 외국에 밀반출했던 일은 문화천민의 짓이다.

외국에서는 박물관 하나 설계하는 데에 10년이 걸린다는데 우리 국립중앙박물관은 최근 50년 동안에 8번 옮겼다니 이것 또한 문화천민의 짓이다.

옛 중앙청 건물이나 궁정동 안가는 그것이 미우나 고우나 엄염한 역사의 현장이었는데 어느날 갑자기 없애버린다고해서 과거의 생체기가 치유되겠는가? 2차대전 때 일본의 가미가제특공대로부터 피폭된 흉물스런 군함의 잔해를 미국 사람들이 지금까지 보전하고 있는 것은 그들이 문화천민이라서 그러는가?

예술의 전당이나 국립국악원 같은 다중이 이용하는 건물을 하필이면 교통의 지옥 지대에 세웠다는 말인가? 국립오페라극장의 지붕을 장관의 지시-원설계도 없었던-로 갓 모양으로 만들었다니 갓 쓰고 자전거 타는 꼬락서니가 될 수밖에.

한 나라의 국사를 논의하는 우리 국회 의사당 지붕이 상여나 가마꼴이라고 숙덕이는 사람이 있는가 하면, 대통령이 사시는 청와대 건물마저 한국적인 문화가 없다고 하니 이런 문제를 우리는 어떻게 받아들여야 할지…….

이제 세상은 그로칼 시대 즉 세계화와 지방화가 병행하는 시대가 되었다.

우리 군에서도 세계에 내놓을 수 있는 관광상품이나 문화상품을 개발해야 되는데 문화천민적 발상은 아예 금물이다. 간단한 도로표지판이나 시비 하나를 세울 때에도 사계의 전문가를 동원해서 거기에 우리의 종교와 철학과 예술을 담아야 한다.

이런 것이 참다운 문화이고 이런 일을 하는 사람이 문화인이다.

우수영 복원은 시대적 소명이다

우리 해남은 웅군(雄郡)의 군세에 걸맞게 흥성한 산업과 풍부한 물산 이외 역사적 · 문화적 자랑거리가 많다. 그 중에서도 우수영을 중심으로 한 명량대첩과 강강술래는 전국 어디에 내놓아도 손색이 없는 역사의 현장이요, 문화적 유산이다.

우수영은 세종 22년(1440년) 설립된 이래 고종 32년(1895년) 갑오경장으로 폐지될 때까지 455년 동안 우리 서남해의 국방의 중핵을 담당했던 성소(聖所)였다. 특히 우수영이 역사의 각광을 받은 것은 명량대첩 때문이다. 우수영은 1597년 9월 16일(음력) 이순신 장군이 휘하 장병에게 필사즉생 필생즉사(必死卽生 必生卽死)의 정신 무장을 시킨 다음, 12척의 병선과 군사를 정비시켜 구루시마 미치후사(來島道總)와 도도 다카토라(藤堂高虎)가 이끈 133척의 적선을 맞아 그 중 31척을 격침시킨 역사의 현장이요, 세계해전사에 찬연히 빛나는 대승첩지다.

한편 국가지정 중요무형문화재 제8호로 지정된 강강술래는 명량대첩과 관계된 우리의 민속놀이다. 그것은 본래 고대의 부족들이 달밤에 축제를 벌여 노래하고 춤추던 유습에서 비롯된 민속놀이였는데, 이순신 장군의 창안도 가미된 듯하다. 강강수월래란 말은 한자어의 강강수월래(强姜水越來)에서 왔다기보다는 '강강' 의 '강' 은 '주위, 원' 이란 뜻의 전라도 방언이고, '술래'는 순라(巡邏)에서 '경계하라'는 당시의 구호로 보는 사람도 있다. 기원이야 어찌됐든 강강술래의 기본 대형은 원이며, 모두가 주인으로 참여하는 공동놀이로 약동하는 젊음과, 발랄한 생명력의 표상이 아닐 수 없다. 문화의 세기를 맞이하여 허구의 인문이나 사상(事象)까지도 현실화하려는 마당에 우리는 엄연한 역사의 현장까지 인멸시켜버려서야 되겠는가? 455년 이 땅을 지켜온 국토 수호의 보루를 기록상으로만 보전해야 되겠는가? 옛날 위엄에 찬 영청과 성벽, 누정, 계선장의 원형을 복원하여 성지화하고 민족정기를 선양하는 산 교육장으로 활용해야 할 것이다. 아울러 최근에 건립된 강강술래 전수관에서 강강술래나 우리의 고유한 민속놀이를 창조적으로 계승·발전시킨다면 우수영은 명실공히 문화 관광의 실효도 거둘 수 있을 것이다.

우수영의 복원과 성역화는 이 시대를 살아가는 우리 군민들의 시대적 소명이 아닐 수 없다.

성장(聖將)의 뒷모습을 그린다

삶이란 게 그렇다. 다람쥐 쳇바퀴 도는 듯한 시공간 속에서 그만그만한 부대낌의 연속이요, 산문적인 관성의 축적이다. 이러한 구속에서 벗어날 수 있는 여유와 닫힌 마음의 문을 여는 기쁨, 없이 살아도 마음이 넉넉해지는 신명, '내'가 아닌 '우리'가 되어 하나로 어울린 총체적인 즐거움을 현현한 것이 다름 아닌 축제이다.

이러한 마련으로 지난 10월 11일부터 전라남도와 해남군 · 진도군이 주최하고 명량대첩축세 기념사업회가 주관한 '2008 명량대첩축제'가 해남 우수영과 진도 녹진의 울돌목 일원에서 거대하게 치루어졌다. 행사 준비와 진행상 조금의 허점은 있었지만 대체로 합격점은 받았다는 중론이다. 삼도수군 통제사 입장식을 비롯해서 해상전투 재현, 지상 최대의 십리강강술래 등 다양한 퍼레이드와 주민들의 적극적 참여의식이 상승하여 411년 전 그날의 함성과 절규를 재현했다.

그런데, 우리는 여기서 눈으로만 볼 것이 아니라 축제의 중축선(中軸線)에 배어 있는 성장(聖將)의 정신을 읽을 수 있어야 했다.

필자는 본고에서 천시, 지리, 인화를 통섭해서 이룬 '23전 23승'이란 충무공의 전적은 논외로 하고 그의 정신에 대한 관견(管見)을 약술코자 한다.

충무공은 비교적 늦은 나이인 32세(1576년. 선조 9)에 식년무과에 합격하고 36세에 전라도 발포만호로 수군과 최초의 인연을 맺었다. 43세에 병력증강을 요청했으나 병마절도사 이일에 의하여 거절당하고 급기야 투옥되었다가 무죄로 판결되었음에도 보직에서 해임되어 1차 백의종군했다. 그러나 그 누구를 원망하거나 탓하지 않았다. 45세에 전라순찰사 이광의 군관이 되었고, 48세(1592년. 선조 25) 4월 15일 경상우수사 원균의 공문을 받고 왜란의 소식을 알았으며, 장차 있을 전쟁의 대비에 진력했다. 49세에 전라좌수사 겸 삼도수순통제사가 되었다. 당시 수군의 상황은 말이 아니었다. 군량미는 태부족하고 병선은 낡았으며 군인들은 영양실조까지 겹쳐 사기는 땅에 떨어졌다. 그러나 충무공은 나라나 전임자들을 탓하지 않았다. 둔전을 가꾸어 군량을 확보했고 소금을 구워 부식을 해결했다. 나무를 베어 배를 짓고 수리했으며 군사들의 영양 보충을 위해 양을 길렀다고 한다. 광양 해안의 양도(羊島)가 바로 그 현장이라 한다. 충무공의 초인적 창조정신이 돋보이는 부분이다. 53세 때 적장 소서행장과 요시라의 간계를 간파하지 못한 우리 조정의 간신들에 의하여 관직에서 파면되고, 한 달간 투옥됐으나 판중추부사 정탁의 간곡한 상소로 사형을 면했다. 이 때 모친상을 당했으나 장례도 제대로 치루지 못하고 도원수 권율 장군 휘하에서 2차 백의종군을 했다.

당시 조정은 원균이 거느린 수군이 연전연패하자 수군을 아예 폐지하고 육군만 가지고 싸우자는 어리석은 공론까지 고개를 들었다. 같은 해 7월 충무공은 복직되었고, 8월에는 통제사가 되면서 '상유십이(尙有十二)' 즉 아직도 '우리에게는 12척의 배가 있다'는 자신감을 토로하고 사즉생 생즉사(死則生, 生則死)의 일전을 치루어 대승한 것이 12대 133(13 대 133)로 불리는 명량대첩이다.

이상으로 충무공의 생애 일부를 용관규천(用管闚天)했으나 거기엔 ① 자주 · 자립하는 정신, ② 정의를 목표로 하는 정신, ③ 나라를 사랑하는 애국정신, ④ 국민을 사랑하는 애민정신, ⑤ 무에서 유를 창조하는 징신이 그의 뒷모습에서 선명하게 보인다. 그래서 우리는 충무공을 '성웅', '역사의 면류', '민족의 태양'으로 존칭한다. 또 우리는 말한다. 용장 위에 지장이 있고, 지장 위에 덕장이 있으며, 덕장 위에 성장이 있다고 할 때 충무공은 발할 것 없이 성장이다. 명나라 제독 진린 장군도 충무공의 인물됨을 '경천위지지재 보천욕일지공(經天緯地之才 補天欲日之功)' 즉 하늘을 날로 삼고 땅을 씨로 삼아 천하를 다스릴 인재요, 하늘을 깁고 해를 목욕시키는 공로를 세운 사람이라고 극찬했다. 지금은 세계가 어렵다고 한다. 미국발 금융 쓰나미가 세계를 덮친다고 한다. 이런 때일수록 충무공의 뒷모습을 닮은 창조적 리더십을 지닌 지도자의 출현을 갈망한다.

청색은 쪽에서 나오지만 더 푸릅니다

사랑하는 화산초등학교 학생 여러분!

튼튼한 몸과 마음으로 즐겁고 보람찬 하루하루를 잘 지내고 있습니까?

본인은 화산초등학교 23회 졸업생으로 지금은 백발이 성성한 할아버지가 됐습니다. 비록 지면으로나마 여러분께 몇 마디 격려와 당부의 말씀을 드리게 된 것을 대단히 기쁘게 생각하며 이런 기회를 주신 학교 당국에 감사의 말씀을 드립니다.

그러니까 여러분과 나는 자랑스런 화산초등학교 선 · 후배란 관계망 속에 있습니다. 60여 년 전 내 유년의 동산을 생각하니 감회가 새롭습니다. 눈시울에 젖어드는 이 무명의 어둠 속에 한 접시 추억의 등불을 밝히는 심정입니다.

우리 모교는 90년에 가까운 전통과 역사를 자랑하는 꽃메의 명문입니다. 국회의원, 장군, 시인, 기업가 등 다수의 인재를 배출했고, 나름대로 각자의 위치에서 빛과 소금의 소임을 다하는 무수한 일꾼을 배출한 학교라는 데에 이견을 드러낼 사람은 아무도 없습니다. 화산초등학교 학생이란 데에 남다른 긍지를 가져도 좋습니다. 이러한 자랑스런 여러분께 단 한 가지 선배라는 입장에서 두루뭉실한 격려성 당부를 드립니다.

먼저, 우리는 세상을 아름답게 보고 선하게 살아야겠습니다. 빛(선과 미)과 어둠(악과 추)은 반반이라고 합니다. 옛날 지구를 덮은 대홍수 때 온갖 동물들이 노아의 방주로 보였습니다. 빛도 급히 달려왔지만 노아는 빛을 태우지 않았습니다. '나는 쌍(짝꿍)밖에는 태우지 않기로 했네' 노아는 말했습니다. 그래서 빛은 숲 속으로 돌아가 제 쌍이 될 상대를 찾았습니다. 그래서 어둠을 동반하고 배를 탔습니다. 그 후로 빛이 있는 곳에 어둠이 있게 되었다고 합니다. 「탈무드」에 나오는 이야기입니다. 우리는 부정적인 어둠보다는 긍정적인 빛을 보려고 노력해야겠습니다. 하늘의 먹구름이나 지상의 분란이나 마음 속의 갈등보다는 괴테의 말과 같이 '하늘에는 별이 있고, 지상에는 꽃이 있으며, 우리의 가슴에는 사랑이 있다'는 마음가짐으로 세상을 살아가야겠습니다.

다음으로 여러분은 큰 꿈(이상)을 가져야겠습니다. '세상은 꿈 꾼 자의 것이다', '가장 높이 난 갈매기가 가장 멀리 본다'는 금언과 같이 인간의 가치는 그가 품고 있는 꿈에 따라 결정된다고 합니다. 사람은 눈 앞에 보이는 것만 바라보고 살아가는 것이 아니라, 좀 더 먼 곳을 바라보며 미래 속에 잠긴 꿈을 바라보며 살아야 합니다. 여러분 또래의 소년기가 특히 그렇습니다. 사람은 현재보다는 좀 더 아름답고 보람있는 것을 바랍니다. 먼지 낀 현실에 살면서 먼지 없는 꿈을 향하여 걸어가고 있습니다. 아름다운 꿈을 지녀야 합니다. 그리하면 때 묻은 오늘의 현실이 순화되고 정화될 수 있습니다. 먼 꿈을 여러분의 비옥한 마음밭에 심고 하루하루 그 꿈을 정성껏 가꾸는 일이 여러분의 생활이 되어야 합니다.

끝으로 여러분은 지금부터 선택과 집중의 기량을 길러나가야 합니다. 여러분의 잠재력은 실로 무한합니다. 지금 발휘하고 있는 실력은 여러분의 잠재력의 30%도 못 됩니다. 문제는 잠재력입니다. 잠재력은 여러분의 적성과 소질 속에 숨어 있다고 합니다. 이 적성과 소질을 조기에 발견해서 신장하려면 선생님과 부모님의 원조가 절대로 필요합니다. 선생님과 부모님과 자주 상담하고 답을 찾아야 합니다. 답을 찾으면 집중을 해야 합니다. 선택과 집중은 글로벌 시대를 살아가는 확실한 지혜입니다.

'청출어람(靑出於藍)' 이란 고사성어가 있습니다. 청색은 쪽에서 나오지만 더 푸르다의 뜻입니다. 여기서 '청' 은 학생, '남' 은 선생님이니 제자가 선생님보다 뛰어난 것을 말합니다. 청출어람을 바라는 것이 여러분의 선생님, 부모님, 그리고 선배들의 기원입니다.

우록(友鹿), 그 넓은 앎의 지평과 인격의 미학

사람이 사람을 평가하는 일처럼 어려운 일은 없을 것이다. 있는 사실보다 과장하여 말하면 마치 나무를 보고 숲을 말하는 격이 되어 독자들의 조소거리가 될 것이고, 있는 사실보다 과소 평가하면 숲을 보고 나무를 말하는 듯하여 역시 읽은 이들의 빈정거리가 될 것이다.

신언서판(身言書判)이란 말이 있다. 사람의 됨됨이 즉 사람이 갖추어야 할 네 가지 조건은 신수 · 발씨 · 문필 · 판단력인데 이는 중국 당나라 때 관리인 전선(銓選)의 네 가지 표준이다. 부연하자면 체모의 풍위, 언사의 변정, 해변 준미, 문리의 우장 등으로 사람의 됨됨이를 평가하였다. 그러나 이것도 인품, 인격 평가의 완전한 척도일 수는 없다.

모르거니와 요즈음은 그 사람의 지 · 정 · 의 및 육체적 측면까지 총괄하는 총체적 측면에서 인격을 평가해야 되지 않을까 생각한다.

흔히 인격자라고 할 때 도덕적으로 고상한 사람의 됨됨이를 가리키는 경우도 있고, 인격권이라고 할 때처럼 법률적으로 인간의 생존에 필요한 자유, 독립 등의 권리를 표시하는 경우도 있으나, 두루뭉실하게 인격은 곧 성격이라 전제해 둔다. 굳이 그 차이를 말한다면 성격이 정동적 · 의지적인 면의 개인차를 강조하는 것이라면, 인격은 지적인 면까지도 포함한 넓은 개념이며, 전체적으로 파악한 통일체로서의 개인의 특징을 강조하는 개념일 것이다.

이렇듯 까다로운 인격의 요건에 대한 충분한 연구도 없이 하급자가 상급자를 평가한다는 것은 장님이 코끼리를 만지는 우를 범할까 두렵지만 꼭 한 마디 하고 넘어가는 입장을 이해해 주기 바란다.

우선 우록 김봉호(金鳳晧) 선생과 예술을 담론할 때 무엇보다도 그 해박한 지식에 단연 압도된다.

선생님은 서울대학교 사범대학 교육학과를 나온 후 이화여자 고등학교와 서울대학교 사범대학 부속고등학교에서 음악교사로 8년 간 봉직하다가, 1968년 동아일보 신춘문예공모에서 희곡 「타령」이 당선되고 같은 해 월간문학에서 희곡 「찌」가 당선됨으로써 전업 작가의 길을 걸으면서 희곡 · 소설 · 창극 · 번역 · 논술 등 근 30권의 역작을 발간했다.

그런데 필자가 놀란 것은 선생님의 전공이 도대체 무엇인가 하는 점이다. 예술 일반은 말할 것도 없고 사회 · 문화 · 교육 · 다도 · 민속학 · 인류학 · 철학 · 언론 등에 막힘 없는 고담준론을 편다. 정서와 사상을 이야기하면 메타포와 리듬을 이야기하고, 모더니즘을 이야기하면 포스트 모더니즘까지 이야기한다. 『임꺽정』을 물어 보면 『혼불』까지 대답하고, 톨스토이를 물어보면 도스토예프스키까지 비약한다.

수필을 이야기하면 서정적, 회고적인 C · 램적인 수필은 물론, 논리적, 사색적, 베이컨적인 영역까지 번진다.

워낙 필자의 과문한 탓도 있지만 우문에 현답을 너무도 많이 들었다. 아니 너무도 많이 배웠다. 상상으로서의 음악 이야기가 나오면 의미와 기호로서의 음악이야기가 나오고, 추상이 나오면 오브제가 나오고, 플라톤이 나오면 우파니샤드가 나온다.

자, 이쯤되면 앎을 사랑하는 사람들이라면 선생님을 존경하지 않고 배길 재간이 없는 것이다. 나는 대학 교수들 중 김용운 교수와 김용옥 교수를 가장 존경한다. 왜냐하면 그분들의 앎이 너무나 심원하기 때문이다.

우록 선생님도 이분들처럼 그 깊고 넓고 먼 앎의 지평에 인격의 미학이 자재한 것이다.

다음으로 선생님을 존경하는 이유는 그가 고향을 지키고 가꾼다는 점이다.

편의주의에 길든 현대인들은 다투어 도시로만 모여드니 시골(농 · 산 · 어촌)은 공동화되고 개발, 재개발의 물결에 황폐화되어 가는 것이 우리 생활 공간의 현실이다.

선생님의 능력쯤 되면 중앙에서도 내노라고 탕탕 울릴 텐데 왜 고향을 떠나지 못하고 초라한 우리들과 함께 해남의 하늘을 이고 사시는가?

모르거니와 그것은 선생님의 원형(原型)에 충실하려는 생리 때문일 것이다.

일찍이 시인 윤금초는 선생님을 이야기할 때 '우리의 대부'란 표현을 했지만 나는 우록이야말로 이 시대 우리들의 '장형' 이라 부른다.

1972년 전국에서 군단위로는 처음으로 한국문인협회 해남지부를 결성하고 기관지 「한듬문학」 창간호를 필사본으로 발행한 일이며, '작가와 만납시다' 의 행사를 통해 중앙 문인들과 교유함으로써 우리의 문학적 지평을 넓혀 주었다. 1990년엔 전국에서 군단위로는 처음으로 한국예술문화단체총연합회 해남지부를 결성하고 수 차례에 걸쳐 판소리 경연대회 · 오페라 감상 · 연극 · 전국고수대회를 개최함으로써 명실공히 '예향 해남' 의 위상을 제고하였다.

그뿐이 아니다. 초의문화제를 제정하여 다선일미의 전통 다례를 복원하였다. 웬만한 사람은 아는 일이지만 '전통차' 하면 초의선사를 연상할 것이고, 초의선사하면 대흥사 '일지암' 이 생각날 것이다.

하마터면 역사의 뒤안길로 사라져 버렸을 「초의선집」 5권과 「동다송」을 번역 · 보급함으로써 전통차에 대한 위상을 굳건히 정립했다.

우록 선생님은 이 시대 이 땅에서 사라져가는 문화적 · 예술적 원형을 복원하고 보전하며, 후대에 전승하려는 일념으로 땅끝의 푸른 하늘을 이고 일생을 살아왔으니 어찌 해남의 '장형' 이 아니겠는가?

비록 겉으로는 초라했을망정 속으로는 어느 누구도 추종하지 못할 내면의 가치 추구에 충실했으니 어찌 문화, 예술의 괴목이 아니겠는가?

또 우록 선생님을 이야기할 때는 술을 빠뜨릴 수가 없다. 내 비록 그분과 밤을 세우고 날을 밝히면서 대작은 못해 봤지만 옆에서 규시한 바로는 수주(樹州)나 무애(无涯)에 버금할 주력(酒歷)을 가진 듯하다. 주기가 지나치게 돌수록 입도 걸어지는데 어느 누구도 그것을 욕설로 받아들이지 않는다. 왜냐하면 술과 욕설 속에 전율할 만한 인생과 예술이 있고 메마른 우리의 영혼에 아름다운 풍경화를 그려주고 있기 때문이다.

김열규 교수는 "욕은 실로 다양한 인간 언어의 정책이요 전략이다"라고 했지만 욕은 때로는 약도 되고 덕담이 되는 것이다. 만해 선사나 만공 스님이 설법을 할 때 그렇게 많은 욕을 했지만 아무도 그들을 욕쟁이로 매도하지 않고, 오히려 대덕으로 추앙함과 같이 선생님의 욕설은 카타르시스의 미학일 뿐이다.

끝으로 선생님은 천성이 옥과 난이었지만, 스스로 옥과 난으로 자처하지 않고 흙과 잡초로 살아오신 선생님의 연수장년(延壽長年)을 진심으로 빌 따름이다.

내 문학의 싹

금년은 '문학의 즐거움을 국민과 함께' 라는 슬로건을 내건 '문학의 해' 다. 문학을 삶의 총체적인 표출 방식이라고 하는데, 40여 년 간을 짝사랑 같은 애정으로 문학 관계 서적을 한 권 두 권 사서 읽고 모은 데는 유별한 까닭이 있다.

5,000권도 채 못 되는 것을 가지고 장서라 이름하기는 좀 쑥스럽지만 서가의 공간 60% 이상이 문학이나 문화 관계 서적이다.

내가 이렇게 인문계열의 책만 편식(편독)한 데에는 어떤 계기랄까 원인(遠因)이 없을 수 없다. 나의 편식은 선천적인 체질의 탓도 있지만 편식의 진미나 마력을 체득케 한 분은 연전에 교육계에서 정년퇴임하신 청석 주기운(靑石 朱基運) 시인이시다. 물론 청석 선생님과의 만남 훨씬 이전에 국민학교(당시 호칭) 담임 선생님의 작문 시간 칭찬도 하나의 만남이었고, 중학교 때 고숙님(일제 때 전주사범 학교 출신)과의 만남도 내 문학의 싹을 키우는 텃밭으로 배제할 수 없다.

고숙님으로부터 육당, 소월, 지용, 목월 시인들의 시집이나 춘원, 금동, 벽초, 상허 등의 소설책을 빌려다 보곤 했지만 그것은 어디까지나 재미와 즐거움 때문이었다.

중학교 때 나는 역사나 영어 선생님이 되려고 「이병도의 국사대관」

이나 영어 3,000 단어집을 손에 들고 다녔다. 그러다가 고등학교에 입학하여 청석 선생님과의 만남으로 말미암아 역사나 영어 교사가 되려는 꿈을 포기하고 국어 교사 쪽으로 방향이 선회하게 되었다.

지금은 그런 일이 없어졌지만 우리가 고등학교 다닐 땐 신임 선생님을 테스트해 보는 풍토가 있었다. 문학이나 철학 사전을 뒤져 몇 줄 적어 가지고 학교에 가서 되지도 않는 질문을 해 본다거나, 연애나 결혼관 등을 중구난방으로 꼬치꼬치 캐 묻기도 했다.

그런데, 청석 선생님과의 첫만남에서 얄궂은 학생들의 도전은 무참한 KO패로 끝났다. 선생님의 해박한 전공 지식과 유수 같은 달변에는 침묵만이 대책이요 영약이었다.

새삼 아인시타인을 거론치 않더라도 인간의 시간은 상대적이었던 모양이었다. 선생님의 시간이 거듭될수록 강의에 심취하고 침잠하다가 끝종이 울리면 내내 아쉬웠고, 다음 시간까지의 기다림은 여삼추로 길기만 했다. 소월의 한의 미학이나, 불교적 변증법으로 임의 부재를 극복한 만해의 시론을 강의할 땐 영혼이 생명수로 정화된 듯했다. 도스토예프스키의 「죄와 벌」에서 논리와 이성이 명령한 의지와 선과 정의의 정신력이 발동하는 의지 사이에서 고민하는 라스꼴리니코프를 달래는 매춘부 출신인 소냐의 위무의 손길이 눈보다 순결했고 성스럽게 들렸다.

아스타포보 한촌에서 82세의 노구로 죽어간 인도주의자 톨스토이며, 천의 얼굴, 인도와 바꿀 수 없는 한 시대가 아닌 만세를 위한 작가

(시인) 셰익스피어 작품 등의 강의가 나를 문학의 마력으로 꽁꽁 묶어 버렸다.

선생님과의 인연은 2년으로 끝났지만 나는 선생님의 영향으로 역사나 영어 교사가 아닌 국어 교사가 되었고 문학에 눈을 떴다.

나는 청석 선생님 때문에 국어국문학을 전공했지만 결코 후회하지 않고 항시 감사할 따름이다. 왜냐하면 다른 분야의 학문을 전공했더라면 인생의 나무만 보았을 텐데 문학을 전공한 덕으로 인생의 숲을 볼 수 있기 때문이다.

선생님의 건강을 이 기회에 한 번 더 빌어 본다.

문학과 더불어 반세기

1

나는 1934년 2월 12일 해남군 화산면 부길리 갑길 마을 606번지에서 아버지 천봉일과 어머니 임영임의 3남 3매 중 다섯째로 태어났다. 맏이가 형님이고 누나가 내리 세 분, 내 밑으로 동생이 하나 있었다. 가정은 평범한 농가였으나 마을에서는 상농에 속한 것 같았다.

아버지는 시대의 변화를 읽지 못하고 형님을 한학자로 만들고자 갖은 노력을 다하면서도 누나들은 초등학교도 안 보냈다. 그러면서 우리 3형제에게는 독서 위기인 불학작농부(讀書爲貴人 不學作農夫 - 글을 배우면 귀한 사람이 되고 배우지 않으면 농부가 된다-)란 말을 자주하면서 내심으로 공부를 강요했다.

나는 아홉 살에 초등학교(당시는 국민학교)에 들어갔다. 국민복을 갖춰 입은 선생님들의 모습이 그렇게도 신기하여 커서 초등교사가 되는 것이 꿈이었다. 그런데 어려서부터 고민이 생겼다. 교사가 되려면 모든 과목을 잘해야 된다는데 음악, 미술이 항시 꼴찌였기 때문이다.

중학교나 고등학교에 진학해서도 초등교사에 대한 꿈을 접지 못했는데 고등학교 2학년 때 주기운 국어 선생님과의 만남이 내 전도를 결정했다. 선생님을 만나기 전 나의 취미 과목은 역사였는데 선생님의 현대문학강의를 들으면서부터 내 취미도 현대문학 쪽으로 기울기 시작했다. 톨스토이, 도스토예프스키, 채홉, 푸슈킨 등 러시아 작가, 셸리, 워즈워즈, 키스 등 영국 시인의 강의에서 인간성에 대한 사랑과 아름다움에 대한 감수성, 자연에 대한 무한한 애착, 아름다운 시어들의 경외, 화려한 묘사와 이상미의 추구에 완전히 매료되었다.

어느날 나는 선생님께 사범학교 전학문제에 대해 상담했는데 거의 불가능 쪽으로 결론을 내리고 공주사범대학 국문과 진학을 권유받았다. 나는 형편상 대학진학이 어려울 것 같다고 했더니 공주사범대학은 수업료도 면제되고, 시골학교라서 하숙비나 교통비가 적게 들어 공부만 잘하면 장학금도 받을 수 있다고 해서 공주사대 국문과로 결정을 하고 문학 공부하는 방법을 여쭈어 보았다. 그랬더니 선생님은 문화의 중핵은 예술이고 예술의 중핵은 문학이다. 문학을 하려면 독서를 많이 하는 공자의 위편삼절(韋編三絕-정독-)보다는 두보의 남아수독오거서(男兒須讀五車書-다독-)를 추천하시면서 암탉의 비유를 들었다. 암탉이 달걀을 잘 낳으려면 자양분을 많이 먹는다. 자양분은 적게 먹고 알만 낳으려고 했다가는 암탉이 죽을 수도 있다. 여기서 자양분은 독서를 지칭한 말이다. 나의 문학의 DNA는 독서다.

나는 아버지와 상의도 하지 않고 공주사대 국어국문과에 원서를 냈다. 당시는 사범대학이 서울사대, 대구사대, 공주사대 세 개만 있는 터라 전국에서 지원생이 모여들었다. 시험을 보고 한 10일 간 초조하고 불안한 시간을 보내던 어느 날 오후 우체부가 대학합격증서를 배달해 왔다. 내 일생 중 가장 기쁜 날로 지금도 여기고 있다. 우리 마을 갑길리가 생기고 대학생 1호가 탄생하였다고 집안이나 마을 어르신들의 과분한 칭찬과 격려를 많이 받았다. 등록한 뒷날부터 강의가 없는 시간은 도서관을 찾아 현암사의 중국고전, 삼성출판사의 세계사상신서, 까치글방신서, 한길사의 한길그레이북스, 각종 문학개론 등을 눈병이 나도록 탐독했다.

2

대학 4년 동안 어학과 문학은 심층으로 연구해서 기본은 충실히 이해하고 있는 터다. 월탄 박종화 선생은 '시는 20대의 것이고, 소설은 30대의 것이며, 수필은 40대의 것' 이란 말에 주목하여 수필에 대한 관심이 유별했다.

수필은 흔히 일상생활에서 느낀 것, 자연에서 얻은 영감, 생활에서 새롭게 발견한 것 등의 소재를 붓가는 대로 자연스럽게 개성적인 문체로 내용을 절실하게 드러내 보이면서도 멋과 운치를 곁들인 글이다.

나는 수필을 쓰기 전에 전수수업을 꽤 많이 했다. 범조사의 「한국수필문학 대전집」, 뿌리출판사의 「한국지성인대표걸작집」, 이태준의 「무서록」, 이희승의 「딸각발이」, 김용준의 「근원수필」, 조치훈의 「동문서답」, 피천득의 「인연」, 법정의 「무소유」, 김형석의 「사랑과 영원의 대화」, 몽테뉴의 「수상록」, 임어당전집, 안톤슈낙의 「나를 슬프게하는 것」, 「나를 기쁘게 하는 것」, 톨스토이의 「인생독본」, 아랑의 「행복론」 등 수필류를 섭렵했다. 그 결과 다음과 같은 요의를 정리할 수 있었다.

수필은 형식이 자유로운 글이다. 시와 같이 압축하거나 소설과 같이 구성의 제약이 없이 쓴다. 그야말로 무형식의 형식을 취한 글이며 자기 인생관이나 자기 감정이 중심이 되므로 마음의 여백이 꿈틀거리고 자기 고백이 숨쉬며 자기 철학이 연역 또는 귀납된다. 수필은 주관적인 글이기 때문에 개성이 강하고 멋과 운치가 곁들여진 문학이다. 그래서 유머와 위트가 스며있는 가장 대중적인 글이다. 내가 본격적으로 수필을 쓰기 시작한 것은 1980년대 중반부터다. 1주일에 1편 정도 썼던 것이 5~6년 모여져 300여 편이 되었고 1993년 「홍소」·「가릉빈가」·「옷은 남이 입힌다」·「뜬구름의 기와 멸」·「흙속에 묻힌 보옥」 등 다섯 편을 가려서 한겨레신인상 공모 작품으로 보냈더니 운이 좋게 신인상 당선의 영광을 누렸다. 1995년부터 한국문인협회, 현대수필학회, 현대수필문학회, 전남문인협회 회원이 되면서 작품을 발표했다. 2002년 전라남도 문예진흥기금 지원 작품공모에 응모, 심사에 통과되어 출판비 일부를 보조받아 제1수필집 「홍소(哄笑)」를 출판했고 그 책이 높이 평가되어 2003년 전남문학상을 수상하였다.

-전반 생략-

창문을 열고 밖에 나와보니 하룻밤 사이에 세상이 온통 변했었다. Y고을은 눈이 많이 오기로 유명하다지만 하얀 눈이 10cm 이상 쌓여서 세상은 일진무염(一塵無染)의 설백 그것이었다. 세상에서 보기 흉한 개똥 쇠똥 같은 것들이 깡그리 모습을 감춘 순백의 비경! 범속하고 무딘 머릿속에서도 시정이 꿈틀거리는 신비한 설경이었다. 운동장 한복판에서 동네 개 네 마리가 쫓거니 쫓기거니, 앞서거니 뒷서거니 제 세상을 만난 듯 뛰놀았다.

우리 집은 학교 운동장 맞은 편에 있었다. 큰길이 눈에 막혀서 발목까지 푹푹 빠지는 운동장을 가로 질러 대문 앞에 이르렀다. 잠겨 있어야 할 대문과 부엌문이 열려 있고, 그 사이에는 서너 가닥 개발자국이 그어져 있었다. 반사적으로 짚이는 데가 있어서 부엌에 뛰어가보니 이게 어찌된 일인가? 염소고를 담아 놓았던 항아리가 나자빠져 뒹구르고 그 속은 깨끗이 비어 있었다. 어이없는 이 광경을 보고 우리 세 사람은 누가 구령도 안 붙였는데 일제히 홍소(哄笑)를 터뜨렸다. 허! 허! 허!……

운동장에 뛰어다닌 동네 개가 깨끗이 핥아버린 것이다. 그 뒤 집사람이 돌아왔을 때 면목없던 취패! 30여 년이 지난 지금까지도 부끄러운 자정으로 마음 속 심층에 각인되어 있다.

그런 일이 있은 뒤로 동네 개들이 운동장에 들어와서 뛰놀기라도 하면 애꿎은 몇 사람의 농담도 지금껏 선명하게 들리는 것 같다.

"저 개들은 아무개 선생이 보약을 먹인 개야"

"사람도 못 먹는 보약을 먹었으니 저 개는 팔자가 나보다 좋아."

"좋은 노래도 세 번 부르면 듣기 싫은 거야. 아무개 선생 속상한데……."

농담인지 진담인지 모를 소리를 아마 삼 년은 들었을 것이다

– 홍소(哄笑) –

–전반 생략–

선생님 한 분이 음주 폭행 혐의로 경찰서에 조서를 받는다기에 찾아가 보았다. 조서 받은 선생님의 허수룩한 몰골에 놀랐다. 사람의 품위가 떨어지고 인격이 그렇게 일시에 낙하산 강등(?)을 한다는 말인가?

색이 바랜 잠바 차림에 꾀죄죄하게 주눅들어 있는 모습이 50~60년대 계란 장수폼 같았다.

그 옆에는 또 다른 피의자가 조서를 받고 있었지만 그는 정장차림에서인지 너무도 의젓해 보였다.

우리 속담에도 '옷이 사람을 만든다' 거나 '깨끗한 의복은 좋은 소개장' 이라는 말이 있지만 옷이야말로 그 사람의 소상이다.

어느 작품에 '인간은 남의 눈의 소상입니다. 남의 눈이 조각해 낸 예술품입니다. 옷은 내가 입는 것이 아니라 남이 입혀 놓은 것입니다. 이 유형무형의 옷이 곧 인간입니다. 그 옷이 벗겨졌을 때 인간은 취소되는 것입니다.' 라고 했거니와 옷은 모름지기 익명의 타인들에게 예의를 갖추기 위해서 입는다. 남이 부끄럽지 않으면 오뉴월에 고의인들 못 벗겠는가.

– 옷은 남이 입힌다 –

수필은 지은이의 생활 체험, 인생관, 사상과 철학 등 소재를 통하여 읽는 이의 깊은 가슴 속을 파고드는 울림(감동)이 있어야 한다. 수필이 주는 쾌락적 효용은 자신의 삶과 생활태도를 돌아보고 보다 깊은 철학과 보다 넓은 생활의 지평을 확장하는 일이다.

3

시조는 고려 중엽에 싹이 트고 말엽에 그 정형이 확정된 우리 민족의 고유한 정형 시가다. 흔히 이육사, 윤동주, 김지하, 김남주 등을 민족시인이라 하는데 이들은 일제나 독재에 반항한 저항시인이지 민족시인은 아니다. 왜냐하면 우리의 민족시는 시조가 그 정통성을 감당하고 있기 때문이다.

시조를 쓰는 데도 선수학습의 공이 필요하다. 우리나라에서 출판된 시조집은 물론 해외 우리어문학연구총서도 독파할 필요가 있다. 박을수의 「한국시조문학전사」, 한춘섭의 「고시조해설」, 김재현의 「시조문학론」을 읽으면 시조에 대한 기본 이해의 폭이 넓어진다. 특히 최남선, 이병기, 조운, 김상옥, 장순하, 윤금초, 제씨의 시조집을 읽노라면 현대시조의 흐름을 파악할 수 있다. 태학사의 「우리시대 현대시조 100인선」과 미래사의 「우리대표시인 100인선」을 번갈아 읽으면 시조와 시의 공통점과 다른 점을 비교할 수 있는 공부가 크게 되었다. 시조도 시이기 때문에 시문학에 대한 기본이 더욱 튼실해진다. 시란 우리의 생각이나 느낌을 일정한 형식에 의하여 통일된 언어의 울림, 리듬,

조화 등의 음악적 요소와 언어에 의한 이미지, 시각 등의 회화적 요소에 의한 독자의 종합감각이다. 감정에 호소하고 상상력을 자극하여 깊은 감명을 주는 것을 목적으로 하는 압축된 운문문학의 한 갈래다.

시에는 꼭 있어야 할 3대 요소가 있다. 음악적 요소(악보 없는 노래), 회화적 요소(색채 없는 그림), 의미적 요소(소리 없는 의미)가 그것이다. 시의 언어는 지시적 언어보다는 함축적 의미를 중시하고 압축과 생략에 의지하며 심상 · 비유 · 상징의 기법이 수반되기 때문에 일반의 언어와 구별된다. 시조도 이러한 시어의 제약이나 한계를 벗어날 수 있다.

시조의 유형에는 양장시조, 평시조, 엇시조, 사설시조, 옴니버스시조 등 다양하다.

평시조의 일반 형식은 대개 3장 6구 45자 내외가 기본형이다. 음수율은 3 · 4조 또는 4 · 4조가 기조로 되었으나 한두 음절의 가감이 허용되고 4음보의 율격을 이루며, 종장 첫 음보는 고정되는 것으로 보고 있다. 어떤 이는 종장 둘째 음보까지 고정된 것으로 보기도 한다.

내가 시조를 쓰기 시작한 것은 80년대 중반부터다. 당시 해남교육청에서 해남이 우리나라 단가(시조)의 1인자인 윤선도의 고장이라는 지역적 특성에 착안하여 초 · 중학교 학생들에게 특색사업으로 '시조쓰기' 를 권장했던 때가 있었다.

내가 '장학자료' 의 일부 편집에 협조하면서부터 한 편 한 편 써둔 원고에서 〈지리산〉, 〈수성송〉, 〈빈집〉 등 15편의 원고를 한국시 신인상 응모작으로 보내 신인상을 수상했고, 제1시조집 「귀로 맡는 향기」

를 2002년 우리출판사에서 출간했으며, 제2시조집「북간도의 민들레」를 2005년 조선문학사에서 출간했다.

놀부의 심술인 듯 낮잠만 깨우다가
파리채 살기 앞에서 손과 발을 비빈다.

– 파리 –

묵정밭 녹슨 세월 그 어름에 전경하나
안방문은 열려서 마음까지 텅텅 비고
가난 때 씻어 말리라 빨랫줄은 두고 갔네

– 빈집 –

지난 봄 긴긴 날에
장끼가 울던 골짝
꽃보다 진한 단풍
얼굴을 붉히는데
구절초
맑은 향기가
이슬처럼 뚝뚝 듣네

누구를 사모하는

가녀린 몸짓인가

어느 때 입을 열고

내심 한번 고백할까

바람이

유혹을 해도

내 중심은 푸른 하늘

– 구절초(九節草) –

〈파리〉는 양장시조다. 이는 노산 이은상이 처음 시도했으나 일반화가 되지 못했다. 일본에 이와 유사한 '하이꾸', '담까' 가 있어서 그 가치를 재평가하고 있는데 우리도 가장 압축된 시형으로 받아들여도 좋을 듯하다.

〈빈집〉은 70년대 후반 우리 농촌의 실경(實景)이다. 농촌의 공동화나 해체는 산업사회의 거대한 매카니즘에 의한 피치 못할 현상이다. 세상은 이미 디지털로 변했지만 아날로그적 향수에 젖는 것이 인간의 심리인지도 모를 일이다.

〈구절초〉가 한폭의 그림이라면 그것은 현란한 색채가 없는 수묵화다. 청초한 기상과 하늘을 우러르는 본성은 어떠한 환경 속에서도 변치 않는 사물의 보편이다. 시는 궁이후공(窮而後功)이라 했다. 훌륭한 시를 쓰려고 서두르기보다는 언어를 조탁하는 땀이 필요한 것이다.

4

나는 반세기를 문학의 주변을 맴돌았으나 작가로서의 활동보다는 문학을 홍보하는 전도자로서의 역할을 더 많이 했음을 고백한다. 90년대 해남문협지부장을 할때는 임권택 영화감독, 홍싱유 소설가, 차범석 희곡작가, 허영만 교수, 최한선 교수, 윤금초 시인을 초청하여 영화나 문학에 대한 강연회와 작가와의 대화 시간을 마련했다. 자기비하는 아니지만 지방에서 활동하는 문인들은 문학의 지평이 어딘가 모르게 좀 얕고 좁은 것은 사실이다.

이러한 지방 문인들의 자질을 배양하고 문학 인구의 저변확대를 목적으로 했기 때문에 각종 행사의 평가는 대단히 긍정적이었다. 그런데 예산의 확보와 청중의 동원이 해결 과제로 지적되기도 했다.

다음으로 윤금초 시인의 고향 사람과 문학에 대한 깊은 애정을 해남 문인들은 물론 주민들도 알아야 할 것이다.

윤금초 시인은 10년도 훨씬 넘게 여름이면 시조캠프, 문학 세미나, 남도문학기행, 문학의 밤 등 각종 문학 행사를 기획하여 중앙 문인들을 대거 인솔하고 연례 행사처럼 2~3일 간 우리 해남을 찾았기 때문에 해남의 문화적 이미지 제고에 크게 기여했고, 매년 고산축제 때는 시학 관계자나 민족시 관계자를 참석시켜 고산축제의 위상을 한층 고양시켰다. 그럴 때면 나도 말석에 참석하여 해남 문인들의 활동상을 소개하기도 했다.

다음으로 해남문협 문주환 지부장이 심혈을 기울여 추진하고 있는

'찾아가는 시조학교'를 언급하지 않을 수 없다. 해남은 다른 시군보다 시조시인이 많다. 윤금초, 문주환, 나관주, 최말식, 유춘홍, 이보영, 강성칠, 고 용진호 제씨 등인데 특히 문주환 지부장의 시조에 대한 애정은 남다르다. 민족시로서의 시조를 현대시 못지않은 자리에 올려놓고자 하는 것이 그분의 문학 정신인데, 매년 관내 중 · 고등학교 하나씩을 선정하여 강의 1시간, 창작지도 2시간, 우수작 표창 등이 그 중심 프로그램이다. 지금까지 송지종고, 북평중, 두륜중을 방문했는데 나는 그때마다 강사로 참여하였다. 나는 시조 강의를 하기 전에 그리스 이야기를 곁들이곤 했다. 그 나라에 가면 '너희들은 어느 나라 말을 쓰느냐? 너희들은 어느 나라 글자를 쓰느냐? 너희 나라에도 시가 있느냐?'란 그리스인들의 질문으로 서두를 열고 시조의 정의, 시조의 종류, 시조의 율격, 시조의 구조 등을 강의했다.

다음으로 삼호학당의 강의다. 삼호학당은 해남 유림들이 중심이 되어 월 2회 개강하는 평생교육 차원의 프로그램인데 그 수강의 열의가 대단하다. 지금까지 10여 회 강의를 했는데 고산과 시조문학, 한글의 우수성, 한글맞춤법, 한자의 기초 등 문학과 인문학에 관한 주제들이었다.

2001년 고산 문학 축전이 제정되면서 5년 간 사무국장을 연임했고, 최근에는 해남의 대표 시인 심호 이동주 선생을 기리는 '심호 이동주 문학제' 추진위원장을 맡고 있다.

앞에서도 말했지만 나는 문학가라기보다 독서가다. 그것도 지독한 간서치(看書痴)다. 이런 소문이 서울 KBS 제1방송국까지 알려져 90년대 세 번이나 방송 강의를 했다. 방송 내용은 독서의 기능과 특성, 독서의 목적과 방법 등이었는데 내 목소리가 한 번 전파를 타자 전국 여러 곳에서 격려 전화와 책이 답지했던 시절도 있었다.

내가 앞으로 할 일은 지금까지 써둔 원고를 정리하여 제3시조집과 제3수필집을 내는 일이다. 지금까지 주위에서 도와주신 해남예인들에게 감사드리며 그들의 예술적 정진과 성취를 빈다.

강강술래

강강술래는 국가 지정 주요무형문화재 제8호로 전라남도를 비롯한 남해안과 그 도서 지방, 특히 해남과 진도에 널리 분포 · 전승되고 있는 여자들 추석 놀이의 백미이다.

그 기원에 대해서는 이순신 장군이 창안했다는 설과 원시종합예술에 근거를 둔 제사의식에서 비롯되었다는 설이 있지만, 생산의 신으로 표상화되던 여성들이 풍요와 재생을 의미하는 둥근 달을 모의하면서 풍년을 구가했던 수확제의의 오신(娛神) 행사 놀이에서 비롯되었다고 하는 설이 더욱 타당한 듯하다.

그 발생 기원이야 어찌됐건 춥지도 더웁지도 않는 가절과 흐드러질 듯 풍성한 오곡백과와 토속적 숭조사상의 삼위가 일체된 것이 추석이요, 특히 농경 사회에서 인종을 미덕으로 여겼던 여인들의 억압된 정서가 이 놀이로 정화되고 내일의 활력소를 충전하게 되었다.

강강술래는 전통 사회에서 지고한 하늘의 뜻과 지성한 땅의 마음과 지순한 사람의 정서가 하나로 합일하는 행동의 예술이다.

여울에 몰린 은어 떼//

삐비꽃 손들이 둘레를 짜면

달무리가 비잉 빙 돈다//

가아응 가아응 수울래에

목을 빼면 설움이 솟고……//

백장미 밭에

공작이 취했다//

뛰자 뛰자 뛰어나 보자

강강술래//

뇌누리에 테이프가 감긴다//

열두 발 상모가 마구 돈다//

달빛이 베이면 술보다 독한 것//

가폭이 찢어진다

갈대가 스러진다//

강강술래

강강술래//

심호 이동주님의 「강강술래」 전문이다. 물론 이 시가 강강술래의 전부를 형상화하였다고 보기는 어려우나 강강술래의 단면을 공감각적 심상을 통해 아름답고 훌륭하게 표출한 시임에는 틀림없다.

강강술래는 상당히 복잡하여 지방에 따라 놀이의 형태와 노랫말의 내용이 조금씩 다르기는 하거니와 옴니버스식 소설 구성 같이 엮어진다. 14~15개의 조그만 놀이들이 연주식으로 묶이어 하나의 큰 주제인

강강술래를 이룬다.

이동주님의 인용시는 14~15개의 작은 놀이 중 긴강강술래와 중강강술래, 그리고 중중몰이 이렇게 세 가지 놀이의 묘사이고 시상의 전개도 실제의 놀이 순서와 다소 다른 점이 있다.

식소사번했던 지난 날, 아낙들의 손길은 지금보다 훨씬 바빴다. 잡다한 집안 일이며 길쌈과 밭매기 등으로 그들의 심신은 지쳤지만 청량한 날씨와 먹지 않아도 배가 부를 것 같은 추석이 닥치면 그들의 가슴에는 음열의 강물이 도도하게 흘렀다.

저녁 설거지를 대충 마친 아낙들은 저마다 추석빔으로 단장하고 큰 마당이 있는 집의 한켠에 삼삼오오 모여 든다. 서로의 매무새를 손봐 주기도 하고 서로가 서로를 예쁘다고 웃음꽃을 피운다.

이슥한 시간이 지나면 20~30명, 많게는 30~40명이 모이게 되고 이어서 놀이가 시작된다.

긴강강술래 대형을 짜려고 손에 손을 잡은 아낙들의 모습은 은어떼가 아닌 나비떼다. 아니 휘영청 밝은 달빛을 타고 하강한 천상의 선녀란 표현이 정확할 지 모른다.

소리를 메기는 사람이 선두에서 느리고 긴 가락으로 '가앙 가앙 수우월래' 를 선창하면 놀이꾼들도 따라서 부른다. 삘기꽃 같은 섬섬옥수가 마당 가운데 온달 같은 둘레를 짠다.

달 떠온다 달 떠온다 -후렴-

동해 동천 달 떠온다 –후렴–

영암 참빗으로 곱게 빗은 낭자나 허리춤까지 치렁하게 땋아내린 갑사 댕기가 느긋한 선을 긋는나. 뭔가 애소하는 듯한, 조금은 처량하고 유장한 가락에 따라 저고리에서 흐르는 곡선은 치마를 타고 고무신 코 끝으로 흐르면서 둘레를 서서히 돌기 시작한다.

메기는 소리는 전래의 것이 대부분이지만 메긴 사람의 창의에 따라 기발한 즉흥적 유머도 가미된다.

가락이 차차 빨라지면 놀이꾼들의 손과 발도 빨라지고 자연히 원의 회전도 빨라진다. 이른바 중강강술래다.

은도당글 납도 부채 –후렴–

오뉴월이 둘이라도 –후렴–

못다 부친 내 정이야 –후렴–

노랫말은 4 · 4조의 연속체로 이어진다.

긴강강술래가 마치 비행기가 활주로를 서서히 달리는 순간이라면 중강강술래는 이륙의 순간이라고나 할까. 이때 달무리는 비잉 빙 돌고 갈대가 스러지고 백장미 밭에 공작이 취하기 시작하면 놀이는 그 절정인 중중몰이 강강술래로 이어진다.

높은 마당 얕아지고 –후렴–

깊은 마당 높아지고 　　　　　　　　　-후렴-

읒신읒신(직신직신) 뛰어 보세 　　　　　-후렴-

하나의 원이 두 개로 핵분열도 하고 분열된 원이 태극을 그리기도 한다. 열두 발 상모가 돌고 술보다 독한 달빛이 베이고 기폭이 찢어지는 순간이다.

'읒신읒신 뛰어 보세. 직신직신 밟아 보세'

평소 쌓이고 쌓인 스트레스나 못 삭힌 미움의 응어리나 부정적인 파편들을 탈탈 털어 버린 순간이다. 대상이야 뭐래도 좋다. 운명 · 가난 · 시집살이 · 남편의 무능 · 외나무 다리에서만 만난 흉물스런 얼굴들을 으깨지도록 밟아 버리고 나면 세상은 긍정으로 충만해진다. 모두가 사랑하고 아끼는 고운 사람뿐이다.

가락이 차차 느려지면 긴강강술래로 회귀하여 한 판이 끝난다.

주인 집에서 내 놓은 푸짐한 음식으로 피로를 회복한 다음 남생아 놀아라, 고사리 꺾자, 청어 엮자, 청어 풀자, 기와밟기, 덕석몰기, 덕석풀기, 문쥐새기, 문열어라, 가마타세, 도굿대댕기기, 수건 찾기, 품고동, 봉사 놀이 등으로 즐기다 보면 한가위 둥근 달이 서산에 기운다.

우리에게는 이와같이 더불어 즐기고 이웃과 연대하려는 전통적인 민속이 많았지만 산업화나 정보화의 물결 때문에 옛 것이 자꾸 매몰되어 가고 있다.

인류 학자들이 어느 민족의 문화 수준을 가늠하기 위해서 민속을 연구한다고 하는데 우리는 우리의 민속에 대해서 얼마나 관심을 갖고 있는가. 민속의 가치가 공동선의 추구와 연대 의식의 고양에 있을진대 개인의 가치 지상인 오늘에 사라져가는 민속을 되찾는 노력도 절실하다.

국제화시대는 무한경쟁의 사회요 세계화시대는 인류가 더불어 하나가 되는 사회다. 무분별한 남의 것의 수입에 앞서 우리 것을 세계에 내 놓으려는 노력이 필요한 때다.

강강술래

초판 1쇄 발행 · 2012년 10월 25일
글 · 천병국 | 발행인 · 김동금 | 발행처 · 우리출판사
등록 · 제9-139호 | 주소 · 서울시 서대문구 충정로 3가 1-38
전화 · (02)313-5047 | 팩스 (02)393-9696
E-mail · wooribooks@hanmail.net
www.wooribooks.co.kr

ISBN 978-89-7561-312-8 03080
정가 15,000원
※ 이 책은 전라남도 문예진흥기금에서 출판비 일부를 지원받았습니다.